제2판
조사방법론

도서출판 윤성사 063
조사방법론(제2판)

제1판 제1쇄	2017년 6월 1일	
제2쇄	2018년 2월 19일	
제2판 제1쇄	2020년 6월 22일	
제2쇄	2022년 1월 21일	
제3쇄	2023년 2월 28일	

지 은 이	최창현	
펴 낸 이	정재훈	
디 자 인	(주)디자인뜰	

펴 낸 곳	도서출판 윤성사	
주 소	서울특별시 서대문구 서소문로 27, 충정리시온 제지층 제비116호	
전 화	편집부_02)313-3814 / 영업부_02)313-3813 / 팩스_02)313-3812	
전 자 우 편	yspublish@daum.net	
등 록	2017. 1. 23	

ISBN 979-11-88836-53-6 (93350)
값 20,000원

ⓒ 최창현, 2020

저자와의 협의에 따라 인지를 생략합니다.

이 책의 전부 또는 일부 내용을 재사용하려면 반드시 사전에 저작권자와
도서출판 윤성사의 동의를 받아야 합니다.

잘못 만들어진 책은 구입하신 서점에서 교환 가능합니다.

제2판

조사 방법론

최창현

부록
Google
설문조사법

도서출판 윤성사
홈페이지 자료실에서
더 많은 실습 자료를
보실 수 있습니다.

다양한
『실습 사례』
『생각해 볼 문제』
『표본추출 방법』
『자료 수집 방법』

RESEARCH METHOD

도서출판 윤성사
YOONSEONGSA

조사방법론 제2판
RESEARCH METHOD

[제2판 머리말]

　　교과서의 2판이 나오면 으레 내용도 많이 바뀌어야 한다고 생각하기 마련이다. 그러나 이 조사방법론 책은 원래 기획 의도가 단순하고도 명쾌한 내용으로 독자들의 조사방법론에 대한 어려움과 두려움을 덜어주려는 것이었다. 따라서 내용과 분량도 과하지 않도록 쓴 책이다. 이러한 이유로 제2판에는 잡다한 사족을 더 다는 대신 수정은 꼭 필요한 것만 고쳤으며, 이해하기 쉽게 꾸몄다.

　　현대 사회는 사회 현상에 대한 끊임없는 이해와 문제 해결을 위한 의사결정을 요구하고 있으며, 그 이해와 결정도 주관적이고 감정적이기보다 객관적이고 과학적이며 합리적이어야 한다. 조사방법은 이러한 요구에 가장 적합한 수단 중의 하나이다. 그 이유는 조사방법은 어떤 사실 혹은 현상을 이해(understand)하고, 설명(describe)하며, 예측(forecast)하기 위해 필요한 정보를 자료 혹은 수치의 개념을 활용해서 과학적이고 객관적인 근거로 이용할 수 있도록 하기 때문이다. 조사방법은 과학적 연구의 기초로 활용될 수 있는 하나의 수단이며 도구이다.

　　이 책은 조사방법에 대한 간결하고도 상세한 소개와 함께 조사방법 실무에 도움을 주려는 취지에서 집필되었다. 이 책은 모두 6개 장으로 구성되어 있다. 1장은 사회과학의 특징, 2장은 과학적 연구의 의미와 논리, 3장은 조사연구의 과정,

4장은 연구결과물인 이론이란 무엇인가?, 5장은 조사 대상의 추출, 그리고 6장은 자료 수집 방법을 다룬다. 특히 각 장의 뒤에 생각해 볼 문제나 실습 사례를 넣어 실제 조사방법에 도움이 되도록 하였다.

    이 책이 사회과학을 공부하는 이들에게 많은 도움이 되었으면 한다. 끝으로 이 책의 제2판 출판을 맡아 완전히 새로운 책으로 보이게 만들어 준 정재훈 사장님께 심심한 감사를 드린다.

2020년 6월
금강대학교 연구실에서
저자 **최 창 현**

조사방법론 제2판
RESEARCH METHOD

[제1판 머리말]

현대 사회는 사회 현상에 대한 끊임없는 이해와 문제 해결을 위한 의사결정을 요구하고 있으며, 그 이해와 결정도 주관적이고 감정적이기보다 객관적이고 과학적이며 합리적이어야 한다. 조사방법은 이러한 요구에 가장 적합한 수단 중의 하나이다. 그 이유는 조사방법은 어떤 사실 혹은 현상을 이해(understand)하고, 설명(describe)하며, 예측(forecast)하기 위해 필요한 정보를 자료 혹은 수치의 개념을 활용해서 과학적이고 객관적인 근거로 이용할 수 있도록 하기 때문이다.

"당신의 언어의 한계는 당신의 세계의 한계이다"라는 말처럼 당신의 방법론의 한계는 당신의 이론의 한계라 할 수도 있다.

조사방법은 과학적 연구의 기초로 활용될 수 있는 하나의 수단이며 도구이다. 조사방법을 좀 더 객관적이고 과학적으로 수행하기 위해 계량분석학이 끊임없이 발달되고 있으며, 정보화 시대를 맞이해 계량분석을 더욱 간편하고 쉽게 수행할 수 있도록 컴퓨터와 통계분석 패키지가 지속적으로 개발되고 있어, 계량분석을 통한 의사결정의 일반화 혹은 생활화가 지속적으로 진행될 뿐만 아니라 다양하게 그 범위가 확대될 것으로 기대된다.

이 책은 조사방법에 대한 좀 더 상세한 소개와 함께 조사방법 실무에 도움을 주려는 취지에서 집필했다. 이 책은 모두 6개 장으로 구성되어 있다. 1장은 사회과학의 성격, 2장은 조사연구의 과정, 3장은 이론과 이론의 구성 요소, 4장은 측정과 척도, 5장은 표본조사, 그리고 6장은 자료 수집 방법을 다룬다. 특히 각 장의 뒤에 생각해 볼 문제나 실습 사례를 넣어 실제 조사방법에 도움이 되도록 했다. 이 책이 사회과학을 공부하는 이들에게 많은 도움이 되었으면 한다.

끝으로 이 책의 출판을 맡아준 도서출판 윤성사 정재훈 사장님께 감사를 드린다.

2017년 5월

저자 **최 창 현**

목차
CONTENTS

제2판 머리말   4
제1판 머리말   6

Chapter 1_ 사회과학의 성격   15

1. 과학의 성격   17
2. 사회과학의 특성   22
3. 사회과학의 가정   27
   1) 실체론   28
   2) 인식론   28
   3) 인간 본성   29
   4) 방법론   29

Chapter 2_ 조사연구의 과정   39

1. 조사연구의 정의   41
2. 조사연구의 목적   42
3. 조사연구의 과정   44
   1) 연구문제의 설정   45
   2) 가설 형성   46
   3) 개념화와 조작화   47

4) 조사 대상의 선정   47
5) 조사연구의 설계   49
6) 자료 수집   52
7) 자료분석 및 해석   53
8) 연구 결과의 보고   54

Chapter 3_ 이론과 이론의 구성 요소   65

1. 개념   **67**
   1) 정의   67
   2) 종류   69
   3) 기능   70

2. 변수   **70**
   1) 정의   70
   2) 종류   71
   3) 변수 간의 관계   74

3. 가설   **76**
   1) 정의   76
   2) 가설의 요건   78
   3) 가설의 구성   79
   4) 명제   80

4. 이론   84
    1) 정의   84
    2) 이론의 성격   85
    3) 이론의 구성   88
    4) 기능   90

Chapter 4_ 측정과 척도   103

1. 측정   105
    1) 정의   105
    2) 측정오류   106

2. 신뢰도와 타당도   108
    1) 신뢰도   108
    2) 타당도   110
    3) 신뢰도와 타당도의 관계   121

3. 척도   122
    1) 정의   122
    2) 척도의 기능   123
    3) 기본 유형   124
    4) 종류   131
    5) 평가상의 오류   151

Chapter 5_ 표본조사   157

1. 표본조사와 표본추출   159
2. 표본조사의 장점   161
3. 표본추출틀의 구성   164
4. 표본추출법의 종류   166
   1) 확률표본추출   166
   2) 비확률표본추출   178
5. 표본 크기   182

Chapter 6_ 자료 수집 방법   193

1. 질문지법   195
   1) 정의   195
   2) 질문 형태   196
   3) 특성   200
   4) 질문지의 작성   201
   5) 유의 사항   206
   6) 이메일 설문법   210

2. 면접법   214
   1) 정의   214
   2) 종류   214

3) 특성	218
4) 유의 사항	220
5) 전화면접법	226

3. 관찰법 — 227
- 1) 정의 — 227
- 2) 종류 — 228
- 3) 특성 — 234
- 4) 유의 사항 — 236

4. 실험법 — 241
- 1) 정의 — 241
- 2) 종류 — 242
- 3) 실험설계의 유형 — 246
- 4) 특성 — 252
- 5) 유의 사항 — 254

5. 문서연구법 — 257
- 1) 정의 — 257
- 2) 특성 — 258
- 3) 종류 — 261
- 4) 유의 사항 — 261
- 5) 내용분석법 — 263

6. 사례연구법 275
    1) 정의 275
    2) 종류 276
    3) 특성 278
    4) 유의 사항 279

부록 1 291
구글 설문조사

부록 2 299
응답률을 높이기 위한 설문을 문항 중에 삽입하는 방법

부록 3 304
이 책에서 배운 모든 내용을 종합한 문제

참고 문헌 309
찾아보기 315

조사방법론 RESEARCH METHOD

Chapter 1

사회과학의 성격

1. 과학의 성격
2. 사회과학의 특성
3. 사회과학의 가정

학습 목표

- 과학의 특징에 대해 알아본다.
- 사회과학의 특성을 이해한다.
- 사회과학의 여러 가지 가정에는 어떤 것이 있는지 알아본다.
- 기능주의적, 해석적 패러다임에 대해 알아본다.
- 급진 인본주의, 구조주의적 패러다임에 대해 이해한다.
- 과학적 지식의 축적에 대해 역사적으로 고찰해 본다.

CHAPTER 1

사회과학의 성격

1 과학의 성격

　　사회 현상을 연구할 때 과거에는 철학이 모든 문제를 제기하고 또한 제기된 문제를 모두 해결할 수 있다고 여겨져 왔으나 19세기 이후 과학이 발달하면서 철학이 모든 문제를 해결할 수 있는 학문이 아니라는 생각이 대두되었다. 이처럼 철학의 영역이었던 정치, 사회, 경제 등을 다루는 사회과학이 과학으로서 정립된 것은 그리 오래된 일이 아니다. 과학은 우리가 살고 있는 세계를 이해하고 설명하고자 하는 데서부터 시작한다. 과학적 활동은 탐구의 대상이 되는 사물이나 현상에 대한 기술과 그 안에 내재된 규칙성의 발견, 그리고 이론과 법칙의 정립 등으로 이루어진다. 즉, 과학자들은 세상에 나타나는 대상이나 사건들을 관찰해서 기술하려고 하며 산만하고 단편적인 일상의 경험 속에서 어떤 일정한 규칙성과 질서를 발견하려 한다. 그리고 더 나아가 이러한 규칙성에 기반해 이론이나 법칙을 구성하고자 한다.

인간은 다음과 같은 방법을 통해 지식을 습득하게 된다.

1) 사실이라고 굳게 믿어 왔기 때문에 진실이라고 생각하는 인습에 의한 방법(method of tenacity)

어떠한 명제나 주장을 관철하기 위해 단순히 우리가 믿고 있는 선례나 관습 또는 습성을 그 근거로 제시하거나 준용하는 방법이다. 이 방법의 장점은 이미 역사적으로 일어난 사실이기에 진실성과 신뢰성이 있다는 것이다. 단점으로는, 첫째, 관습은 항상 변하며 사람에 따라 다르게 받아들일 수 있고, 둘째, 대립하는 새로운 견해가 생겨나면 관습에 의한 방법이 어떻게 변해야 하는가에 대한 확실한 답을 주지 못한다는 것이다.

2) 특정 방면의 권위자나 성경과 같이 확고한 신념에 기반한 권위에 의한 방법(method of authority)

자기 주장이 타당성과 설득력을 높이기 위해 인품이 뛰어나거나 전문기술을 갖고 있거나 지위가 높은 사람의 견해를 이용하는 방법이다. 이 방법의 한계로는, 첫째, 권위의 원천이 서로 다를 경우 견해가 다르게 되며, 둘째, 동일한 종류의 원천일지라도 사회 현상에 대한 문제 중에는 전문가들 간에도 의견이 다를 수 있다는 것이다.

3) 직관과 같은 선험적 이성에 의한 방법(method of intuition 또는 a priori method)

비판의 여지가 없는 분명한 명제에서 출발해 지식을 개발해 나가는 방법이다. 이 방법의 한계는 다음과 같다. 첫째, 부정확한 관찰이 있을 수 있으며, 편견이나 객관성 상실에 의한 주관성이 강하다. 둘째, 지나친 일반화의 위험으로, 우연한 일치를 전체 현상에 내재하는 규칙적인 특성으로 오해할 수 있다. 셋째, 선택적인 관찰에 의해 자신의 직관을 옹호하는 사실이나 현상에만 주의를 기울이게 된다. 넷째, 자기중심적 현상 이해로서, 자기중심적 해석의 위험이 있다.

4) 우리의 의견과는 무관하게 동일한 결과를 보장해 주는 과학적 방법(method of science)

경험적 또는 논리적으로 전개된 타당성 있는 방법에 따라 어떤 정보나 지식을 수집하고 그것을 기준으로 합리적 결론을 얻는 방법이다. 즉, 과학적 지식은 과학적인 방법을 통해 획득된 지식을 말한다. 과학적 방법은 현상 → 개념 → 가설 → 검증의 과정을 거쳐 이론을 도출하는 것이 된다. 다시 말해, 종합 체계적인 실험 활동을 통해 일반적인 원칙을 밝혀내는 것이다. 따라서 과학적인 방법(실증적인 방법)에 의한 지식 축적 과정이 가장 중요하다.

이처럼 우리는 과학 외에도 여러 가지 다른 방법을 통해 우리 주위의 세계를 이해하며 살아가고 있으나 과학적 방법은 오늘날 세상을 이해하고 설명하는

〈표 1-1〉 지식 습득의 방법

외부에 의존하는 방법	내부에 의존하는 방법	기타
• 전통(관습) • 권위	• 개인적 경험 • 직관 • 신비적 방법	• 논리-합리적 방법

가장 주된 방법이 되었다.

바비(Babbie, 1973)는 과학이 갖는 특성으로서 다음과 같은 것을 지적한다.

첫째, 과학은 논리적이다. 과학은 인습이나 전통, 계시 등에 근거한 것이 아니고 논리적 이유에 근거한다. 과학은 인간의 논리적 사고에 기반한 논리적이고 합리적인 활동이다.

둘째, 과학은 어떠한 현상도 자연적으로 발생하는 것이 아니라 어떤 원인이 있어 발생하는 것이라고 보며, 이 점에서 결정론적(deterministic)이다.

이러한 원인은 논리적으로 이해되고 확인될 수 있다고 전제한다. 따라서 과학자는 그냥 아무런 이유도 없이 일어나는 일은 없다고 생각한다. 그러나 과학에서의 결정론은 확률적, 개연적인 결정론으로서 어떠한 결과에 대해 그 원인을 100% 확실하게 단정하기는 어렵다.

셋째, 과학은 상호주관적(intersubjective) 성격을 갖는다. 이는 과학적 사실이 엄밀히 객관적인 것이라기보다는 과학자들이 동의한 상호주관적인 사실이라는 뜻이다. 서로 의견을 달리하는 과학자들이 동의해서 동일한 결론에 도달할 때 이것이 곧 과학적 사실이 된다.

넷째, 과학은 경험적으로 검증 가능한(empirically testifiable) 것이다. 과학적 사실은 경험적 자료의 분석을 통해 검증된 것이어야 한다. 과학자는 경험적 자료에 기반해 어떠한 사실을 검증함으로써 그 사실의 타당성을 확인하려 한다.

다섯째, 과학은 일반화를 목표로 한다. 즉, 과학은 일회적인 개별 현상을 설명하기보다 보편적·일반적 현상에 대한 일반적인 이해와 설명을 목표로 한다. 이러한 일반적 설명은 앞서 언급한 확률적 결정론에 입각해서 이루어진다.

여섯째, 과학은 간결성(parsimony)을 지닌다. 이는 과학에서는 어떤 현상을 설명할 때 될 수 있는 한 적은 수의 요인이나 변수를 사용해 설명하려 한다는 뜻이다.

일곱째, 과학은 특정적(specific)이다. 이는 과학적 설명은 특정 현상에 대해 특정 범위 내에서 설명한다는 말이다. 어떠한 과학적 설명도 그것이 적용되는 대상과 범위는 명확히 제한되어 있다.

여덟째, 과학은 수정 가능한 것이다. 과학에서 추구하는 것은 영구불변한 절대적 진리가 아니며, 과학적 이론은 반증되고 수정 가능하며 상대적인 것이다. 따라서 상황에 따라 수정되며 계속해서 다른 것으로 대치된다. 과학은 진리를 추구하는 수단이라기보다 세계를 이해하는 데 유용한 이론을 제공해 주는 수단이다.

따라서 과학적인 연구는 논리적이어야 하며 일반 법칙에 근거한 일반적 설명을 제시하는 것이어야 한다. 그 연구 결과는 경험적으로 검증 가능해야 하며 수정 가능해야 한다. 이러한 것들이 어느 정도 충족되는가에 따라 연구가 얼마나 과학적인지가 결정된다.

과학과 일상적 판단 간의 차이는 과학적 방법이 갖는 높은 수준의 형식성(formality), 엄밀성(rigorousness), 검증가능성(verifiability), 보편타당성(general validity)에 있다고 할 수 있다. 과학과 상식은 현상을 경험적으로 관찰해 논리적으로 설명하고자 하는 점에서 유사하며, 과학적 지식은 상식을 바탕으로 형성된다. 그러나 과학은 상식보다 더욱 체계화된 지식의 묶음이다. 과학과 상식은 모두 개념 간의 관계를 언급하지만 상식은 과학처럼 체계적인 명제나 이론화를 시도하는 것은 아니라는 점에서 과학과 다르다. 과학은 상식적으로는 받아들여지지 않는, 겉으로는 무관한 듯한 명제 간의 관계를 체계화하려 하지 않는 상식과 달리 이를 실증적으로 밝히려 한다는 점에서 상식과 다르다.

나겔(Nagel, 1961)도 과학을 구성되고 분류된 상식이라고 하면서 과학과 상식의 차이점에 관해 언급하고 있다. 첫째, 과학은 표면상으로 관련이 없는 듯한 명제 간의 관계를 정립하고 다양한 정보를 체계적으로 연결시키려 한다는 것이다. 둘째, 과학은 상식과 달리 체계적이다. 상식은 사실을 체계적으로 설명해 주지 않으며 이로 인해 그것이 적용되는 범위가 명확히 규정되지 않고 그 한계가 불분명하다. 셋째, 상식에서는 어떤 현상에 대해 가치를 부여하고 관련되는 것끼리 관계를 지어 주는 일이 체계적으로 인식되고 검토되지 않는다. 반면 과학의 영역에서는 사실에 대한 체계적 설명이나 명제 간에 논리적 관계를 정립시키며 이러한 것이 과학의 발달을 촉진시킨다고 본다. 넷째, 상식의 영역에서는 믿고 있는 바를 확인하거나 그 반대로 반증하는 것이 쉽게 밝혀지지 않는다. 반면 과학은 결정적인 진술을 많이 하며, 이를 논리적으로 통합된 설명 체계로 엮어서 검증 과정의 판별력을 더욱 예리하게 하고 적절한 증거를 더욱 보강한다. 다섯째, 과학에서는 추상적 개념을 최대한 활용하지만 상식은 그렇지 않다. 그리고 상식은 인간에게 특별히 가치 있는 사물이나 현상의 영향과 관계가 깊지만 과학은 보통 의도적으로 잠정적인 가치를 부정하므로 실생활에는 부합되지 않는 경우가 많다. 여섯째, 과학은 관찰을 통해서 엄격한 논리적 절차에 따라 체계적 설명을 하려는 것이지만 상식은 타당성 면에서 체계적으로 이해되는 것이 아니다.

2 사회과학의 특성

과학은 크게 자연과학(natural science)과 사회과학(social science)으로 나눌 수 있다. 사회과학은 경제학, 정치학, 사회학, 행정학, 사회복지학 등과 같이 제반 사회 현상을 연구하는 과학이다. 그런데 사회과학의 연구 대상인 사회 현상은 자연과학의 연구 대상인 자연 현상과는 달리 인간의 의지에 따라 형성되고 좌우되며 따라서 매우 가변적이고 다양하고 특수해서 일반화하기가 용이하지 않다. 과학이 일반화를 추구하며 현상의 규칙성으로부터 이론을 도출하는 것이라고 할 때 사회 현상에도 규칙성이 있으나 이는 그 현상을 만드는 주체인 인간의 의도에 따라 언제든지 바뀔 수 있으며, 특수성을 띠고 예외가 많아 과학이 추구하는 목표를 성취하는 데 어려움으로 작용한다. 사회과학의 연구 대상이 갖는 이러한 특성으로 인해 사회과학이 과연 자연과학과 같이 과학으로 정립될 수 있을 것인지, 더 나아가 사회과학을 자연과학적 연구 방법을 사용해 접근하는 것이 올바른 것인지 등의 문제에 대해 학자들 간에 많은 논쟁이 제기되어 왔으며, 이에 대해 공통된 합의가 존재하지 않는다.

그러나 적어도 사회과학자들은 과학의 본질은 그것이 다루는 대상에 있는 것이 아니라 다루는 방법에 있기 때문에 사회과학도 과학으로 정립될 수 있다고 본다. 즉, 사회과학도 연구 대상을 관찰, 측정해서 규칙성을 발견하고 이론과 모형을 구성하고자 하는 점에서 자연과학과 다를 바 없는 과학이라는 것이다. 사회과학은 의지가 담긴 인간의 행위를 다루므로 그 안에서 어떤 규칙성을 찾는다는 것은 자연과학에서 규칙성을 찾아내는 것보다 훨씬 더 어려운 일이다. 그러나 인간의 행위는 무작위로 아무런 질서 없이 이루어지는 것이 아니라 사회적 규범과 관습에 따라 이루어지므로 어떤 유형을 보이게 된다. 따라서 이러한 인간 행위로 구성되는 사회 현상에서도 자연 현상에서 볼 수 있는 것과 같은 엄격한 규칙성은 아닐지라도 어느 정도의 규칙성을 발견할 수 있고, 이에 따라 사회과학이 성립될 수 있다. 만일 인간의 행위가 완전히 무규칙적이라면 이에 관한 과학은 성립될 수가 없다. 인간 행위의 규칙성에 근거해 사회과학에서도 과학이 목표로 하는 일반화가 가능하게 되고 이론의 정립이 가능하게 되는 것이다.

오늘날 사회과학이 사회 현상에 접근하기 위해 사용하는 과학적 방법은 자연과학에서 유래한 것이다. 근대적 사회과학은 갈릴레이와 뉴턴에 의해 확립된 과학적 방법론과 이론이 자연 현상의 설명뿐 아니라 인간과 사회 현상의 설명에도 적용될 수 있다는 믿음과 더불어 시작되었다. 갈릴레이와 뉴턴에 의해 정립된 과학적 세계관에 따르면 모든 자연 현상은 인과관계론적으로 설명될 수 있어 현상에 선행하는 원인의 결과로 간주된다. 이러한 인과관계적 결정론은 모든 자연 현상은 인간의 행위와는 무관하게 자연 법칙에 따라 일어나는 것이므로 객관적이라는 주장과 상통한다.

자연 현상과 사회 현상

"그래도 지구는 돈다(Yet it does move)."
힘없이 교황청 문을 빠져나오는 갈릴레이는 머리를 긁적이면서 이렇게 중얼거렸다. 애써 진리를 외면하려는 고리타분한 추기경들의 꽉 막힌 사고 방식을 도무지 이해할 수 없었다. 지구가 우주의 중심이라는 천동설적인 세계관을 갖고 있던 당시 중세 교회는 지동설을 주장한 갈릴레이를 종교 재판에 불러들여 그로 하여금 스스로 지동설을 부인하도록 강요했던 것이다.
이 일화와 관련해서 자연 현상(natural phenomenon)과 사회 현상(social phenomenon)은 어떻게 다른가 한번 생각해 보자.
비록 중세 교회의 권위로도 지구가 돌고 있는 자연 현상을 바꾸지는 못했다. 그러나 갈릴레이를 종교 재판에 불러들여 그로 하여금 강제적으로 지동설을 부인하고 천동설을 인정하게끔 만든 것은, 바로 중세의 기독교적 질서라는 사회 현상에서 비롯된 것이다.

1. 중세의 과학
   ① 해가 움직인다.
   ② 정지해 있는 것이 자연스럽다.
   ③ 실험은 하나님의 섭리를 의심하는 태도이다.

2. 종교개혁기의 과학
   ① 지구가 움직인다.
   ② 움직이는 것이 자연스럽다.
   ③ 실험을 통해 진리를 찾는다.

사회과학에서 사용하는 과학적 접근 방법이 자연과학으로부터 나온 것이지만 자연과학의 연구 대상이 물질적인 것인 데 반해 사회과학의 연구 대상인 사회 현상은 인간에 의해 만들어지는 것이라 할 때 인간은 어떠한 예측도 전복시킬 수 있는 능력을 지니고 있다. 따라서 인간의 행위는 정확히 예측하기가 불가능하고 주관적이며 복합적이어서 자연과학적 접근 방법은 적합하지 않다는 주장이 제기되는 것이다. 사회적 현상이란 자연 현상과 달리 어떤 관점, 어떤 시각에서 보는가에 따라 달리 보일 수 있다는 사실이 이러한 주장을 뒷받침한다.

사회과학이 과학으로 정립되던 초기에는 자연과학적 방법론의 영향을 받아 사회 현상에 대한 통계적 측정을 통해 결과를 양적으로 나타내는 계량적 경향이 지배적이었으나 점차 인간 행위의 주관성을 중시하는 입장에서 자연과학적인 양적 방법론을 비판하고 질적 방법론을 주장하는 학자들이 나오게 되었다. 자연과학의 영향을 받은 계량주의자들은 인간 행위의 비예측성, 복합성에도 불구하고 그 속에서 연속성과 규칙성을 발견할 수 있다는 사실에 입각해 인간 행위의 대부분이 관습적, 연속적, 예측적이란 점을 강조하면서 그렇기 때문에 인간 행위는 측정 가능하고 그 결과를 계량화시킬 수 있다고 주장한다. 이들은 자연과학에서와 같이 관찰과 측정을 위한 도구와 기술의 발달을 통해 사회과학이 과학적으로 발전할 수 있다고 본다. 이와 같이 사회과학적 연구 대상의 특성으로 인해 오늘날 방법론적 입장에서 인간과 사회 현상을 객관적·경험적 자료를 바탕으로 연구해야 한다는 경험주의(empiricism), 실증주의(positivism)와 같은 양적 방법론과 현상학(phenomenology)과 같은 질적 방법론 간에 격렬한 논쟁이 대두되는 것이다.

나겔(Nagel, 1961)은 인간 행위를 연구하면서 전통적인 과학적 방법은 대상의 복잡성으로 인해 다음과 같은 한계를 지닌다고 지적했다. 첫째, 인간의 행위는 복잡하고 가변적이므로 예측이 쉽지 않고, 둘째, 과학은 근본적으로 가치중립적(value-free)이기 때문에 인간사회의 규범적 문제를 다루는 데에는 한계가 있으며, 셋째, 자원주의적(voluntaristic) 입장에서 보면 인간에게는 예측을 임의로 전복할 수 있는 능력이 있어 과학이 지향하고 있는 예측을 성취하기가 어렵다. 자연과학적 방법은 방법의 정확도와 신뢰도를 지나치게 강조함으로써 사회과학이 추구해야 할 인간화에 반해 비인간화를 촉진시키고 사회과학의 적합성과 타당성을 무시할 위험이 있다.

자연과학과 사회과학은 과학이 추구하는 목적을 공유한다는 점에서 근본적인 공통성이 있으나 연구 대상, 연구 방법, 지식 습득 방법 등에서 차이가 있다.

① 연구 대상 면에서 자연과학은 객관적, 물리적 세계를 대상으로 하고 사회과학은 인간의 행위를 대상으로 한다. 사회과학의 대상이 인간과 그 행위이므로 사회과학자는 일정한 법칙에 따라 타인과 의사소통하고 상호작용하는 법을 배워야 하며, 이를 위한 일차적 도구는 언어이다.

② 연구 방법 면에서 자연과학은 실증적 방법을 추구하나 사회과학은 실증적 방법과 더불어 반실증적(anti-positivistic) 방법을 사용한다.

③ 지식 습득 방법 면에서 자연과학은 주로 과학적 방법에 의존하나 사회과학은 과학적 방법뿐 아니라 인습, 권위, 직관 등에 의해서도 꽤 설득력 있는 이론화가 가능하다.

④ 예측과 의사소통이라는 면에서 차이가 있다. 자연과학에서의 설명은 미래의 어떤 발생에 관한 예측까지 수반하는 반면 사회과학에서의 설명은 예측보다는 사람들 사이의 의사소통에 더 큰 비중을 둔다.

⑤ 법칙과 관습이라는 면에서 차이가 있다. 일정한 법칙이 없는 설명은 현상 간의 단순한 시차적 언급에 불과하므로 법칙이 있는 설명을 요구하게 되나 사회과학에서는 이를 구비하기가 어렵다. 그러나 사회적 관습이 인간의 행동을 규제하므로 일반적으로 보편화된 법칙의 경지까지는 이르지 못하나 관습은 꽤

설명력을 가진다.

⑥ 이론과 구성적 의미라는 면에서 차이가 있다. 이론은 자연과학의 정수로서 경험의 연역적 통일성을 제시해 준다. 반면 사회의 구성적 의미는 사회적 의미론이라고 할 수 있을지는 몰라도 자연과학의 이론처럼 경험의 연역적 통일성을 마련해 주지 못한다. 따라서 연역 논리에 입각하기보다는 현상을 해설할 수 있는 정도에 그친다.

3 사회과학의 가정

사회과학이 기반해야 할 근본적인 철학적 가정은 무엇인지의 문제와 관련해서 자연과학의 가정과 방법이 사회과학에 적절한지의 여부나 어느 정도로 적절한지에 관한 논란이 존재한다. 특히 문제가 되는 것은 객관성과 주관성의 의미와 이들 간의 관계이다. 상이한 이 두 개념에 내포되어 있는 것은 사회적 실체의 본질, 인간 본성, 그리고 사회적 세계에 관한 지식의 근본 등과 같은 기본적 이슈에 대한 의견의 불일치이다.

버렐과 모건(Burrell & Morgan, 1979)은 다음의 〈표 1-2〉에서 보듯이 사회과학에서 주관주의와 객관주의라는 두 개의 양극적인 철학적 관점을 네 가지 이분법적 차원으로 요약했다. 네 가지 차원이란 실체론, 인식론, 인간 본성, 방법론으로서 이는 각각 논리적으로 구분된 가정이 존재하는 사회과학에서의 근본적인 이슈를 나타낸다. 〈표 1-2〉에서 각 행의 가정은 주관주의와 객관주 접근법의 근본적인 철학적 입장을 구성하고 있다. 한편 이들 각 가정은 그 순수한 형태에서는 논리적으로 다른 가정들을 배제하지만 때로는 중간적 입장을 취하기도 한다.

1) 실체론(ontology)

과학자가 연구 대상에 대해 할 수 있는 가장 근본적인 가정은 연구 대상의 실체론적 지위에 대한 것이다. 실체론적 가정은 연구되는 현상의 본질과 관계된다. 예를 들어 조직이론가에게 실체론적 의문은 조직이 존재한다고 말하는 경우에 이것이 어떤 의미인가라는 것이다. 객관주의자는 사실주의(realism)라고 지칭되는 관점을 갖는다. 사실주의에서는 개인적인 인식에 외재하는 사회적 세계는 비교적 변하지 않는 구조로 구성된 실제세계이다. 사실주의자는 우리가 이러한 구조에 이름을 붙이고 인식하든 않든 간에 구조는 경험적인 실체로서 존재한다고 주장한다. 이에 반해 명목주의(nominalism)에 동의하는 주관주의자들은 사회적 세계가 인간의 의식과 행동에 무관하게 독립적으로 존재한다는 생각을 거부한다. 대신 이들은 사회적 세계를 인간 의식의 산물로 간주하며, 사회적 실체를 구성하는 제도나 역할은 명목적인 것에 불과하다고 본다.

2) 인식론(epistemology)

인식론적 가정이란 어떤 것이 지식이나 사실로 적절히 간주될 수 있는지, 또한 그러한 지식이 어떻게 일상생활과 과학적인 의견 교환 시에 의사소통되고 이해되는지에 관한 가정이다. 여기에서의 논의는 주로 실증주의(positivism)의 적절성을 둘러싸고 이루어지는데, 실증주의는 객관주의의 인식론적 관점으로서 구성요소 간의 규칙성이나 인과관계를 탐색함으로써 사회적 세계에서 일어나는 일을 설명하고 예측하려 한다. 한편 이러한 가설적인 인과관계가 긍정적으로 검증되는지 혹은 반증되는지(falsified) 여부에 대해 실증주의 내에서도 견해 차이가 존재한다. 반면 반실증주의(anti-positivism)는 근본적인 규칙성과 인과 법칙을 발견하는 것보다는 연구 주제의 경험의 풍성함과 그 의미를 이해하는 데에 더 관심을 갖는다. 반실증주의자들은 연구 대상의 주관적인 경험을 이해하려고 노력한다.

3) 인간 본성

객관주의와 주관주의를 구분하는 근본 가정의 세 번째 범주는 인간 본성의 문제, 즉 인간의 본질에 대한 믿음이다. 객관주의적 입장은 사람의 행동이 환경 혹은 유전에 의해 야기된 인과력(因果力)에 의해 설명될 수 있다는 결정주의(determinism)를 주장한다. 반면 주관주의는 자원주의적 입장(voluntarism)을 취하는데, 이는 인간 본성을 결정된 것이라기보다 적극적이고 자율적인 것으로 간주한다.

4) 방법론(methodology)

방법론에서의 두 가지 대안적인 접근법은 앞서 살펴본 두 가지 일반적인 사회과학적 접근법의 인식론적 입장에 대한 논리적인 연장이다. 객관주의는 흔히 일반 법칙적 또는 법칙 정립적(nomothetic) 방법론을 사용하며, 반실증주의적 인식론과 뜻을 같이하는 주관주의적 접근법은 연구 주체 자체의 주관적인 준거틀을 통한 사회적 경험의 심오한 이해를 강조하는 개별사례적 또는 개별 기술적(idiographic) 방법론을 사용한다. 이 방법론은 일반화에 대한 관심을 반드시 배제하지는 않지만 연구 과정에서 연구 대상이 그 특질을 나타내도록 하는 것을 강조한다.

〈표 1-2〉 사회과학의 본질에 대한 가정의 분석틀

차원 주관-객관	주관주의	객관주의
실체론	명목주의(nominalism)	사실주의(realism)
인식론	반실증주의(anti-positivism)	실증주의(positivism)
인간 본성	자원주의(voluntarism)	결정주의(determinism)
방법론	개별사례적(idiographic)	일반법칙적(nomothetic)

출처 : Burrell & Morgan(1979: 3).

이와 같은 네 가지 차원 이외에 한 가지 차원을 덧붙인다면 가치론적 차원을 들 수 있다. 가치론의 입장에서 주관주의는 가치개입적(value-laden)인 반면 객관주의는 가치중립적 또는 가치자유적(value-free)이다. 즉, 주관주의자들은 사회과학적 연구에서 연구자가 갖고 있는 가치는 어쩔 수 없이 개입되는 것으로 보는 반면, 객관주의자들은 연구자는 자신의 가치를 배제한 철저한 가치중립적 입장에서 연구할 수 있고 연구해야 한다고 주장한다.

자연과학에서의 가치 전제가 단순하고 자명한 것이라면 사회과학에서의 가치판단은 복잡하고 불가분한 것이다. 사회과학에서는 모든 연구가 연구자의 개인적 관심에서부터 출발하고 연구자가 갖고 있는 관심과 가치가 연구 과정에 개입되며, 연구 결과의 해석에도 연구자의 가치판단이 개입된다. 그러나 자연과학에서도 가치판단은 불가피하며 자연과학이라고 해서 완전히 가치중립적인 것이 아니다. 가치판단이 반드시 과학적 연구에 해로운 것은 아니며 과학에는 가치가 개입된다는 사실을 인식하는 것이 필요하다.

과학적 연구 과정에서 가치는 우선 연구문제를 선정하는 데에 개입된다. 선정된 문제를 해결하기 위해 수집한 자료에 담긴 내용간의 관계를 형성하는 명제나 이론의 전개와 개념화 과정에서 가치가 개입된다. 연구자 자신의 개인적 가치관과 연구자가 준거로 삼고 있는 학문 분야의 지배적인 가치가 작용하게 된다. 이렇듯 가치는 연구자가 주관을 가진 인간인 이상 연구 과정에 불가피하게 개입되는데, 중요한 것은 연구자 자신이 어떠한 가치를 갖고서 연구에 임하고 있는지를 명확히 인식하고 가치의 개입으로 인해 연구 결과가 왜곡되지 않도록 유의하는 것이다. 과학적 연구에서의 가치개입을 부정적으로만 볼 필요는 없으며, 특히 사회과학적 연구는 인본주의(humanism)에 바탕한 것이어야 하므로 완전히 몰가치적인 태도가 오히려 부정적일 수도 있음을 생각해야 할 것이다.

생각해 볼 문제 1

■ 공무원 수는 업무량에 관계없이 늘어난다.

　모든 사회 현상은 '생각해 볼 문제 1'처럼 실험을 할 수는 없지만 자료로 검증하기 전에는 상식에 불과하다. 과연 그런가?

　'파킨슨의 법칙'을 떠올려 보자. 영국 행정학자 파킨슨(Cyril Northcote Parkinson)이 1955년 소개한 이 법칙의 기본 가설은 "일은 그것을 마치도록 주어진 시간만큼 늘어난다"는 것이다. 파킨슨은 그 예로 엽서 한 장을 쓰는 데 8시간이 주어지면 업무자는 8시간 동안 할 일을 만들어 낸다고 했다. 시간 대신 자원과 인력을 대입해도 마찬가지 현상이 나타난다. 파킨슨은 이런 현상을 조직론으로 발전시켜 "공무원 수는 업무의 많고 적음과 관계없이 계속 늘어난다"고 했다.

실제로 파킨슨에 따르면, 영국 해군의 인력구조 변화를 담은 자료에 주목했다. 이 자료에 따르면, 1914년에서 1928년까지 14년 동안 해군 장병의 숫자는 14만 6,000명에서 10만 명으로, 군함은 62척에서 20척으로 줄어들었으나, 같은 기간 동안 해군본부에 근무하는 공무원의 숫자는 2,000명에서 3,569명으로 80% 가까이 늘어났다고 한다.

1914년부터 1928년 사이의 간부 수 변동조사 결과

연도	주력 함정 수	장교와 사병의 수	공창 근로자 수	공창관리와 사무원 수	해군본부 관리의 수
1914	62	146,000	57,000	3,249	2,000
1928	20	100,000	62,439	4,558	3,569
증감률	−67.74%	−31.5%	9.54%	40.28%	78.45%

표에서 중요한 것은 1914년에 2,000명이던 해군본부 관리의 수가 1928년에 3,569명으로 늘어났는데, 이는 업무량의 증가와 아무런 관계가 없다는 사실에 있다. 같은 기간 병사는 1/3이, 함대는 2/3이 축소되었고, 더 이상의 인원이나 함대의 증가를 기대할 수도 없었던 상황에서 관리의 수만 78%나 증가했다는 것이다 (Parkinson, 2003).

정부가 조직 개편을 할 때 공무원의 수도 줄이려고 하고 실제로 좀 줄어들기도 하지만, 결국은 오히려 매년 늘어나서 이전보다 훨씬 비대해지는 현상을 발견할 수 있는 것이다. 실제로 우리의 경우에도 지난 여러 번의 정부 임기 동안 초기에는 반짝 줄었다가 어느새 슬그머니 조직이 확대되어 임기 말년에는 이전 정부보다 더 심한 복마전으로 되돌아가는 현상을 쉽게 발견할 수 있다.

이러한 파킨슨의 법칙은 정부뿐만 아니라 오늘날 관료화된 대기업 등의 사회

각 조직의 비효율성을 비판하는 메시지로도 인식된다.

전투력이 크게 줄었는데도 왜 관리요원의 숫자는 계속 늘어난 것일까? 이 의문과 관련, 파킨슨은 '파킨슨의 법칙'의 기초가 되는 두 가지 명제를 제시했다.

---

1. 관리는 경쟁자가 아닌 부하들이 크게 늘어나는 것을 원한다
   - 부하 배증의 법칙
2. 관리들은 서로를 위해 일을 만든다 - 업무 배증의 법칙

결국 일이 많아서 사람이 필요한 것이 아니라 사람이 많아져서 일이 필요한 것이다. 공무원 수가 늘면 일도 많아진다. 스스로 조직에서 안전을 보장받기 위해 새로운 규제와 새로운 개입 영역을 계속 확대하기 때문이다.

한국에서 '파킨슨의 법칙'이 사용된 사례로서 세월호 참사로 폐지된 해경의 연도별 증감 자료를 찾아보자.

파킨슨의 법칙은 해경의 인원 증가 현상에서도 나타났다. 지난 2006년 이전 5,826명이던 해경 전체 인원은 2014년 5월까지 38%(2,200명) 늘어난 8,026명에 이르렀다. 이 중 간부급인 경감 이상은 377명에서 675명으로 79%나 늘어난 반면, 현장 실무 인력인 경위 이하는 5,449명에서 7,351명으로 35%밖에 보강되지 않았다. 해경은 지난 2006년부터 해상 안전과 치안 강화를 이유로 중간 관리기구인 지방청 4곳을 신설했다. 특히, 인원 확충은 관리 조직인 해경 본청·지방청에 집중되어 본청·지방청 인원 증가율은 일선 경찰서의 10배에 이르렀다. 지방청 신설 뒤 본청·지방청 인원은 300명에서 1,039명으로 246% 늘어났지만, 일선 경찰서 인원은 5,436명에서 6,788명으로 25% 늘어난 데 그쳤다. 조직을 신설하면서 실무자보다는

간부 자리 늘리기에 급급했던 것이다.

해경의 파킨슨 법칙

연도	전체 인원	현장 실무인력 (경위 이하)	간부급 (경감 이상)	본청·지방청 관리자 수	일선 경찰서
2006	5,826	5,449	377	300	5,436
2014.5	8,026	7,351	675	1,039	6,788
증감률	38%	35%	79%	246%	25%

2006년까지 41명에 불과했던 구조 전담인력은 올 5월까지 191명이 늘어 232명이 되었지만, 이는 전체 해경 증가 인원(2,200명)의 8.7%밖에 안 되었다. 일선 경찰서 한 곳에 구조 전담인력이 13~14명 꼴이고, 교대근무 등을 감안하면 사고가 일어날 경우 즉각 출동할 수 있는 구조 인력이 7~8명밖에 안 되는 셈이다.

해양경찰청이 새누리당 조현룡 의원실에 제출한 경감 이상 간부 716명의 경력 현황 자료에 따르면, 해경 파출소 근무 경험이 전혀 없거나 1년 미만인 간부는 476명에 달했다. 66%가 넘는 간부들이 현장 경험이 없는 셈이다. 전체 간부 가운데 121명이 경비함정을 한 번도 타보지 않았거나 1년 미만 승선했다. 1~2년 승선한 간부는 46명, 2~3년은 32명이었다. 배를 모르는 인사들이 해경 간부로 근무한 것이다.

경무관 이상 고위 간부의 절반이 함정 근무 경험이 전혀 없다는 점을 감안하면 해경 승진에서는 배가 그리 중요하지 않은 요소였다. 또 항해나 기관 직렬로 분류되었지만 실제 경비함정 근무를 한 번도 하지 않았거나 1년 내외의 짧은 기간만 근무한 간부도 50여 명에 이르렀다.

그러나 위에 언급한 이러한 해경의 문제점에도 불구하고 해경을 해체하는 조직 개편은 정부조직 개편 역사상 전대미문의 사례가 될 것이다.

중앙정부를 비롯한 공공 부문이 파킨슨의 법칙이 적용되는 전형적인 고도 비만 상태에 빠졌으며, 공무원 증원을 일자리를 늘리는 사회복지 개념 차원에서 접근하고 있다는 비판이 제기되었다.

2011년 7월 8일 자유선진당 대변인 임영호는 '공무원 100만 명 시대, 파킨슨의 법칙을 극복해야 한다'는 논평에서 이렇게 말했다. "이명박 정부도 역대 정부와 다를 바가 하나도 없다. 출범 초기에는 '작은 정부'를 하겠다며 정부조직 통폐합으로 공무원 숫자를 6,951명 축소하겠다면서 있는 호기, 없는 호기를 다 부렸다

우리나라에서도 민주화 이래 역대 정권마다 감축을 선언했지만, 어제 나온 「2015 행정자치 통계연보」에 따르면, 공무원 수는 이미 지난해에 100만 명을 돌파할 정도로 비대화했다. 최근에는 국회의원 수도 부족하니 크게 늘리자는 주장까지 나왔다. 인원이 충족되어야 국회가 제 기능을 할 수 있다는 주장인데, 반감이 큰 것은 공연한 조직 부풀리기가 아닌가 하는 불신 때문일 것이다.

Hint : 국가공무원 정원 알려면
1. e-나라지표에 접속하여 상단 메뉴 e-나라지표 클릭하고 다시 상단 메뉴 중 지표보기 클릭
2. 부처별 → 행자부 → 공무원 정원

생각해 볼 문제 2

■ 축소도시 20개 시군의 인구 감소 현황, 공무원 수 증감 현황, 그리고 재정자립도 등을 조사해 보자.

국토연구원은 최근 발표한 연구보고서에서 20개 지방 중소도시를 축소도시로 판정했다. 1995~2005년과 2005~2015년 두 기간 연속으로 인구가 줄거나 최근 40년 동안 정점 대비 25% 이상 인구가 감소한 국내 도시 20곳을 축소도시로 분류했다.

지역별로 경북이 경주·김천·안동·영주·영천·상주·문경시 등 7곳으로 가장 많았고, 전북은 익산·정읍·남원·김제시 등 4곳이다. 충남(공주·보령·논산시)과 강원(동해·태백·삼척시)에 각각 3곳씩, 전남은 여수·나주시 2곳, 경남에선 밀양시 1곳이었다. 특히 태백·김제·상주·문경 등 8곳은 인구가 40년 전의 절반 이하로 줄었다. 인구 감소와 일자리 부족으로 세수가 급감하면서 20개 축소도시 모두 재정자립도(2015년 기준)가 30%에 못 미쳤다. 국토연구원은 "정읍·남원·김제·안동·상주 등 5곳은 재정자립도가 15% 미만"이라고 밝혔다.

생각해 볼 문제 3

■ 여러분이 생각해 낸 사회 현상의 사례와 그 검증 자료를 제시해 보자.

조사방법론 RESEARCH METHOD

Chapter 2

조사연구의 과정

1. 조사연구의 정의
2. 조사연구의 목적
3. 조사연구의 과정

학습 목표

- 조사연구 방법에 대해 이해한다.
- 조사연구의 목적에 대해 알아보자.
- 조사연구의 과정을 살펴보자.

CHAPTER 2

조사연구의 과정

1 조사연구의 정의

　영어로 survey를 우리는 보통 조사(調査)라고 번역하며 이는 흔히 표본을 이용한 조사, 즉 표본조사(sample survey)를 의미하는 것으로 사용된다. 그러나 실험 같은 것은 표본을 이용하더라도 일반적으로 영어의 survey라는 개념에는 포함되지 않는다. 영어의 survey는 우리말로 조사라고 하나 그 범위가 제한적인 조사를 지칭한다. 구체적으로 survey란 개념을 실험이나 관찰, 문서연구 등을 제외하고 질문지나 조사표, 면접 등을 이용한 표본조사를 지칭하는 것으로 사용하기도 한다(Bailey, 1982). 그러나 여기서는 조사라는 용어를 좀 더 광범위한 개념으로 사용하고자 한다. 따라서 조사연구(survey research)란 문서 연구와 같은 간접적 방법이든 현장에서의 직접적 자료 수집이든 어떠한 방법을 이용한 것이든 간에 자료 수집을 통한 모든 연구(research)를 지칭하는 것으로 사용한다. 그러므로 여기에는 문서연구나 관찰, 실험을 통한 연구도 포함된다.

사회과학에서 조사연구는 사회적 현상의 모든 측면에 대한 이해를 촉진하기 위한 자료들을 수집하는 데에 널리 이용된다. 조사연구에 포함되는 여러 가지 조사의 종류 중 사회과학에서 가장 널리 사용되는 것은 질문지나 조사표를 이용한 조사이다. 이 방법은 오늘날 특히 여론조사나 시장조사 등에서 흔히 사용되고 있으며, 갤럽 같은 여론조사기관은 이러한 조사방법을 발전시키는 데 기여했다. 이러한 형태의 조사연구는 이미 19세기 후반부터 사회과학자들에 의해 사용되었으며, 20세기 이후 미국의 사회과학자들에 의해 본격적으로 실시되었다.

2 조사연구의 목적

조사연구를 실시하는 구체적인 목적에는 여러 가지가 있으나 이를 크게 나누면 탐색, 기술, 설명 세 가지를 들 수 있다.

첫째, 연구를 수행할 때에는 알고자 하는 현상에 대해 사전에 특별한 지식이 없거나 선행연구가 없는 경우 주로 탐색(exploration)을 목적으로 조사연구를 실시하게 된다. 탐색적 연구는 단순히 사물을 더 잘 이해하고자 하는 연구자의 개인적 호기심과 지적 욕구를 충족시키기 위해, 본조사를 실시하기에 앞서 그것이 과연 실행 가능한지, 본격적인 연구를 수행해야 할 필요성이 있는지를 예비적으로 알아보기 위해, 체계적이고 본격적인 조사에서 사용될 수 있는 방법을 개발, 모색하기 위해 이루어진다. 특히 이러한 탐색적 목적의 조사연구는 새로운 분야에 대해 연구하고자 할 때 매우 유용하며, 조사하고자 하는 주제에 대해 많은 시사점을 제공해 준다. 연구자가 새로이 흥미를 느끼는 문제가 있을 때 탐색적 조사를 통해 연구 주제에 관한 통찰력을 얻을 수 있다. 그러나 탐색적 조사연구를 통해 문제에 대한 대답을 얻기를 바라는 것은 곤란하다. 이는 대답을 제공해 주기보다는 대답에 대한 힌트만을 주거나 가능성 있는 대답에 대한 통찰력을 제공해 주거나 대답을 얻을 수 있는 조사방법을 시사해 주는 역할에 그친다. 이처럼 연구문제에 대해 만족할 만한 대답을 제공해 주지 못한다는 것이 탐색적 조사의 한계라 하겠다.

둘째, 상황이나 사건, 현상을 기술(description)하기 위한 목적으로 조사연구를 실시한다. 기술적 목적의 조사연구에서는 현상의 원인보다 현상 자체에 더 관심을 갖고 있는 그대로의 현상을 묘사한다. 연구자는 관찰한 결과를 요약, 기술하게 된다. 과학적 관찰을 통한 이러한 기술은 일상적인 기술에 비해 정확하고 정밀하며 체계적인 것이다. 많은 조사가 기술적 목적을 가지고 실시되고 있는데, 우리나라 정부에서 매년 실시하는 사회통계조사나 매 5년마다 실시하는 인구 및 주택 총조사, 각종 여론조사 등이 그 예이다.

셋째, 단순한 기술에서 한 걸음 더 나아가 현상을 설명(explanation)하고자 하는 목적에서 조사연구를 실시한다. 설명은 단순한 기술과 달리 왜 그러한 현상이 발생했는지 그 원인에 대한 대답을 제공하는 것이다. 헴펠(Hempel, 1966)은 설명을 두 가지로 구분했는데, 하나는 이미 설정되어 있는 일반 법칙에 의해 어떤 특정 현상을 설명하는 연역적 설명이고, 다른 하나는 하나의 현상을 그 이전에 발생한 다른 어떤 현상과 관련지어 설명하는 귀납적 설명이다. 여기서 말하는 설명적 목적의 조사연구는 조사를 통해 현상을 설명하려는 것이므로 후자인 귀납적 설명과 연관된다고 할 수 있다.

설명을 위한 조사에서는 보통 대상이 되는 현상의 여러 측면을 동시에 관찰하고 검토해서 종합하고자 한다. 현상이 그러한 데에 대한 원인, 이유를 구체화하고 어떤 것이 다른 것의 원인이 된다는 것을 명시함으로써 설명한다. 이처럼 설명에는 인과관계의 개념이 내포되어 있다. 그러나 사회과학에서는 인과관계가 매우 복잡하게 얽혀 있으므로 이를 명확히 밝혀낸다는 것은 불가능에 가깝다고 할 수 있다. 따라서 사회과학적 연구에서는 가능하면 인과관계라는 개념을 사용하지 않고 그 대신 '무엇이 무엇에 영향을 미친다'라는 말과 같이 함축적으로 표현한다.

3 조사연구의 과정

일반적인 조사연구를 수행하는 주요 과정은 [그림 2-1]과 같다. 이러한 과정들에 대해 좀 더 자세히 살펴보기로 하자.

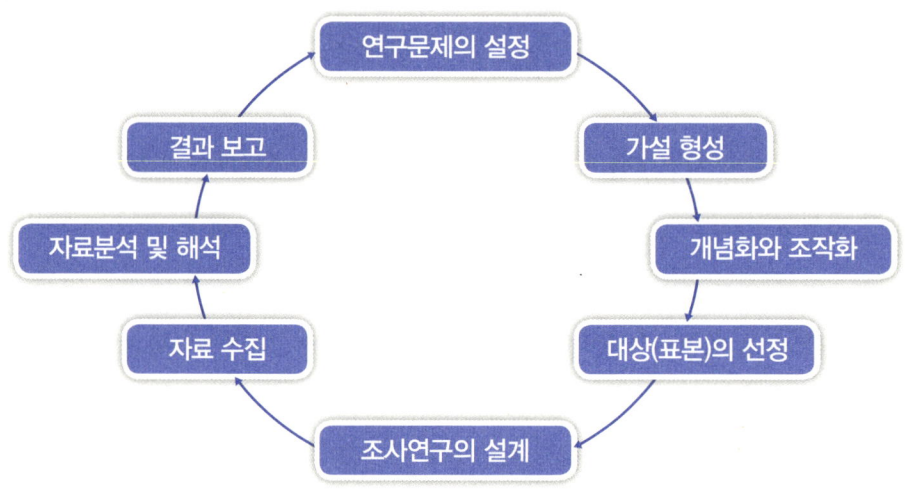

[그림 2-1] 조사연구의 주요 과정

1) 연구문제의 설정

조사연구는 연구자가 어떤 것을 문제로 인식하는 데서부터 출발한다. 조사연구를 실시할 때 무엇보다 중요한 것은 탐구하고자 하는 연구문제를 정하는 일이다. 문제가 제대로 제기되었을 때에만 제대로 된 대답을 얻을 수 있으며, 연구의 결과는 연구문제의 성격에 따라 좌우되기 때문이다. 따라서 연구문제를 선정하는 것은 연구의 성격을 규정해 주는 핵심적인 작업이다. 연구를 하자면, 우선 다루고자 하는 쟁점, 문제를 뚜렷이 부각시켜야 한다. 연구자가 어떤 것을 문제로 인식하는 것은 연구자의 개인적 경험이나 흥미, 관심, 타인과의 상호작용, 아이디어, 기존 이론, 실제적인 문제 상황의 발생 등에 의해 유발된다.

문제의식을 가졌다고 해서 그것이 바로 연구문제로 형성되는 것은 아니며, 그것이 학문적으로 의미를 갖는 것인지를 검토하는 것이 필요하다. 문제의식을 연구문제로 구성하기 위해서는 이를 논리적인 질문들로 전환시켜 보아야 한다. 연구문제를 다루고 있는 기존 이론과 연구 결과를 검토하는 것이 필요한데 이를 문헌연구(literature review)라고 한다. 현실적으로 연구문제가 선정되는 것은 오직 순수한 학문적 기준에 의거해서 이루어지는 것이 아니고 연구자의 개인적 동기, 목적 등이 작용해서 이루어진다는 것을 이해할 필요가 있다.

연구문제를 정할 때에는 그것이 경험적 연구를 통해 다루어질 수 있는 것임을 밝히고 연구문제를 진술할 때에는 명확하며 간결해야 한다. 연구문제의 중요성과 의의를 설명함으로써 왜 그러한 문제를 선택했는지를 합리화시켜야 하며 문제의 적절성을 제시해야 한다. 연구문제는 이론적, 방법론적 측면과 실천적, 정책적 측면에서 그 중요성과 의의를 제시해야 하며, 이 두 측면은 곧 연구문제의 적절성을 판단하는 기준이기도 하다.

구체적으로는 연구문제의 시의적절성, 실생활과의 유관적합성, 정책과의 관련성, 적용 인구층의 광범위성, 영향력이 있거나 중요한 사람들과의 관련성,

새로운 이론이나 관점의 제시 여부, 기존 연구에 대한 보완성, 일반이론과의 연관성 내지 일반화 가능성, 기존 개념의 정교화 여부, 새로운 자료 수집 방법이나 자료 분석기법의 개발 여부, 기존의 자료 수집 방법이나 분석기법의 개선 여부, 조사도구의 개발이나 개선 여부 등을 제시함으로써 연구의 중요성과 의의를 설명한다. 이론적 측면에서는 연구 분야의 기존 지식에 비추어 연구문제가 얼마나 새로운 지식을 제공할 수 있는 것인지, 실천적 측면에서는 실제 생활에서 연구 결과가 어떤 실질적인 결과를 가져올 것인지 등을 연구문제가 적절한지를 판단하는 기준으로 삼는다. 순수하게 이론적·학문적 목적을 지닌 연구를 순수연구(pure research)라 하고, 실천적·정책적 관심과 목적을 가진 연구를 응용연구(applied research)라고 부른다.

2) 가설 형성

연구문제를 설정한 후에는 그와 관련된 가설을 형성해야 한다. 가설이란 연구를 통해서 검증하고자 하는 둘 또는 그 이상의 변수 간의 관계에 관한 가정적인 명제이다. 가설은 기존 이론으로부터 연역함으로써 구성할 수도 있고, 경험적 사실에 대한 관찰로부터 귀납적으로 구성할 수도 있다. 가설에 대해서는 제3장에서 자세히 설명하므로 여기서는 생략하기로 한다.

좋은 가설이란 변수 간의 관계를 명확히 서술해야 하며, 가설 속에 포함되어 있는 모든 변수는 경험적 연구의 대상이 될 수 있어 서술된 관계를 검증할 수 있어야 한다. 그리고 연구자가 갖고 있는 문제에 대해서 하나의 대답을 제시하는 것이어야 하며, 현재의 알려져 있는 사실에 대한 설명뿐 아니라 미래의 사실도 예측할 수 있어야 한다. 가설은 가능한 단순한 것이 좋으며 그 뜻이 명료해야 하고, 연구자의 편견이나 가치관이 배제된 것이어야 한다. 구체적으로 어떤 상황에서, 어떤 전제 조건하에서 가설이 적용될 수 있는지를 밝힐 수 있게 구체적이어야 한다.

3) 개념화와 조작화

연구에서 다루고 있는 개념과 변수를 확인해서 명확히 정의하고 개념을 경험적으로 측정할 수 있도록 조작화하는 작업이 필요하다. 일상적으로 사용하는 개념인 경우 이미 갖고 있는 일상적인 의미가 있으나 연구에 사용될 때에는 그 의미가 다를 수 있고, 한 가지 개념이라도 둘 이상의 서로 다른 의미를 포함하고 있을 수 있으므로 개념 정의를 새로이 내려야 한다. 연구자 개인이 갖고 있는 특정 개념에 대한 생각이 일반인이 갖고 있는 생각과 다를 수도 있으므로 개인의 특정 경험에 바탕한 그릇된 개념 정의를 내리지 않도록 해야 한다.

개념화(conceptualization)란 개념의 정확한 의미를 명시하고 구체화하는 것을 뜻한다. 이러한 개념화 과정을 거친 개념은 실제로 측정 가능하도록 조작화(operationalization)되어야 한다. 즉, 실제세계에서 경험적 조사를 통해 개념을 측정할 수 있도록 개념을 변수로 만드는 것이다. 조작화란 다른 말로 하면 개념에 대해 조작적 정의(operational definition)를 내리는 것이다. 개념의 조작적 정의란 추상적 성격의 개념을 직접 관찰해서 검증할 수 있도록 하기 위해 개념을 구체적이고 경험적으로 나타내 주는 지표 같은 것을 사용해서 정의한 것이다. 예를 들어 소외라는 개념을 측정하기 위해서는 이것의 의미가 무엇이며, 그 의미에 포함되어 있는 내용을 분석해서 만약 무규범성, 무의미성, 자기소외, 무기력감, 고립감 등 다섯 가지 내용으로 구분할 수 있다고 생각하면 이들 각각의 내용을 경험적으로 측정할 수 있는 문항을 만들어서 측정해야 한다.

4) 조사 대상의 선정

이는 어떠한 사람들을 대상으로 조사연구를 실시할 것인지를 결정하는 문제이다. 조사 대상을 선정할 때 때로는 연구자가 자신의 입장에서 접근하기 쉬운 사람들을 선호할 수도 있다. 아무리 적절한 조사 대상이라 할지라도 조사하기 위해 접근할 수 없다면 소용없을 것이다. 그러나 연구자는 기본적으로 접근 용이성에 의해서가 아니라 선정하고자 하는 대상이 연구문제에 적합한지에 기반해 결정해야 한다. 조사 대상의 선정문제는 모집단 전체를 조사하는 전수조사(census)가 아닌 표본조사(sample survey)인 경우에는 조사 대상이 되는 표본을 선정, 추출하는 문제이다. 인구센서스와 같이 한 나라의 전체 인구를 조사하는 경우도 있으나 이러한 전수조사는 드물고, 실제로 실시되는 대부분의 조사는 모집단의 일부를 뽑아낸 한정된 표본을 대상으로 한다.

전수조사는 표본조사에 비해 시간과 비용이 더 많이 들고 더 많은 노력이 필요하다. 그러나 이러한 전수조사의 결과가 표본조사보다 반드시 더 정확하다고 볼 수 있는 것도 아니다. 표본조사를 하는 경우에는 모집단을 규정하고 표본의 성격을 기술해야 한다. 표본의 크기와 종류를 결정해야 하며, 여러 가지 표본추출 방법 가운데 적합한 방법을 선정해야 한다. 표본과 표본추출 방법에 대해서는 제5장에서 좀 더 자세히 다룬다.

대부분의 조사는 시간과 비용의 제약 속에 수행되므로 효율적인 표본조사를 통해서 모집단의 특성을 추론하게 된다. 관심 있는 대상 전부를 관찰, 조사하기도 어렵지만 대상자를 모두 빼놓지 않고 조사할 수 있을지도 의문이다. 예를 들어 자녀를 가진 어머니를 대상으로 한 조사연구를 하려 할 때 우리나라의 모든 자녀가 있는 어머니를 조사하는 것은 불가능하다. 따라서 대부분의 조사는 표본조사로 이루어진다. 표본이 잘못 선정되면 모집단의 성격이 잘못 추론되므로 표본을 추출하는 문제는 매우 중요하다. 표본조사에서 중요한 점은 표본이 모집단을 잘 대표하도록 선정하는 것이다. 한쪽으로 치우친 표본을 분석해서 모집단의 성격을 밝히려 한다면 그릇된 결론에 도달하게 될 것이다.

5) 조사연구의 설계

조사연구의 설계 과정에서 해야 할 것으로는 분석 단위와 연구 범위를 정하고 사용할 자료 수집 방법과 자료의 측정 및 분석 방법 등을 결정하는 일이다. 분석 단위(unit of analysis)란 궁극적으로 분석되는 단위, 즉 최종적인 분석 대상을 말한다. 사회과학적 조사연구에서 분석 단위는 대부분 개인이 된다. 그러나 또래집단이나 가족과 같은 집단이 될 수도 있다. 예를 들어 가족을 확대가족, 핵가족 등으로 구분해서 각 유형별 특성을 비교한다면 여기서의 분석 단위는 가족이 된다. 학교, 교회, 군대, 회사, 병원 등과 같은 사회조직이 분석 단위가 되기도 하며, 더 나아가서는 도시나 농촌 등의 지역사회, 국가, 가장 크게는 세계도 분석 단위가 될 수 있다. 대부분의 조사에서는 분석 단위가 명백히 드러나지만 그렇지 않은 경우에는 분석 단위가 무엇인지를 정하는 작업이 필요하다. 분석 단위를 정하지 않고서는 무엇을 관찰, 조사해야 할 것인지를 알 수가 없다. 어떠한 것을 분석 단위로 정하는지는 연구문제가 무엇인지의 문제와 밀접히 연관된다.

연구자가 유의해야 할 것으로서 분석 단위와 관련해서 발생되는 오류가 있다. 이는 집단에 관한 자료를 이용해서 개인에 관한 결론을 내리는 생태학적 오류(ecological fallacy)와 복잡한 사회 현상을 특정 요인으로만 설명하는 환원주의(reductionism)이다. 생태학적 오류란 한 분석 단위에서 얻은 자료를 가지고 다른 분석 단위에 대한 결론을 내리는 것이다. 예를 들어 개인적 특성을 갖고서 이를 바탕으로 그가 속한 집단이나 사회의 특성으로 확대 해석하거나 청소년집단에 대한 범죄율 통계를 가지고 개개의 청소년에 대한 결론을 도출하는 경우이다. 환원주의란 인간의 행위를 이해하고 설명하는 데 적합한 요인을 지나치게 한정하거나 하나로 환원시키려는 경향을 말한다. 연구자는 흔히 자신의 학문 분야만을 가장 옳고 주요한 것으로 여김으로써 환원주의적 오류를 범하기 쉽다. 예를 들어 사회학자가 가치, 역할, 규범 등과 같은 사회학적 변수로만 사회 현상을 설명하려 한다거나, 경제학자가 모든 현상을 경제적 변수로만 설명하려 한다거나, 심리학자가 심리적 변수로만 설명하려 하는 것이다. 예를 들어 청소년 범죄가 증가하는 원인을 밝히고자 하는 경우 실업률의 상승이 범죄 증가의 원인일 것이라고 주장한다면 이는 경제학적 환원주의에 해당되며, 개인의 인성을 원인이라고 본다면 이는 심리학적 환원주의라고 할 수 있다.

연구 범위를 정하는 것도 조사연구 설계 과정에서 해야 할 일이다. 연구 범위에는 두 가지 의미가 있는데, 영어로는 이 두 가지가 scope와 range라는 개념으로 구분되나 우리말로는 둘 다 범위라고 불리므로 구분이 어렵다. scope는 연구에서 다루는 개념이나 변수의 수를 의미하고, range는 관찰 대상이 되는 관찰단위(unit of observation)의 수나 종류를 의미한다. 예를 들어 어떤 한 연구에서는 범죄율과 산업화를, 다른 연구에서는 범죄율과 사회 이동과의 관계를 주제로 삼았다면 두 연구 모두 두 가지 변수를 다루므로 범위(scope)는 같다고 말한다. 그러나 전자에서는 두 변수 간의 관계가 국가라는 단위에만 적용되지만 후자에서는 특정 집단이나 지역사회 등 여러 단위에 적용될 수 있으므로 후자가 더 범위(range)가 넓다고 할 수 있다.

조사연구의 설계에서 또 하나 고려해야 할 요인은 시간적 차원이다. 연구의 종류를 시간적 차원을 기준으로 나눌 때 횡단적 연구(cross-sectional study)와 종단적 연구(longitudinal study)로 구분할 수 있는데, 연구설계 과정에서 횡단적 연구를 할 것인지 종단적 연구를 할 것인지를 결정해야 한다. 일반적으로 횡단적 연구가 종단적 연구보다 더 빈번히 행해지는데, 어떤 한 사회의 계층이나 연령 집단, 지역사회 등 여러 집단의 특성을 상호 비교하는 연구가 이에 속한다. 횡단적 연구는 시간적으로 어느 한 시점에서 현상을 연구하는 것이다. 예를 들어 우리나라 정부에서 실시하는 인구 및 주택총조사는 어느 특정 시점을 기준으로 하여 그 시점에서의 우리나라 인구와 주택 실태에 관해 조사하는 횡단적 연구이다.

이에 비해 종단적 연구란 시간상으로 둘 이상의 시점에서 동일한 속성을 비교 연구하는 것이다. 예를 들어 어떤 정당의 변천 과정을 연구하기 위해 창당시점부터 현재에 이르기까지 조사하는 것이다. 종단적 연구의 형태에는 추세연구, 패널연구 등이 있다. 추세연구(trend study)란 동일한 표본을 대상으로 하지 않으면서 어떤 집단에서의 시간에 따른 변화를 연구하는 것이다. 예를 들어 선거운동 기간에 걸쳐서 다른 유권자 표본을 대상으로 여론조사를 여러 번 해서 후보자에 대한 지지도의 변화 추세를 알아보는 것이다. 패널연구(panel study)란 동일한 사람들을 대상으로 삼아 시간을 두고 장기간에 걸쳐 연구하는 것이다. 예를 들어 동일한 유권자 표본을 선정해서 선거 기간 중에 정기적으로 여러 번 조사하면서 어느 후보자에게 투표할지를 묻는 것이다. 이러한 연구를 통해서 유권자의 일관성이나 변화 유형을 알아낼 수 있다.

이 밖에도 연구설계 과정에서 고려해야 할 여러 가지 사항이 있는데, 조사연구의 실제적인 실시가능성(feasibility), 용이성 등에 대한 검토도 필요하다. 연구 대상인 개인, 집단, 지역사회 등을 직접 조사할 때 자료를 얻어낼 수 있을지의 여부를 의미하는 대상에 접근가능성(accessibility)을 고려해야 한다. 개인이 사적인 생활에 대해 접근을 기피한다거나 조직의 비밀을 지키기 위해 접근을 허용하지 않을 수도 있다. 한 번의 조사연구를 얼마나 오래 시행할 것인지도 고려해야 하는데 보통 1년을 단위로 하는 경우가 많다. 조사비용의 조달과 지출문제도 계획되어야 한다. 조사연구에 소요되는 예산 규모와 예상되는 용도 등을 추정하고 이를 확보할 방법을 모색해야 한다. 연구자 개인의 부담에 의하지 않는 경우에는 특히 연구지원기관이나 지원자에 의해 연구의 성격이나 결과가 좌우되지 않도록 유의해야 한다.

조사연구가 내포하는 윤리적 문제도 고려해야 할 사항이다. 사회과학적 연구는 특히 인간을 대상으로 한 것이므로 이 문제가 중요하게 다루어져야 한다.

계획된 조사연구가 연구 대상자에게 어떤 불이익을 초래하거나 인간으로서의 권리와 자유, 존엄성 등을 침해하지는 않는지 신중히 검토해야 한다. 연구자는 연구 대상자의 인권이 보장되도록 관심을 기울여야 한다. 연구자는 연구 대상자로 하여금 연구에 참여하는 것이 무엇을 의미하며 어떤 결과를 가져올 수 있는지에 대해 이해하도록 해 주어야 하고, 개인의 비밀과 사생활을 침해하지 않도록 연구 대상자의 익명성을 보장해 주어야 한다. 연구자는 연구 대상자에게 연구에의 참여를 강요해서는 안 되며, 연구 대상자는 자발적으로 연구에 참여할 것을 동의해야 한다. 연구 대상자가 연구에 참여함으로써 얻는 이득보다 불이익이 더 커서는 안 된다. 연구를 수행하는 과정에서 뜻하지 않게 연구 대상자에게 위험이나 피해를 줄 수도 있으므로 이들을 적절히 보호하고 안전을 보장하는 조치를 계획해야 한다.

6) 자료 수집

본조사를 통해 본격적으로 자료를 수집하기 전에 연구 주제에 대한 예비지식을 얻기 위해 예비적 조사를 실시한다. 예비적 조사에는 연구 주제와 관련된 문헌을 찾는 문헌조사(literature review), 연구될 분야에 관해 전문지식을 가지고 있는 전문가로부터 의견을 구하는 전문가 의견조사, 본조사에 앞서 연구의 핵심이나 문제점을 분명히 파악하기 위하여 현지에 나가 조사 대상을 미리 조사함으로써 연구해야 할 요점을 발견하고 추가로 조사해야 할 사항을 알아내고 연구가설을 세우고 구체적인 조사 항목을 선정하는 데 실마리를 얻기 위해 실시하는 예비조사(pilot study) 등이 있다.

예비적 조사를 수행한 후에 본 조사를 통해 자료를 수집한다. 이러한 자료 수집 과정은 조사 과정의 대부분을 차지하게 된다. 다양한 자료 수집 방법에 대해서는 제6장에 자세히 설명되어 있으므로 여기서는 생략하기로 한다. 자료 수집 방법은 크게 질적 방법과 양적 방법으로 나눌 수 있는데, 어떤 성격의 자료를 원하는지, 즉 질적 또는 양적 자료를 원하는지에 따라 적절한 방법을 선정해야 한다. 대부분의 자료 수집은 현장에 직접 들어가서 이루어지는 것이므로 조사 현장에서 실제로 부딪칠 수 있는 여러 가지 현실적 장애와 문제들을 미리 고려해서 이에 대한 대처 방안을 마련하는 것도 중요하다.

7) 자료분석 및 해석

수집된 자료는 빠진 부분이 없는지, 잘못된 기록이 없는지 등을 검토해서 정리해야 하는데 이를 자료의 편집(editing)이라고 한다. 편집된 자료는 양적 분석 방법을 사용하는 경우에는 부호화(coding)되어야 한다. 부호화된 자료는 컴퓨터를 이용해서 분석한다. 자료를 분석할 때에는 자료의 성격에 맞는 분석 방법을 적용해야 한다. 연구자는 측정도구를 정할 때에 분석 방법을 염두에 두고 정해야 한다. 즉, 자료 분석 방법은 자료가 다 수집된 다음 분석하기 직전에 결정되는 것이 아니라 조사도구의 설계 과정에서 이미 고려되어야 한다. 자료를 분석할 때에는 시각적 효과를 높이고 알기 쉽게 하기 위해 그림이나 표 등을 적절히 사용하는 것이 필요하다.

자료분석 결과를 해석할 때에는 결과가 가설을 지지하는지 또는 거부하는지를 밝히고 그것이 어떻게 이론으로 구성될지를 논한다. 연구자가 설정한 가설과 일치하지 않는 결과가 나온 경우에도 이를 솔직히 인정하고 그 이유를 나름대로 추론해 보아야 한다. 특히 연구 결과의 해석 과정에서 연구자의 주관이나 편견이 개입될 소지가 크므로 유의해야 한다. 동일한 연구 결과에 대해서 연구자에 따라 다른 해석을 내릴 수도 있다. 연구자는 아전인수격의 해석을 하지 않도록 유의해야 하며, 자신의 해석이 타당한 것인지를 확인하기 위해서 동료 연구자들에게 자문을 구할 수도 있다. 연구 결과가 주는 시사점 등을 밝히는 데 특히 연구자는 자신만의 해석에 빠지지 않도록 해야 한다.

8) 연구 결과의 보고

연구 결과는 문서나 구두로 보고, 발표해야 한다. 연구자는 자신의 지식과 이해의 증진뿐 아니라 다른 사람들의 이해를 돕기 위해 연구 결과를 발표함으로써 지식을 공유해야 한다. 대부분 연구 결과를 보고하고 발표하는 것은 연구보고서를 통해서 이루어진다. 연구보고서를 작성하는 일은 조사연구 과정의 마지막 단계에 해당한다. 아무리 잘 된 조사연구라 할지라도 연구보고서가 그 결과를 제대로 충분히 나타내지 못하면 연구의 가치가 희석되며, 연구 결과는 최종보고서를 통해서 평가되므로 보고서의 작성은 매우 중요한 작업이다.

연구보고서는 무엇보다 그것을 읽는 사람이 충분히 이해할 수 있도록 작성하는 것이 중요하다. 보고서에 들어갈 내용은 연구자가 발견한 사실 모두를 포함하는 것이 아니며 선별적으로 선택해야 한다. 연구자는 보고서 작성 시 연구주제와 직접적인 관련이 없는 내용은 가능한 삭제해서 간결성을 유지하고 잘 알려진 사실에 대해 지나치게 장황한 설명이 포함되지 않도록 유의해야 한다. 연구보고서는 체계성, 명료성, 간결성, 정확성, 논리성 등의 성격을 띠어야 한다.

연구보고서를 작성할 때 고려해야 할 기본적 사항으로는 보고서의 목적, 독자의 성격, 문체, 길이, 형태 등을 들 수 있다. 보고서의 목적은 곧 연구의 목적으로서 크게 학술적 목적과 실질적 목적으로 나눌 수 있다. 기존 이론을 검증 또는 반증하거나 확대해석하거나 새로운 이론을 제시하기 위한 보고서는 학술적 목적을 가진 것이며 정책을 평가, 제안하는 정책보고서와 같은 것은 실질적 목적을 가진 것이다. 정책보고서와 같이 실질적 목적을 가진 연구보고서를 작성할 때에는 무엇보다도 실제로 적용 가능하고 현실적이고 구체적이며 실용적인 제안을 제시하도록 유의해야 한다. 학술적 목적의 연구보고서는 이론적 엄격성과 명료성, 간결성 등을 잘 나타내도록 작성해야 한다. 한편 탐색적 목적을 가진 조사연구의 보고서는 본질상 보고서에 발표되는 결론이 잠정적이고 불완전한 것이므로 보고서를 작성할 때에는 연구가 탐색적 목적을 갖는다는 것을 명시하고 그 제약점을 지적할 필요가 있다. 이러한 보고서에서는 연구된 주제에 관해서 발전된 조사를 할 수 있게 해 주는 방법을 지적하는 것도 중요하다.

보고서 작성 시 또 하나 주요하게 고려해야 할 사항은 보고서를 읽게 되는 독자가 누구인가 하는 문제이다. 주독자층이 학자인지, 일반국민인지, 정책입안자인지, 연구지원기관인지, 연구 주제에 관한 전문가집단인지 등에 따라 보고서의 문체나 내용, 형식 등을 달리해야 한다. 학술적 목적을 지닌 연구보고서의 주독자는 동일한 학문 분야에 종사하는 동료 학자들이다. 이러한 보고서처럼 전문가집단을 위한 보고서를 작성할 때에는 어느 정도 관련 지식을 갖고 있다고 가정해 쓸데없는 구구한 설명은 생략하면서 핵심적 내용을 기술적, 전문적으로 표현하도록 한다. 일반인을 대상으로 한 보고서인 경우에는 무엇보다도 이해하기 쉽게 작성하도록 노력해야 하며 지루한 느낌이 들지 않도록 한다. 정부나 기업 등 특정 기관으로부터 재정 지원을 받아 이루어진 연구인 경우, 특히 연구의 자율성 문제가 대두될 수 있으며, 이러한 연구의 보고서를 작성할 때에는 지원기관으로부터의 압력이 가해질 수 있다는 점이 문제가 된다. 즉, 연구지원기관에 부정적 영향을 끼치거나 그들이 원하지 않는 결과가 나온 경우 이를 발표하는 것을 꺼려해서 보고서의 내용에 대해 간섭할 수 있으므로 연구자는 이 점에 유념해서 연구 결과의 객관성 확보에 노력해야 한다.

독자의 성격과 보고서의 목적은 보고서의 문체나 형태, 길이 등에 영향을 미치며 이것들도 보고서 작성 시 고려해야 할 사항이다. 전문가나 일반인 등과 같은 독자의 성격에 따라 문체와 문장, 도표 제시 방법 등이 달라지게 된다. 문체에서 가장 중요한 것은 정확성과 명료성, 간결성 등이다. 같은 내용을 전달하더라도 되도록 쉽게 표현하고 문장은 짧고 간결해야 한다.

명확하고 논리적이며 정확하게 표현해야 한다. 문장의 배열이 체계적이지 않거나 논리가 불명확하거나 제시된 내용이 부정확할 경우 독자가 이해하기 어렵다. 보고서의 형식 면에서는 학위논문이나 학술지에 발표하는 논문 등은 규정된 형식이 있으므로 이에 따라 구성해야 한다. 보고서의 구조나 형식은 보고서의 목적, 독자, 연구지원기관 등 여러 가지 요인의 영향으로 경우에 따라 달라질

〈표 2-1〉 보고서의 기본 구조

I. 표제 및 서두
  1. 연구 제목
  2. 연구자의 이름, 지위, 소속기관
  3. 연구 의뢰기관명
  4. 보고서 작성 일자
  5. 머리말(서문)
  6. 목차 : 내용 목차, 표 목차, 그림 목차
  7. 요약(개요) : 연구 목적, 연구문제와 가설 연구 결과, 결론 및 제언

II. 본문
  1. 서론: 연구의 배경, 목적 및 의의, 연구문제 및 가설, 연구 범위
  2. 선행연구에 대한 문헌조사
  3. 연구 방법: 연구설계, 자료 수집 방법, 표본추출 방법, 자료분석 방법
  4. 연구 결과: 이론적 틀, 자료분석 결과
  5. 결론 및 제언: 결과 요약, 이론적·실천적 함의, 연구의 한계, 문제점

III. 기타
  1. 참고 문헌
  2. 부록: 조사표, 표본, 통계표 등

수 있으므로 일정한 것은 아니다. 그러나 대체로 앞의 〈표 2-1〉과 같이 구성된다고 할 수 있으며, 이 중 어떤 부분은 생략될 수도 있고 그 밖의 내용이 추가될 수도 있다.

연구 결과를 발표하는 시기의 문제도 고려해야 한다. 발표 시기를 시의 적절하게 택함으로써 연구의 효과를 극대화시킬 수 있다. 연구문제가 어느 시기에 쟁점으로 부각되는 경우에는 결과를 발표하기에 좋은 시점 이다. 같은 내용을 담고 있는 보고서라 할지라도 적정 시기에 발표되는지에 따라 그 영향과 반응은 크게 달라진다. 연구자는 연구 결과의 발표가 뒤늦은 감이 없도록 유의해야 한다. 특히 시급한 현안에 관한 연구인 경우에는 시기를 놓치지 말고 발표해야 할 것이다.

생각해 볼 문제 1

■ 과학적 연구의 절차대로 해보자

1단계 _ 연구문제(명제) 설정

연구문제는 주변에 널려 있다. 예를 들어 TV를 보면 요새 어느 아이돌 그룹이 왜 인기가 많을까 하는 생각이 든다. 명제란 개념과 개념 간의 관계이니 인기가 많은 아이돌 그룹이라는 개념과 수입이 많은 아이돌 그룹이라는 개념 간에 관계가 있을까라는 생각을 하게 된다.

인기는 회원 수라는 변수로 측정하고 수입은 그 자체 변수이니 그대로 사용한다.

명제(개념 간의 관계): '아이돌 그룹이 인기가 많으면 돈을 많이 벌까?'라는 명제를 변수화해서 가설로 만들어 보면,

2단계 _ 가설: 아이돌 그룹 팬 카페 회원 수가 많을수록 수입이 많을까?

3단계 _ 연구 대상 선정: 전국구 그룹들 10개를 연구 대상으로 선정한다.

4단계 _ 자료 수집: 인터넷이나 도서관

번호	걸 그룹	수입	팬 회원 수
1	소녀시대	300억 원	252,185명
2	2NE1	271억 원	66,181명
3	티아라	234억 원	23,802명
4	포미닛	214억 원	34,168명
5	f(x)	179억 원	59,119명
6	씨스타	150억 원	26,926명
7	걸스데이	147억 원	71,566명
8	에이핑크	114억 원	131,365명
9	미스에이	115억 원	31,106명
10	다비치	76억 원	22,597명

5단계 _ 자료 분석: 엑셀이나 SPSS 등의 통계 패키지를 이용해서 아이돌 그룹 팬 카페 회원 수와 수입 기술통계 및 상관관계를 구한다.

6단계 _ 해석과 보고서 작성

생각해 볼 문제 2

◨ 영어를 잘하는 국가는 잘사는 국가일까?

1단계 _ 연구문제(명제) 설정. 영어를 잘하는 국가가 경제력이 높을까?

2단계 _ 가설 설정:
토플 점수가 높은 국가는 GDP도 높을까?

3단계 _ 조사 대상 선정
G20 20개 국가를 대상으로 조사하려 한다.
조사 대상 국가의 선정 이유: G20 국가가 전 세계적으로 중요한 국가들의 모임으로 한국과 비교하기 좋은 국가이기 때문이다.

※ 여러분은 OECD 국가를 대상으로 조사해 보세요.

4단계 _ 자료 수집 : G20 국가의 인구, 1인당 GDP, 정부 규모, 토플 점수

국가	인구	GDP Capita	정부 규모	토플 점수
프랑스	59,765,983명	25700.00달러	2.54	88점
중국	1,280,000,000명	4600.00달러	3.84	78점
아르헨티나	37,812,817명	10200.00달러	8.03	94점
브라질	176,000,000명	7400.00달러	6.01	86점
캐나다	31,902,268명	29400.00달러	5.97	91점
미국	281,000,000명	36300.00달러	7.57	84점
한국	48,324,000명	19400.00달러	7.11	77점
네덜란드	16,067,754명	26900.00달러	4.58	103점
영국	59,778,002명	25300.00달러	6.22	95점
호주	19,546,792명	27000.00달러	6.19	91점
일본	127,000,000명	28000.00달러	5.35	65점
독일	83,251,851명	26600.00달러	4.26	97점
인도	1,050,000,000명	25400.00달러	6.88	84점
스페인	40,077,100명	20700.00달러	4.62	88점
러시아	145,000,000명	8800.00달러	6.39	84점
인도네시아	231,000,000명	3000.00달러	7.82	78점
터키	67,308,928명	7000.00달러	6.95	77점
이탈리아	57,715,625명	25000.00달러	4.57	78점
남아공	43,647,658명	9400.00달러	5.45	95점
멕시코	103,000,000명	9000.00달러	7.59	85점

5단계 _ 자료분석 : 엑셀 입력의 예

상단 메뉴 중 수식 – 함수 추가 – correl을 선택한다.

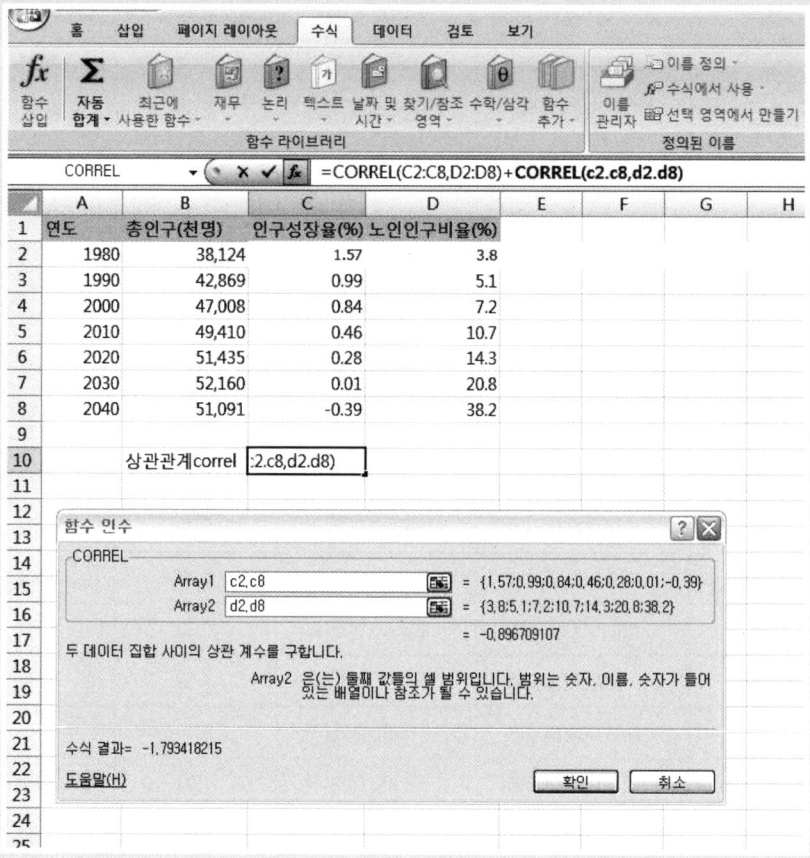

확인 클릭한다.

6단계 _해석과 보고서 작성

생각해 볼 문제 3

■ 부유한 국가일수록 잘 살까?

1단계 _ 연구문제(명제) 설정. 부유한 국가일수록 잘 살까?
2단계 _ 가설 설정 "1인당 GDP가 높을수록 최저임금이 높을까?"
3단계 _ 조사 대상 선정: OECD 회원국

OECD 회원국의 최저임금(2015년 기준)

순위	나라명	시간당 최저임금	1인당 GDP
1	룩셈부르크	15.21달러(한화 17,000원)	9만 6,269달러
2	스위스	12.55달러(한화 14,000원)	8만 4,070달러
3	호주	15.96달러(한화 13,694원)	5만 2,454달러
4	아일랜드	11.53달러(한화 13,000원)	4만 7,329달러
5	프랑스	9.61달러(한화 12,098원)	3만 8,458달러
6	벨기에	9.38달러(한화 11,781원)	4만 1,267달러
7	영국	10.16달러(한화 11,500원)	4만 3,940달러
8	뉴질랜드	14.75달러(한화 11,270원)	4만 2,017달러
9	네덜란드	8.7달러(한화 10,953원)	4만 4,249달러
10	독일	8.5달러(한화 10,701원)	4만 1,955달러
11	캐나다	10.25달러(한화 9,296원)	4만 5,029달러
12	미국(주마다 차이)	7.25달러(한화 8,025원)	5만 6,421달러
13	일본(지역, 산업별 차이)	6.94달러(한화 7,500원)	3만 3,233달러
14	이스라엘	6.4달러(한화 7,000원)	3만 6,659달러
15	스페인	5.82달러(한화 6,500원)	2만 6,517달러
16	그리스	5.26달러(한화 6,000원)	1만 8,863달러
	한국	5.3달러(한화 6,030원)	2만 8,338달러

조사방법론 RESEARCH METHOD

Chapter 3

이론과 이론의 구성 요소

1. 개념
2. 변수
3. 가설
4. 이론

학습 목표

- 이론의 특성에 대해 이해한다.
- 개념의 종류를 살펴보자.
- 이론의 구성에 대해 알아보자.
- 개념, 정의, 변수 등 각 용어에 대해 알아보자.

CHAPTER 3

이론과 이론의 구성 요소

1 개념

1) 정의

개념(concept)이란 사물이나 현상을 추상해 대표하는 특정한 의미를 지닌 용어(term)를 말한다. 개념은 구체적 사물이나 현상 그 자체가 아니고 그러한 것을 추상적·상징적으로 표현하는 관념적 구성물이다. 이는 이론의 가장 기초적인 구성 요소이며 명제를 구성하는 요소이다. 개념이 갖는 의미를 규정하는 것, 즉 개념을 정의함으로써 개념을 만드는 것을 개념화(conceptualization)라고 한다.

개념을 규정하는 일은 쉽지 않다. 왜냐하면 사물이나 현상에 대한 이해는 그것을 이해하는 개인의 특성, 경험, 사고방식, 환경 등에 따라 다르기 때문이다. 같은 개념이라도 사용하는 사람에 따라 그 의미를 달리 해석할 수 있고 여러 가지 다른 의미를 포함할 수 있으므로 정확한 의사소통을 위해서는 개념의 의미를 명료화하는 작업이 필요한 것이다. 연구를 수행할 때 그 연구에서 사용하는 개념이 갖는 의미에 대해 동의가 이루어져야지만 연구를 시작할 수 있게 된다. 개념은 이론의 가장 기초적 구성 요소이므로 이론의 형성은 적절하고 명료한 개념화에 의존한다. 좋은 이론을 만들기 위해서는 적절한 개념이 필요하다. 개념이 훌륭할수록 더 좋은 이론을 형성할 수 있다.

개념은 그것이 지칭하는 대상과 일치되는지 검토해야 하고 형식적으로 모순이 없는지 살펴보아야 한다. 다른 개념과의 구분이 분명한지도 검토해야 하며, 개념을 구성하고 있는 요소가 분명한지도 살펴야 한다. 개념에는 사물이나 현상과 직접적으로 연결되어 그 뜻을 쉽게 이해할 수 있는 것도 있으나 그렇지 않은 것도 있다. 전자는 관찰이 용이하고 쉽게 측정될 수 있으나 후자는 그 개념이 대표하는 대상과 직접적으로 연결되지 않아 그 의미를 이해하기가 쉽지 않고 관찰하고 측정하기가 용이하지 않다. 이러한 개념은 자유나 권리, 민주주의 등과 같이 추상성의 정도가 높은 개념으로서 그 의미에 대한 논의가 발생하게 된다. 재개념화(reconceptualization)라는 용어도 있는데, 이는 의미가 모호한 개념을 재규정해서 명확히 정의하는 것을 말한다.

새로운 개념은 주로 상상력이나 경험, 관습에 의해서, 또는 다른 개념을 조합함으로써 만들어진다. 그러나 연구에 사용되는 대부분의 개념은 새로이 만들어진 것보다는 이미 만들어져 있는 것이며, 이러한 기존 개념이 수행되는 연구에서 어떤 의미로 사용되고 있는지를 재개념화 과정을 통해 밝히게 된다. 연구에 사용되는 개념은 그것이 의미하는 바를 경험적으로 측정하려면 조작화

(operationalization)되어야 한다.

개념과 관련된 것으로서 구성체(construct)라는 용어도 있다. 이는 여러 개의 개념을 포괄하는 고차원적인 상위 개념을 지칭하는 것으로서, 사회과학에서 쓰이는 많은 개념은 이러한 구성체이다. 예를 들어 사회경제적 지위는 교육 수준과 소득, 직업 등의 하위 개념을 포괄하는 용어이며, 조직구조는 집권도, 공식도, 통합도, 복잡도 등을 포괄하고, 조직효과성은 능률성, 사기, 응집성, 인력 개발, 안정성 및 적응성 등의 여러 개념을 포함하는 구성체이다. 이러한 구성체를 측정하기 위해서는 복합지표(multiple indicator)를 개발해야 한다.

2) 종류

개념의 종류는 그것을 구분하는 기준에 따라서 여러 가지로 나눌 수 있다. 우선 개념이 지시하는 대상의 성질에 따라서 실재하며 눈에 보이는 대상을 지시하는 구체적 개념과 눈에 보이지 않는 대상의 속성이나 어떤 관계를 지시하는 추상적 개념으로 구분할 수 있다. 구체적 개념은 특정 시간과 공간에 관련된 것이며, 추상적 개념은 특정한 시간이나 공간과 관계없이 어떤 현상을 가리키는 것이다. 이론의 일부로 되거나 이론에 포함시킬 수 있는 유용성을 지닌 추상적 개념을 이론적 개념이라고도 한다. 이론적 개념은 너무 구체적이거나 추상적이어서는 안 된다.

개념의 종류를 개별적인 대상을 지시하는 개별적 개념과 집합적인 대상을 지시하는 집합적 개념으로 나눌 수도 있다. 개념이 지시하는 대상이 경험적인 경우 경험 개념, 선험적인 경우 순수 개념이라고 구분하기도 한다. 개념이 내포하고 있는 양이나 수에 따라서 내포하는 양이나 수가 적은 것을 단순 개념, 내포하는 양이나 수가 많은 것을 복합 개념이라고 하기도 한다.

3) 기능

개념의 기능에는 관찰한 것을 질서 있게 조직해 주는 인지적 기능, 지각한 것이 어떠한 중요성이나 의의를 갖는지를 판단해 주는 평가적 기능, 개념이 규정하는 바에 따라 행위를 좌우하는 실용적 기능, 의미를 전달해 주는 의사소통 기능 등이 있다(Mayntz et al., 1976: 8-9).

연구자는 개념을 통해서 뜻하는 의미를 다른 사람들에게 전달할 수 있으며, 관심 대상인 현상을 체계적·조직적으로 인지하고 이해할 수 있다. 이러한 개념이 갖는 기능이 잘 수행되기 위해서는 개념이 지시하는 영역이나 대상의 범위를 명확히 규정해야 하며, 개념을 나타내는 용어에 정확하고 적절한 의미를 부여하는 일반적 합의와 일관성이 있어야 한다. 개념은 눈에 보이지 않고 비감각적이거나 선험적인 현상에 대해서도 이해할 수 있도록 해 주며, 지식의 축적과 확대를 가능하게 해 준다. 개념의 논리적 상관성은 과학의 체계적 구조를 가능하게 해 주며 연구의 시작과 방향을 설정해 주고 연구 범위를 정해 준다.

2 변수

1) 정의

변수(variable)란 조작화된 개념으로서 성이나 연령, 교육 수준 등과 같이 둘 이상의 값(value)이나 범주(category)를 갖는 개념을 말한다. 이와 반대로 오직 하나의 값이나 범주만을 갖는 개념을 상수(constant)라고 한다. 변수는 관찰 대상이 갖는 특성이다. 변수가 갖는 각각의 속성을 변숫값이라고 한다. 예를 들어 직업은 변수이고 각각의 직업 종류는 변숫값이다.

따로이 조작화하지 않아도 변수가 되는 개념이 있는가 하면 조작화를 거쳐야만 변수가 되는 개념이 있다. 신장, 체중, 연령, 교육 수준, 소득 같은 개념은 그 자체가 조작화된 개념으로서 따로이 조작화하지 않아도 변수가 되지만 직위, 공식도 같은 개념은 조작화를 통해 변수로 만들어야 한다. 여러 하위 개념으로 이루어진 구성체인 경우에는 먼저 어떠한 하위 개념을 포함시킬 것인지를 이론적으로나 실증적으로 검토한 후에 명확한 개념 규정을 해야 변수화가 가능하다.

2) 종류

조사연구에서 가장 주요하고 기본적인 변수의 구분은 독립변수와 종속변수로의 구분이다. 한 변수가 다른 변수에 시간적으로나 이론적으로 선행하면서 다른 변수에게 영향을 미칠 때 영향을 미치는 변수를 독립변수(independent variable), 영향받는 변수를 종속변수(dependent variable)라고 한다. 다시 말해 "X의 변화는 Y의 변화를 초래한다"라는 진술에서 X는 독립변수, Y는 종속변수이다. 독립변수를 원인(causal)변수, 설명(explaining)변수, 예측(predictor)변수라고도 하며, 종속변수를 결과(effect)변수, 피설명(explained)변수, 피예측(predicted)변수라고 부르기도 한다.

많은 사회과학적 연구의 결과는 원인과 결과로 연결된 인과적 서술 형식을 띠고 있다. 두 변수가 인과적 관계에 있다고 하는 것은 한 변수의 변화가 다른 변수의 변화를 초래한다는 의미이다. 단순히 어떤 변수의 변화가 다른 변수의 변화에 선행한다는 사실만으로는 그것이 다른 변수를 변화시켰다고 말하기 곤란하다. 사회과학적 조사연구의 목적은 종속변수로서의 연구 대상인 사회 현상을 초래하는 요인인 독립변수를 찾는 것이라고도 할 수 있다. 대부분의 사회 현상은 하나의 요인으로는 설명할 수 없으므로 둘 이상의 독립변수를 도입하게 된다.

독립변수와 종속변수 간의 관계에 개입해서 영향을 주는 제3의 변수를 통제변수(control variable)라고 한다. 이러한 통제변수는 여러 가지 종류가 있는데 그

중 하나가 매개변수(intervening variable)이다. 매개변수는 독립변수와 종속변수 사이에서 독립변수의 결과이자 종속변수의 원인이 되는 변수이다. 복잡하고 복합적인 사회 현상을 다루는 사회과학에서는 대부분의 변수는 그것에 선행하는 다른 변수의 결과이자 동시에 후에 나타나는 또 다른 변수의 원인이 된다. 예를 들어 조직몰입도를 제고하는 요인으로서 조직구조가 영향을 미친다고 할 때 우선 조직구조가 직무만족도에 영향을 주고 이 직무만족도가 조직몰입도에 영향을 준다면 직무만족도를 매개변수라한다.

겉으로는 두 변수 간에 인과관계가 있는 것처럼 보이지만 실제로는 관련되지 않고 단지 우연히 각 변수가 어떤 다른 변수와 연결됨으로써 독립변수와 종속변수의 관계처럼 보이는 경우도 있다. 이런 경우 두 변수와 관계되어 있는 다른 변수의 영향을 통제하면 두 변수 간의 관계가 사라지게 되는데, 이 통제되는 변수를 외적 변수(extraneous variable)라고 한다. 외적 변수가 통제되면 두 변수 간의 관계도 사라지는데 이러한 관계를 허위 관계(spurious relationship)라고 한다. 예를 들어 화재 발생 시 동원된 소방차 수가 많을수록 화재로 인한 피해액이 크다고 할 때 소방차 수가 독립변수, 피해액이 종속변수로 보일 수도 있다. 그러나 실제로는 화재 규모가 크면 소방차가 많이 동원되고 그로 인한 피해액도 커지는 것이므로 소방차 수와 피해액 간의 관계는 화재 규모라는 변수에 의해 실제로 존재하는 것처럼 나타난 것에 불과하다. 따라서 화재 규모를 통제하게 되면 소방차 수와 화재 피해액 간의 관계는 사라지게 되는데 이 경우 화재 규모는 외적 변수가 된다.

이와는 반대로 실제로는 두 변수 간에 관계가 있으나 다른 변수의 영향으로 그 관계가 나타나지 않는 경우도 있다. 이처럼 변수 간의 관계를 약화시키거나 억제시키는 변수를 억제변수(suppressor variable)라고 한다.

억제변수를 통제하면 두 변수 간의 관계가 다시 나타나게 된다.

선행변수(antecedent variable)란 독립변수에 선행하면서 이것에 영향을 미치는 변수를 말하며, 이는 독립변수와 종속변수 간의 관계에 미치는 영향을 명확히 하고자 할 때 도입된다. 선행변수가 존재하려면 선행변수와 독립변수와 종속변수가 서로 관련되어 있어야 하며, 선행변수를 통제했을 때 독립변수와 종속변수 간의 관계가 없어져서는 안 되는 반면 독립변수를 통제했을 때 선행변수와 종속변수 간의 관계는 없어져야 한다. 한편 왜곡변수(distorter variable)란 독립변수와 종속변수 사이에 개입해서 올바른 해석과 반대되는 결과를 초래하는 변수를 말한다.

외적 변수, 매개변수, 선행변수와 독립변수와 종속변수와의 관계를 요약하면 [그림 3-1]과 같다.

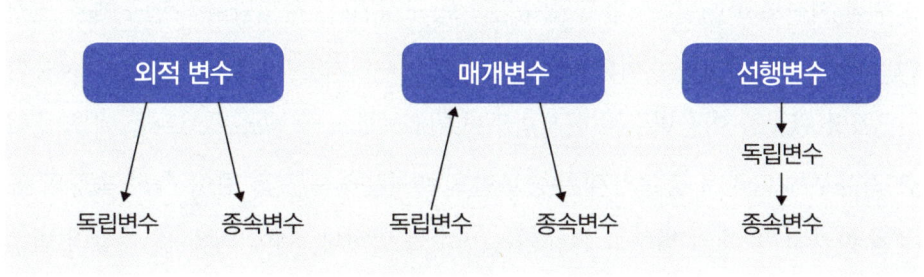

[그림 3-1] 변수 간의 관계

변수를 그 조작가능성에 따라 조작변수 또는 능동변수(active variable)와 특성변수 또는 속성변수(attribute variable)로 구분하기도 한다. 조작 가능하거나 조작된 변수를 조작변수라고 하는데, 독립변수는 대부분 조작변수이다. 이에 반해 성, 연령, 사회경제적 지위 등의 개인적 특성과 같이 조작할 수 없는 변수를 특성변수라고 한다. 잠재변수(latent variable)와 현재변수(manifest variable)로 구분하는 방법도 있다. 현재변수는 겉으로 드러난 관찰된 변수인 반면 잠재변수는 관찰된 변수의 이면에 존재하는 것으로 추정되는 관찰되지 않은 변수이다. 질적 변수와 양적 변수의 구분도 있다. 예를 들어 성은 두 개의 질적으로 다른 범주로 구성된 질적 변수인 반면 연령은 양적 값을 갖는 양적 변수이다.

변수의 종류를 연속변수와 이산변수로 구분할 수도 있다. 연속변수(continuous variable)는 연속성을 띤 것으로서 거의 무한개의 변숫값을 가질 수 있는 변수이다. 이는 대체로 변수가 갖는 속성의 크기나 양에 따라 분류되는 것이다. 반면 이산변수(discrete variable) 또는 범주변수(categorical variable)는 비연속적인 범주로 구성된 것으로서 대개 변수가 갖는 속성의 종류나 질에 따라 분류된다. 예를 들어 취학률은 연속변수이고 교육 수준은 이산변수이다. 연속변수에서는 연속적 측정값을 소수점 이하로 표시할 수 있는 반면, 이산변수의 이산적 측정값은 소수점 이하로 표시할 수 없고 정수만으로 구성된다. 사회과학적 연구에서 연령이나 소득 같은 변수는 이론적으로는 이산변수이지만 대개 연속변수로 사용한다. 가장 단순한 이산변수는 이분범주변수(dichotomous variable)로서, 예를 들어 종교 유무에 따라서 종교인과 무종교인으로 구분하는 것과 같이 특정 속성의 유무에 따라서 두 개의 범주로 분류되는 변수를 말한다. 이에 비해 셋 이상의 범주로 구성되는 변수를 다범주변수(polytomous variable)라고 한다.

3) 변수 간의 관계

가장 기본적인 것으로서 두 변수 간의 관계(bivariate relationship)에 대해 알아보자. 우선 두 변수는 긍정적 관계 또는 부정적 관계를 가질 수 있다. 긍정적(positive) 또는 정(+)의 관계란 한 변수의 값이 증가하면 다른 변수의 값도 증가하는 것과 같이 두 변수가 같은 방향으로 변화하는 관계를 말하며, 부정적(negative) 또는 부(-)의 관계란 한 변수의 값이 증가할수록 다른 변수의 값은 감소하는 것과 같이 두 변수가 반대 방향으로 변화하는 관계를 말한다. 두 변수 간에는 대칭적(symmetrical) 관계와 비대칭적(asymmetrical) 관계가 있을 수 있다. 대칭적 관계란 두 변수 간에 원인과 결과, 또는 독립과 종속의 위치가 불분명하고 서로가 영향을 미칠 수 있다고 보이는 관계를 말한다. 비대칭적 관계란 한 변수가 다른 변수의 원인이고 그 반대는 될 수 없는 것이 확실한 관계, 즉 하나는 독립변수, 다른 하나는 종속변수가 되는 관계를 말한다. 예를 들어 흡연과 폐암과의 관계에서 흡연이 폐암을 유발할 수는 있으나 폐암이 흡연을 유발할 수는 없는 것이므로 이는 비대칭적 관계이다. 조사연구에서는 보통 이러한 비대칭적 관계에 관심을 갖는다.

대칭적 관계는 "X가 크면 클수록 Y도 크다", "X의 증감은 Y의 증감과 연관된다", "X와 Y는 긍정적(또는 부정적)인 관계에 있다" 등과 같은 형식을 취하는 것으로서, 이와 같이 어느 것이 독립변수이고 어느 것이 종속변수인지에 대한 언급이 없는 관계를 공분산적(covariational) 관계라고 하기도 한다. 이에 비해 비대칭적인 인과관계는 "X의 변화는 Y의 변화를 초래한다"와 같은 형식을 갖는 것으로서 독립변수와 종속변수가 명시된다. 일반적으로 X가 Y를 야기한다고 할 때에는 다음과 같은 상황이 이루어졌을 때이다.

첫째, X와 Y 간에 관계가 있다.

둘째, 이 관계는 비대칭적이어서 X의 변화는 Y의 변화를 초래하지만 그 역은 성립되지 않는다. 즉, Y는 직접적으로든 간접적으로든 X에 영향을 미칠 수 없다.

셋째, X의 변화는 다른 요인의 작용에도 불구하고 Y의 변화를 초래한다.

이 밖에도 인과관계가 성립되기 위해서는 두 변수의 오차가 상호 연관되어 있지 않아야 하며, Y의 변화는 X의 변화의 선형함수(linear function)로서 발생해야 한다는 조건이 필요하다.

두 변수 간에 아무런 관계가 없는 것을 영관계(null relationship)라 하는데, 이는 "X와 Y는 무관하다"와 같은 형식을 취한다. 또한 선형관계(linearrelationship)와 곡선관계(curvilinear relationship)가 있을 수 있다.

선형관계란 한 변수가 증가 또는 감소하면 다른 변수도 증가 또는 감소하는 것과 같이 두 변수가 비례적 또는 반비례적으로 변화하는 관계를 말하며, 곡선관계란 한 변수가 변화하는 데에 따라서 다른 변수가 처음에는 증가했다가 중간에 감소하고, 다시 증가하는 것과 같은 곡선적 변화를 보이는 경우를 말한다. 이를 알기 쉽게 나타내면 [그림 3-2]와 같다.

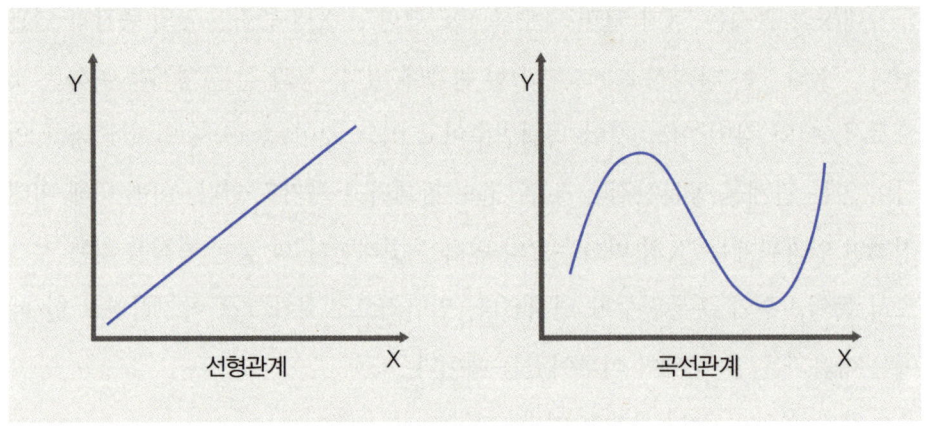

[그림 3-2] 선형관계와 곡선관계

3 가설

1) 정의

가설(hypothesis)이란 변수와 변수 간의 관계를 알아보기 위해 만들어진 검증되기 이전의 잠정적인 진술(statement)이다. 다시 말해 둘 또는 그 이상의 변수가 어떠한 관계에 있는지를 추측해 보는 경험적으로 검증될 수 있는 진술 또는 명제(proposition)를 말한다. 가설은 이미 알려진 사실에 관한 진술이 아니라 아직 사실로 증명되지는 않았으나 추구할 만한 가치가 있는 추측이다. 이는 믿음에 근거하지 않고 어떤 논리적 관계를 경험적 사실에 의해서 검증할 수 있는 명제이다. 가설은 연구자가 갖고 있는 연구문제에 대한 잠정적인 해답이라고 할 수 있다. 그러나 모든 연구에 가설이 필요한 것은 아니며, 연구가 단순히 어떤 현상을 묘사, 기술하는 목적을 가진 것이라면 가설을 설정할 필요가 없다.

가설은 과학적 연구에서 사실에 대한 설명을 제시하며 새로운 사실을 탐구하는 데 지침이 된다(Selltiz et al., 1959: 35). 가설은 이론과 경험적 사실의 사이에서 다리 역할을 한다. 이론으로부터 도출된 가설은 경험적 사실의 관찰에 기반해서 검증된다. 가설은 연구자가 가지고 있는 자료에서 어떤 의미 있는 관계를 발견해 내고 현상을 체계적으로 이해할 수 있게 질서지어 주며 새로운 연구문제를 도출해 내는 역할을 한다. 또 가설은 관련 지식을 서로 연관시켜 준다.

가설은 보통 변수 간의 관계를 나타내는 선언적이거나 가정적인 문장 형식을 취한다. 일반적으로 독립변수와 종속변수 간의 관계로 서술되며 "만약 …하다면 …하다", "만약 … 이면 … 일 것이다"와 같은 형태를 띤다. 가설에는 변수 간의 관계에 대한 진술이 있어야 하고, 진술된 변수 간의 관계는 경험적으로 검증 가능한 것이어야 한다. 가설이 이론으로부터 도출되는 경우 어떠한 이론도 완벽한 것은 아니므로 도출된 가설을 경험적으로 완전하게 채택하거나 기각하기 어려운 경우도 많다. 따라서 많은 경우 가설은 확률적 진술 형식을 띠어 "만약 …하면 …하는 경향이 있다"라는 식으로 확정적이기보다는 가능성을 제시한다.

제안된 가설이 기각되는 이유로서 가장 분명한 것은 단순히 가설이 부정확한 것일 경우이다. 가설에 포함된 변수의 측정이 부적절하기 때문일 수도 있고, 가설이나 측정값은 모두 적절하나 표본이 부적합하기 때문일 수도 있다. 그러므로 연구자들은 대개 처음에는 가설을 가정적 형태로 진술하는데, 연구 결과에 따라서 필요한 경우 수정되도록 고안된 가설을 작업가설(working hypothesis)이라고 한다.

2) 가설의 요건

가설은 다음과 같은 요건을 갖추어야 한다.

첫째, 명료성을 지녀야 한다. 즉, 개념적으로 명백해야 한다. 가설에 포함되어 있는 개념은 명확히 정의되어야 하며, 이것이 조작화되어 만들어진 변수도 조작적으로 명확히 정의되고 그 의미가 쉽게 전달될 수 있도록 보편적인 용어로 표현되어야 한다. 가설에 포함된 변수의 의미가 명확해야만 가설의 의미가 명확하고 그래야만 차후 다른 연구에서도 같은 가설을 사용해서 다시 검증할 수 있다.

둘째, 경험적 검증가능성을 지녀야 한다. 즉, 가설을 경험적으로 검증할 수 있는 근거가 있어야 한다. 이를 위해서는 가설을 구성하고 있는 변수가 경험적으로 측정 가능한 것이어야 한다. 가설에서 설정한 문제가 너무 일반적인 경우에는 쉽게 경험적 연구를 할 수 없게 된다(Nachmias & Nachmias, 1976). 경험적으로 검증할 수 없는 문제는 가설로 구성될 수 없다.

검증 가능하다는 것은 거꾸로 말하면 반증 가능하다는 것을 의미한다. 따라서 검증가능성(verifiability)이란 말보다 반증가능성(falsifiability)이란 개념을 사용하는 것이 더 타당하다고 주장하는 학자도 있다.

셋째, 특정성을 지녀야 한다. 즉, 가설의 내용이 너무 일반적이고 막연하며 추상적이어서는 안 되고 분명하고 한정적이며 특정적이어야 한다. 가설이 적용되는 범위는 제한되어야 한다. 모든 사람이 인정하는 당연하고 일반적인 내용이어서는 안 되고 논의의 여지가 있는 것이라야 한다. 가설은 특정 문제에 대한 대답을 제공하는 것이어야 한다. 가설이 한정적·특정적일수록 검증하기가 쉽다. 그러므로 좋은 가설은 단순히 관계가 있고 없음만을 진술하기보다는 관계의 방향까지 명시해 주어야 한다.

넷째, 가치중립성을 지녀야 한다. 즉, 가설을 구성할 때에는 가능한 연구자의 편견이나 가치가 개입되지 않도록 해야 한다. 어떠한 것을 연구문제로 삼아 가설로 구성하는 것은 연구자의 관심에서부터 출발하지만 가설의 내용에는 연구자의 개인적 편견이 배제되어야 한다.

다섯째, 이론적 준거를 가져야 한다. 즉, 가설은 명확한 이론적 준거틀에 기반해서 구성되어야 한다. 가설은 이론과 분리될 수 없다. 가설은 이론으로부터 도출되기도 하나 이론을 개발하기 위한 도구가 되기도 한다.

이 밖에도 가설은 가능한 간단하게 진술되어야 하며, 가설 속에는 정의가 포함되어서는 안 된다. 가설은 동어반복적(tautological)이어서도 안 된다. 예를 들어 "민주주의 사회에서는 의사결정이 다수결 원칙에 따라 이루어진다"라는 진술은 동어반복적인 것이다.

3) 가설의 구성

가설은 기존 이론으로부터 연역되거나 경험적 사실의 일반화를 통해 귀납적으로 구성될 수 있다. 특정사례를 면밀히 검토하거나 일반상식에 기반해 도출될 수도 있으며 연구자의 직관이나 경험 등에 의해 얻을 수도 있다. 가설이 구성되고, 구성된 가설이 검증되는 과정을 예를 들어 나타내면 다음 [그림 3-3]과 같다.

[그림 3-3]에서 X와 Y는 이론적 개념이고 X′와 Y′는 각각 X와 Y의 경험적 측정값이다. X는 지능이라는 개념이고 X′는 이 개념을 측정한 IQ 검사점수이다. Y는 행복이라는 개념이고 Y′는 행복을 특정 척도를 사용해 경험적으로

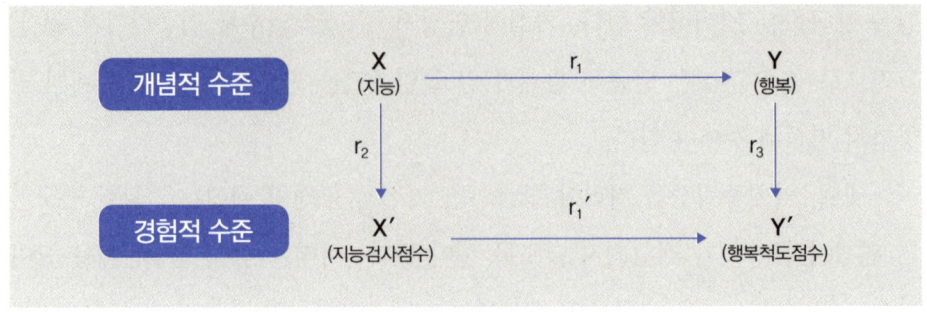

출처: Burrell(1979: 54).

[그림 3-3] 가설의 구성 및 검증 과정

측정한 것이다. r은 개념 간의 상관관계를 의미하고 r'는 측정값 간의 상관관계를 나타낸다. X'와 Y'같은 경험적 측정값은 그 형태와 그것이 사용되는 문맥에 따라서 지표(indicator), 측정값(measures), 척도(scale), 지수(index), 조작적 정의(operational definition) 등으로 다양하게 불린다.

가설을 구성하기 위해서는 첫째, 개념을 정의하고 이들 간의 관계를 진술하는 명제를 만든다. 둘째, 개념적 수준과 경험적 수준을 연결시켜야 하는데, 이는 개념을 경험적으로 측정하는 방법을 개발함으로써 이루어진다. 이 과정에는 개념의 경험적 측정값을 연결시키는 검증 가능한 가설을 진술하는 것을 포함한다. 여기서 구성된 가설은 첫 단계에서 만들어진 명제와 동일하나 단지 첫 단계는 개념적 수준의 것이고, 두 번째 단계는 경험적 수준의 것이라는 점이 다르다. 이렇게 구성된 가설은 자료를 수집하고 분석함으로써 검증된다.

4) 명제

가설과 관련된 것으로서 명제(proposition)가 있다. 개념이 명제를 구성하는 벽돌이라면 명제는 이론을 구성하는 벽돌이다. 검증된 가설을 명제라고 하기도

하고, 명제의 의미를 광범위하게 규정해 가설을 명제의 일종으로 보는 입장도 있다. 명제를 검증된 가설이라고 정의하는 경우 전형적인 명제의 형태에는 다음과 같은 것이 있다.

① A가 크면 클수록 B도 크다.
② A의 증감은 B의 증감과 연관된다.
③ A는 B와 긍정적(부정적)인 관계이다.
④ A의 변화는 B의 변화를 초래한다.
⑤ A와 B는 무관하다.

후자의 입장에서는 명제란 단순히 하나 또는 그 이상의 개념이나 변수에 대한 진술이다(Bailey, 1982: 40-41). 하나의 변수에 대해 논하는 명제를 단일변수적(univariate) 명제라 하고, 두 개의 변수를 관련짓는 명제를 양변수적(bivariate) 명제라 하며, 셋 이상의 변수를 연결시키는 명제를 중다변수적(multivariate) 명제라 한다. 예를 들어 "우리나라 고등학생의 70%는 적어도 한 번 자살 충동을 경험했다"라는 것은 단일변수적 명제이고, "사회적 통합이 높을수록 자살률이 낮다"는 양면수적 명제이며, "사회적 통합이 높을수록 자살률과 약물 복용률이 낮다"는 중다변수적 명제이다. 중다변수적 명제는 보통 둘이나 그 이상의 양변수적 명제로 진술될 수 있는데 이렇게 나누는 것이 더 바람직하다. 사회과학적 연구에서 명제는 대부분 양변수적 명제이다.

명제를 광범위하게 정의하는 경우 그 종류를 가설, 경험적 일반화, 공리, 가정, 정리로 구분하기도 한다(Bailey, 1982). 경험적 일반화(empirical generalization)란 어떤 관계가 존재한다고 가정한 후에 이에 대한 가설을 검증하기보다 처음에 하나 또는 몇몇 경우에서 관계가 존재한다는 것을 관찰한 다음에 이러한 관계가 대부분의 경우에도 존재한다고 일반화시킴으로써 구성된 관계에 관한 진술을 말한다. 공리와 가정, 정리의 의미는 다음과 같다.

　명제 1: 만약 A 이면 B 이다.
　명제 2: 만약 B 이면 C 이다.

　그러므로

　명제 3: 만약 A 이면 C 이다.

여기서 만일 명제 1과 2가 진실된 진술이라면 연역에 의해 명제 3도 진실이다. 이처럼 다른 진술이 연역되는 진실된 진술을 공리(axiom) 또는 가정(postulate)이라고 부른다. 위에서 명제 1과 2는 공리나 가정이다. 공리와 가정은 거의 상호 교환적으로 사용되는데, 주된 차이점은 공리는 수학적 함의를 지니며 정의상(by definition) 진실인 진술과 고도로 추상적인 개념을 포함하는 명제를 지칭할 때 더 자주 사용되고, 가정은 그것의 진실이 경험적으로 나타낸 진술을 지칭하는 것으로서 더 자주 사용된다. 그리고 일련의 공리나 가정으로부터 연역될 수 있는 명제를 정리(theorem)라고 한다. 이를 다음 〈표 3-1〉과 같이 정리해 볼 수 있다.

〈표 3-1〉 명제의 종류

명제의 종류	형성 방법	직접적 검증가능성
가설	연역되거나 자료 수집에 의함	가능
경험적 일반화	자료 수집에 의함	가능
공리	정의상 진실임	불가능
가정	진실이라고 가정됨	불가능
정리	공리나 가정으로부터 연역됨	가능

출처: Bailey(1982: 45).

명제의 예

보통 신세대는 자기 주장이 강하다고 이야기한다. 좋고 싫음이 분명하고 자기 표현 욕구가 왕성한 것이 오늘날 신세대의 특성이라고 한다. 하지만 이런 이야기들은 젊은 세대의 일반적인 경향을 말한 것일 뿐 경험적으로 확인되어 이론화된 것이라고는 할 수 없다. 그럼 이제부터 신세대의 특성을 과학적으로 탐구해 보기로 하자. 먼저 우리의 가정을 명제화시키자.

"신세대는 자기 주장이 강하다."

이것이 우리의 명제이다.

이 명제는 '신세대', '자기 주장'이라는 두 가지 개념으로 구성되어 있는데, 모두 추상성이 높은 개념이므로 그대로는 측정할 수 없다. 더구나 이 개념은 가치 판단이나 개인적 감정이 개입되기가 쉽고, 일상생활에서 다양하게 적용되는 모호한 것들이다.

가령 '신세대'라는 말만 하더라도 그저 막연히 젊은 세대를 지칭하는 것인지, 아니면 10대와 20대만을 가리키는 말인지, 혹은 좀 더 구체적으로 10대 후반에서 20대 중반까지를 의미하는지가 무척 모호하다. 따라서 우리는 이런 개념이 구체적으로 무엇을 뜻하는지 명백하고 정확하게 규정할 필요가 있다.

여기서 등장하는 것이 조작적 정의(operational definition)이다. 조작적 정의란 추상적인 개념을 구체적으로 조작하여 개념 본래의 의미를 살리면서도 측정할 수 있는 변수(variable)로 객관화시킨 개념이다. 그러면 먼저 '신세대'라는 개념은 어떻게 조작적 정의를 내릴까? 그 방법은 정의하는 사람에 따라서 다양할 수 있다. 15세에서 25세까지의 사람으로 규정하거나, 혹은 폭넓게 10세 이상 30세 미만의 사람 등으로 조작적 정의를 내릴 수 있다.

문제는 '자기 주장이 강함'이다. 무엇을 기준으로 자기 주장이 강한지 약한지 평가할 것이며, 자기 주장이 강하다는 것을 어떻게 측정 가능하게 조작할 수 있을까? 신세대로 분류된 사람들에게 "당신은 자기 주장이 강합니까"라고 물어보는 것은 아무 소용이 없다. 그러나 "당신은 다른 사람이 모두 자장면을 먹어도 혼자 짬뽕을 먹겠습니까?"라고 물어본다면 구체적이고 객관적인 응답을 받아낼 수 있을 것이다.

다음과 같은 9개 개념으로 명제를 구성해 보자.
바가지, 분권도, 직무만족, 도시화, 자동차, 소외, 조직몰입도, 귀가 시간, 범죄

4 이론

1) 정의

이론(theory)이란 현상을 설명하고 예측하기 위해 논리적으로 연결된 일련의 명제를 말한다. 학자들의 이론에 대한 정의를 보면, "법칙적인 일반성을 띠면서 체계적으로 연관된 일단의 진술로서 경험적 검증이 가능한 것", "논리적으로 연결된 명제로서 경험적 제일성이 도출될 수 있는 것", "체계적으로 상호 연결된 일련의 명제", "암시적이고 연역가능성이 있는 관계에 의해 구성된 일련의 가설", "상호 관련되어 있는 일련의 명제로 구성된 것으로서 이 명제는 변수 간의 관계를 검증해 놓은 것이다", "현상에 대한 설명과 예측을 목적으로 변수 간의

관계를 밝힘으로써 그 현상에 대한 체계적인 견해를 제공하는 상호 관련된 일련의 구성, 정의 및 명제"(Kerlinger, 1964: 11), "어떤 사상이나 사물의 무한대의 범주가 지닌 속성에 대한 경험적 주장이나 단언의 형식을 띠고 논리적으로 상호 연관된 진술의 한 묶음"(Gibbs, 1972: 5), "서로 연관된 보편적 진술의 한 묶음으로서 그중 어떤 것은 단순한 개념 규정이나 정의이고, 어떤 것은 진이라고 가정하는 관계적 진술이다"(Cohen, 1980: 171) 등이다.

이론을 논리적으로 상호 연관된 일련의 명제라고 할 때 가장 흔한 형태의 하나는 공리적(axiomatic) 이론이다. 공리적 또는 연역적 이론은 연역적 삼단논법의 형태를 취한다. 앞서 제시되었던 다음과 같은 일련의 명제는 공리적 이론을 구성한다. "명제 1: 만약 A이면 B이다. 명제 2: 만약 B이면 C이다. 그러므로, 명제 3: 만약 A이면 C이다." 여기서 A와 B는 공리 또는 가정이다.

동일한 현상을 설명하는 여러 가지 이론이 존재하는 경우 어떤 이론이 더 나은 것인지를 어떻게 판단할 수 있는가의 문제가 제기될 수 있다. 이론의 우수성은 다음과 같은 기준에 따라 평가될 수 있다.

① 간결성(parsimony): 이론은 될 수 있는 한 적은 수의 요인을 사용해 설명하는 것이 좋다.
② 정확성(accuracy): 이론에 의한 설명은 정확한 것이어야 한다.
③ 포괄성(pervasiveness): 이론은 그것이 설명하는 범위가 넓을수록 좋다. 즉, 여러 현상을 함께 설명할 수 있는 정도가 높을수록 좋은 이론이다.

이러한 기준에 합치되는 좋은 이론을 구성하는 것이 바로 과학의 궁극적인 목적이라고도 할 수 있다.

2) 이론의 성격

이론은 이상을 포함하며, 상징적이고 가상적이라는 점에서 실제(practice)와 대비된다. 이론은 실제에 기반해 구성되지만 실제 그 자체가 아니고 이를 넘어서는 것이므로 이론과 실제 간에는 정도의 차이는 있을지언정 반드시 괴리가 존재하게 된다. 실제는 변경 가능한 사회적 세계를 통제하는 방법이고 목적에 다다르는 수단이며 실용적인 것이다. 이론은 실제에 대한 논리적인 설명 수단이다. 이론적이란 말은 경험한 것으로부터 추출된 추상적이며 개념적이라는 의미이다.

이론가들은 때때로 지식이 유용하기 위해서는 그것이 기술하거나 설명하고자 하는 현실과 의미 있게 연관되어야만 한다는 사실을 경시하는 경향이 있다. 이론과 현실 또는 실제 간의 거리는 불가피한 것이지만 현실과 동떨어진 이론은 무의미하고 유용성을 상실한 것이므로 현실에 바탕한 적용 가능성이 높은 이론을 만드는 것이 중요하다. 특정 이론이 어떻게 문제를 규정하는 데 도움을 주는지, 과연 이론이 주어진 상태를 문제로서 기술하도록 해 줄 수 있는지의 여부를 이해하는 것이 이론을 실제적인 것으로 만드는 데 중요한 부분이다.

사회과학적 이론의 현실적용성에 대해 논의해 보자. 예를 들어, 연구자가 어떠한 사회정책 문제를 연구할 때 자신에 의해 선택되고 규정된 문제와 관련이 있다고 생각되는 연구 대상의 행동 간의 규칙성과 차이점을 설명하기 위해 검증 가능한 가설을 구성한다고 하자. 만일 이론에 의해 제안된 가설이 자료를 통해 지지되면 구체적인 전략이나 정책이 이론으로부터 추론될 수 있다. 그러나 그렇지 않은 경우 이는 연구방법론상의 불완전성 때문이라기보다 이론의 실패 때문인 경우가 많다.

사회문제에 대한 해결책으로서의 사회정책을 시행하기 위해서는 연구 대상이 대표하는 수혜자집단의 묵시적인 협조와 참여를 필요로 한다. 효과적인 정책은 항상 정책결정자와 고객집단 간의 상호 협조에 의해 만들어져야 한다. 정책이 예상된대로 기능하지 못하는 정도는 한편으로는 연구자와 정책수립가에 의해 사용되는 이론과 문제 규정 간의 불일치와, 다른 한편으로는 정책이 의도한 수혜자집단의 문제 규정과 바람직한 해결 간의 불일치 정도에 따라서 증가한다. 실증적으로 지지된 이론적 결과에 의해 직무를 수행하기를 원하는 정책수립가와 행정가들에게 이론에 의해 예견된 것과는 아주 다른 결과가 초래될 수도 있다. 이러한 이유로 인해 정책수립가와 행정가들은 종종 "그것은 좋은 이론일지는 몰라도 실제로는 도움이 안 된다"라고 불평한다. 그러나 이러한 불평은 이론이 그 정의상 실제적 적절성과는 아무런 상관이 없다고 가정하는 것이기 때문에 적절한 불평이 못 된다.

이론에 대한 주장을 정리하면 다음과 같다(김광웅, 1989: 105).

① 이론은 어떤 원리나 법칙을 발견할 수 있는 정리를 공리로부터 연역하고 검증함으로써 성립된다.
② 이러한 검증은 경험적으로 체계 있게 이루어져야 한다.
③ 이론은 경험적으로 검증되기 때문에 객관성을 지닌다.
④ 이론은 추상화되고 기호화된 것이며 상징적 구성물이다. 추상화되었다는 것은 경험한 사실 또는 물질로부터 공통되고 의미 있는 것을 발췌했다는 뜻이며, 협의로는 개념적이라는 의미이다. 기호화한다는 것은 시공을 초월해서 경험을 영원히 보존할 수 있으며, 과거의 경험을 합리적으로 조작할 수 있는 메커니즘을 마련해 준다는 것이다. 흔히 언어, 그림, 부호, 숫자 등이 기호화의 도구가 된다.
⑤ 이론은 사실에서부터 비롯되나 추상화시킨 것이므로 사실과 대조를 이루고 실제와 대비된다. 따라서 이론적 개념은 관찰된 것과 대조되고 이론적 법칙도 경험적 일반성과 대조된다.
⑥ 이론은 법칙의 체계이다. 이는 단순히 몇 가지 법칙을 모아 놓은 총체가 아니라 일정한 규칙에 따라 법칙이 연결된 것이다.
⑦ 이론은 현상을 분석하고 규칙성을 설명하고 이해시키며 미래를 예언하

고 통제하는 역할을 한다.

3) 이론의 구성

[그림 3-4]는 과학적 연구가 이루어지는 일반적 과정을 이론의 구성 과정과 적용 과정으로 나누어 나타낸 것이다.

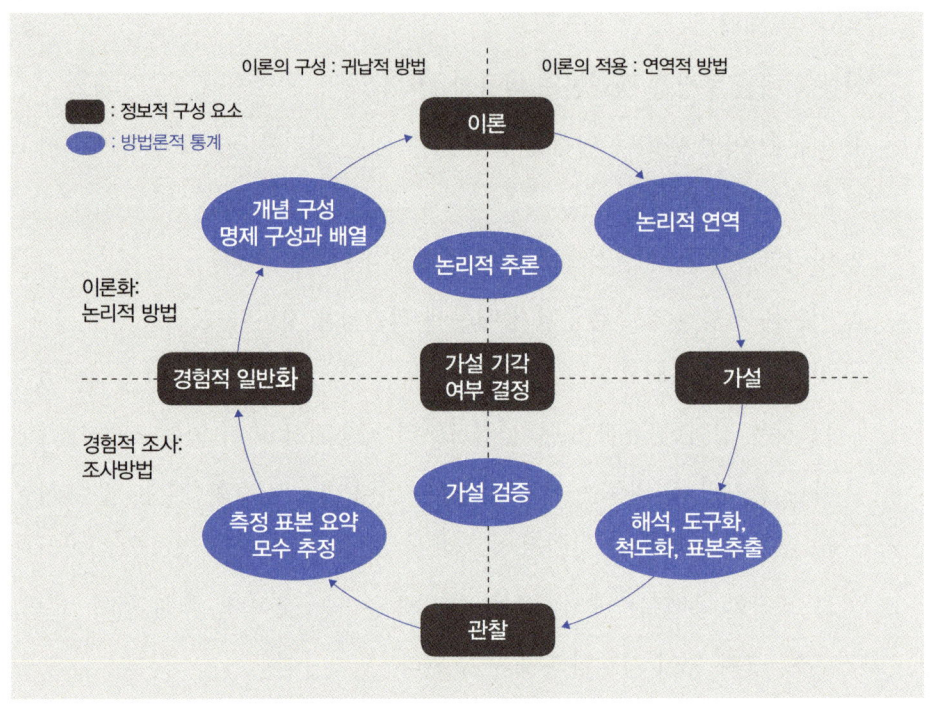

[그림 3-4] 이론의 구성 및 적용 과정

과학에서 사용하는 논리적 방법에는 연역법과 귀납법이 있다. 연역적 방법(deductive method)이란 일반 원리에서부터 특수 원리를 추출해 내는 논리 형식으로서 삼단논법(syllogism)이 그 기본 형식이다. 귀납적 방법(inductive method)은 특수한 사례로부터 일반 원리를 정립하는 방법이다. 예를 들면 연역법은 "모든 사람은 죽는다 → 소크라테스는 사람이다 → 따라서 소크라테스는 죽는다"와 같은 논리 형식이며, 귀납법은 소크라테스가 죽었다는 사실을 관찰하고 그가 사람임을 확인하고서 따라서 사람이면 누구나 다 죽는다는 결론을 내리는 것이다.

[그림 3-4]의 오른쪽 부분은 이론을 적용시키는 연역적 과정을 나타내며, 왼쪽 부분은 관찰된 것을 이해해서 이론을 구성하는 귀납적 과정을 가리킨다. 그림의 윗부분은 이론화 과정을, 아랫 부분은 경험적 연구 과정을 가리킨다. 관찰을 통해 자료를 수집하고 이를 정리, 분석해서 일반적인 유형을 찾아냄으로써 경험적 사실을 일반화하고, 이로부터 이론에 도달하는 것을 귀납적 방법이라 하며, 이론으로부터 가설을 도출하고 관찰을 통해 얻은 자료에 기반해서 가설의 채택 여부를 결정하는 것을 연역적 방법이라고 한다. 연역적 방법은 가설의 검증에, 귀납적 방법은 탐색적 목적의 연구에 주로 쓰이지만 실제 연구 과정에서는 이 두 가지 방법이 상호 보완적으로 사용된다.

추상적이거나 가정적이라기보다 실제 자료로부터 발생되거나 발견된 이론을 근거이론(grounded theory)이라고도 한다(Glaser & Strauss, 1967). 근거이론의 구성을 주장하는 학자들은 관찰을 기본적인 자료 수집 방법으로 사용한다. 근거이론은 첫째, 가설 없이 현장에 들어감으로써, 둘째, 무엇이 일어났는지 일어난 일을 묘사함으로써, 셋째, 관찰에 근거해서 왜 그것이 일어났는지에 대해 설명을 구성함으로써 구성된다. 근거이론을 주장한 글레이저와 슈트라우스(Glaser & Strauss, 1967)는 이것이 유용하기 위해서는 이 이론이 연구 중에 있는 자료에 쉽게 적용할 수 있는 개념을 사용해야 한다고 하면서 근거이론은 연구되는 행동을 설명할 수 있어야만 한다고 했다. 이들은 근거이론을 만드는 가장 좋은 방법은 자료 자체로부터라고 생각한다.

근거이론을 구성하는 과정을 예를 들어 살펴보면 [그림 3-5]와 같다.

글레이저와 슈트라우스(Glaser & Strauss, 1967)는 체계적인 관찰과 자료의 연구를 통해 사회적 상실(socialloss)이라는 변수를 만들고 이를 환자의 죽음으로 인해 그 가족과 고용주에게 나타날 상실의 정도라고 정의했다. 그런데 이 사회적 상실이라는 변수는 연구를 수행하는 동안에 자료로부터 나타난 변수로서 연구를 수행하기 전에는 예기치 못했던 것이다. 자료로부터 나타난 이들이 발견한 하나의 가설은 "환자의 사회적 상실에 대한 의료진의 인식이 높을수록 의료진에 의한 보살핌이 더 좋다"라는 것이다.

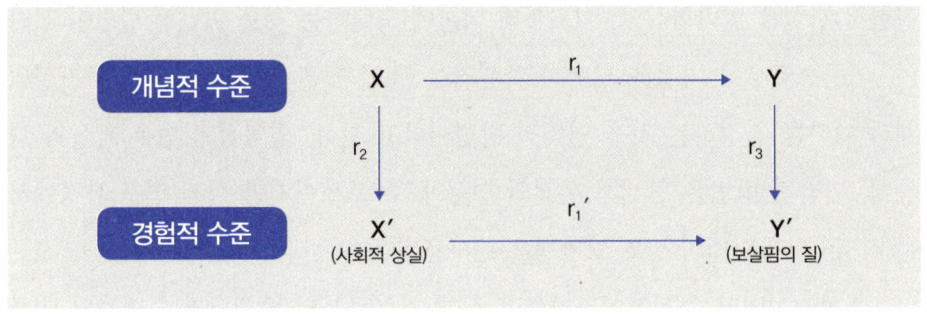

출처 : Bailey(1982: 56).

[그림 3-5] 근거이론의 구성 과정

4) 기능

이론의 주요한 기능 두 가지는 설명(explanation)과 예측(prediction)이다. 우선 이론은 설명력을 지녀야 한다. 설명이란 특정 관계에 관한 명제가 현상을 기술하는 정도로서 묘사나 서술과는 구별되는 것이다. 설명은 묘사(description)보다 더 깊은 의미를 전달한다. 좋은 이론이란 더 많은 현상을 가능한 단순한 명제로써 설명할 수 있는 것이다.

카플란(Abraham Kaplan)은 설명의 속성으로서 다음과 같은 것을 지적했다(Kaplan, 1964: 351-355). 첫째, 부분적이다. 이는 현상을 결정하는 요인 중 일부만이 설명된다는 의미이다. 둘째, 조건부적이다. 즉, 설명은 어떤 현상에 한해서만 그럴 듯하거나 어떤 조건이 충족될 경우에만 적용 가능한 경우가 많다. 셋째, 부정확하고 근사치적이다. 이는 설명이 설명하려는 대상에 영향을 미치는 상황으로 인해 완전무결할 수 없다는 뜻이다. 넷째, 비결정적이다. 즉, 어떤 현상을 설명할 때에는 어느 정도 진실을 얘기하나 결정적으로 말해 주지는 못하며, 이는 설명이 부분적이기 때문이기도 하다. 다섯째, 비단정적이다. 이는 설명이 왜 그래야만 하는지에 대해 단정적인 말을 하기보다는 그럴 것이라는 개연성만을 말하는 데 그친다는 의미이다. 여섯째, 불확실하다. 설명 내용이 자료를 통해 어느 정도까지만 진실이 확인될 뿐이지 다음에 다시 검증하려 할 때에는 반증될 가능성이 충분하다는 것이다. 일곱째, 잠정적이다. 이는 설명하기 위해 동원하는 상황이 바뀔 가능성이 충분히 있기 때문이다. 여덟째, 제한적이다. 즉, 설명은 특정 맥락에서만 타당한 것이지 어떤 경우에나 타당하지는 않다. 또한 설명의 기능으로 환경에 쉽게 적응하기 위한 기술적 기능, 어떤 산물을 얻는 데 도움을 주는 수단적 기능, 좀 더 깊이 있는 의문과 이해를 자극하고 이끄는 발견적(heuristic) 기능을 들었다.

이론이 갖는 일반화의 수준이 높을수록 이론의 설명력도 높아진다. 그러나 이론의 일반화 정도가 너무 높으면 사실과 거리가 멀어져서 구체성을 결여하게 되고 반대로 너무 낮으면 사실에 너무 밀착되어 보편성을 갖지 못하게 되므로 적절한 일반화 수준을 유지하는 것이 중요하다. 따라서 이론의 일반화의 정도는 추상성과 구체성을 조화하는 수준이어야 한다. 이론과 경험적 사실 간에는 일반화에 의해 일정한 거리가 생기게 된다.

이론은 설명력뿐 아니라 예측력도 지녀야 한다. 예를 들어 만일 직위와 소득 간의 관계에 대한 이론이 있다면 갑의 직위를 알 경우 갑의 대략적인 소득을 예측할 수 있어야 한다. 예측은 단순한 추측과는 다르다. 이는 이유를 붙여 추론해 내는 것이며 논리적 근거를 갖는다. 그러나 사회과학에서는 예측이 어렵다. 왜냐하면 인간의 주체성과 자유 의지에 기인한 연구 대상의 가변성, 불안정성, 불규칙성 등 예측을 어렵게 만드는 요인이 존재하기 때문이다. 그러나 사회과학에서도 예측이 불가능한 것은 아니며 단지 그 정확도 면에서 일반적으로 자연과학보다 떨어진다고 할 수 있다.

이론은 미래를 향해 행동하기 위해서 현재를 이해하도록 해 준다. 이론은 회고적 합리화(retrospective sence-making)의 기능을 갖는다. 즉, 이론은 우리의 과거 행동을 이해하는 수단을 제공한다. 이론은 사람들이 일단 행한 것을 회고적으로 그럴 듯하게 만들며, 미래에 특별한 사고나 상황을 일으키기 쉬운 행위를 사후적으로 합리화하는 중요한 수단을 제공한다. 이는 우리가 생각한 목적이나 목표에 입각해서 행동할 때에도 우리의 의도가 진정 무엇이었는지에 대한 추가적인, 때로는 상충적인 증거를 회고적으로 나타내 준다. 카플란(Kaplan, 1964)에 따르면, 이론은 습관을 고치거나 새로운 것으로 대체시키는 데 좀 더 효과적이 되도록 난처한 상황을 의미 있게 만드는 하나의 방법이다. 이론은 논리적으로 형성된 법칙을 해석하고 비판하고 통합하는 방법이며, 자료에 맞도록 법칙을 고치고 넓은 일반성을 발견해 내도록 인도해 주는 방법이다.

어떤 상황이나 문제를 이해하게 해 주는 실제적 이론(practical theory)의 특징은 다른 방법으로는 명백하지 않을 행동의 가능성을 조명해 주거나 이미 행동하고 있는 것을 잘 이해하도록 자극한다는 것이다. 이것은 상식에 의해 발견되는 것과는 다른 새롭고 예기치 못한 통찰력을 유발하거나 다른 방식으로 상황을 보는 능력, 즉 독창성(novelty)을 지닌다.

그러나 독창성이란 필연적으로 낡은 것이 되기 때문에 이런 의미에서 이론은 새로운 이론에 의해 대체되고 계속적으로 발전되어야 한다. 이론을 너무 잘 알고 있는 것은 사고에 도움이 되기보다는 사고를 대치하는 결과를 초래할 위험이 있다. 독창적인 이론은 관찰되는 것으로부터 관찰자인 연구자를 격리시킬 필요가 있다. 이러한 격리를 통해서 상황이나 문제뿐 아니라 연구자 자신의 사고방식에 대한 비판적 회고가 가능하게 된다. 우리가 어떤 것에 대해 비판적으로 생각하기를 원한다면 그것에 대해 어떻게 생각하는지에 대해서도 비판적으로 생각해야만 한다. 이론이 갖는 독창성의 또 다른 기능은 세상을 인식하는 '올바른' 방법이 존재한다는 연구자의 가정을 완화시켜 주는 것이다. 이러한 진실에 대한 가정은 연구자에 의해 선호된 세계에 대한 이미지에 의해 조명된 행위가 도덕적 정당성을 지닌 것이라고 믿도록 유도한다. 학문적 이론이건 실천적 이론이건 이론은 법이나 규칙보다 실제 행위의 방향을 결정하는 데 더 큰 힘을 발휘할 수도 있다. 그 이유는 사회적 현실 세계를 기술하고 설명하기 위해 고안된 이론이 역으로 그러한 세계를 만들고 유지하는 데에 도움을 주기 때문이다(Berger & Luckmann, 1967).

이론과 관련된 용어로 패러다임(paradigm)이란 개념이 있다. 이는 쿤(Thomas S. Kuhn)에 의해 처음으로 사용되었는데(Kuhn, 1970), 그에 따르면 학자들을 일정한 패러다임에 근거해서 연구를 수행한다. 패러다임이란 연구 방향을 인도해 주는 이론적 준거틀과 같은 것이지만 이론보다 더 광범위한 개념이다. 패러다임의 예로서 쿤은 코페르니쿠스의 지동설이 천동설을 대체해 새로운 패러다임으로 등장한 것을 들고 있다. 공유된 패러다임에 근거해 연구하는 학자들은 실제 연구에서 동일한 규칙과 표준을 지키게 된다. 어떤 과학자가 패러다임을 당연하다고 받아들일 수 있게 되면 그는 자신의 연구에서 사용된 각 개념의 용도를 정당화시키면서 그 분야를 새롭게 일으키려고 애쓰지 않아도 된다. 어떤 과학이든지 발달의 초창기에는 동일한 현상에 대해서도 학자마다 제각기 다른 방식으로 기술하고 해석한다. 그러다가 이런 초기의 엇갈림이 점차 사라져 버리게 되는데, 이는 보통 패러다임이 생기기 이전에 존재했던 여러 학파 중의 하나가 승리한 데에 연유한다.

패러다임의 변환은 과학혁명(scientific revolution)이며, 하나의 패러다임이 혁명을 거쳐 다른 것으로 계속해서 전이되는 것은 발달된 과학에서의 전형적인 발달 양상이다. 과학혁명은 패러다임의 전환에서 오는 것이며 이러한 전환은 세계관에서의 혁명이기도 하다. 하나의 패러다임으로 인정받으려면 그 경쟁 상대인 패러다임보다 더 좋아 보여야 하나 그것이 당면하는 모든 사실을 설명해야만 되는 것은 아니다. 어떤 패러다임이 우세한 위치가 되는 것은 학자들이 시급한 것이라고 느끼는 문제들을 푸는 데 그 경쟁 상대인 패러다임보다 더 성공적이기 때문이다. 새로운 패러다임은 그 분야의 새롭고 확고한 정의를 의미한다. 쿤에 따르면, 정상과학(normal science)이란 과거의 과학적 업적 중 하나 이상의 것에 확고한 기반을 둔 연구활동을 의미하는데, 패러다임의 공유를 통한 학자들 간의 일치된 약속은 정상과학을 가능하게 하는 필요 조건이 된다. 정상과학에서의 연구는 패러다임이 제공한 현상과 이론을 명료하게 표현하는 방향으로 진행된다.

생각해 볼 문제 1

▣ 이론의 구성 요소를 마인드 맵으로 그려 보자.

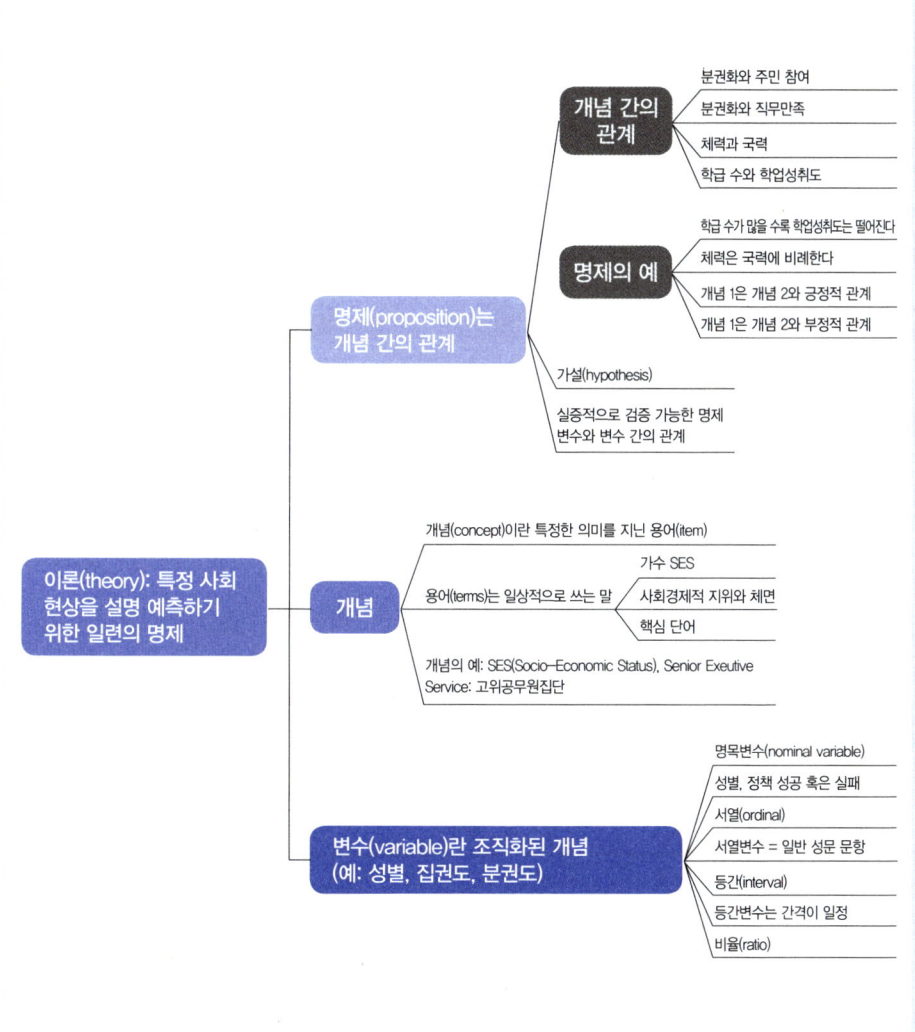

생각해 볼 문제 2

■ **인과관계와 상관관계의 차이점을 알아보자.**

인과관계 추론의 조건: 밀(John S. Mill)의 세 가지 원칙

1. 시간적 선후 관계
원인이 되는 사건이나 현상은 시간적으로 결과보다 먼저 발생해야 한다.
- 시간적 선행성의 원칙 : 시간적 선후를 결정하기 어려운 경우가 많다.
- 선후 관계의 설명이 쉬운 경우 : 흡연과 폐암
- 선후 관계의 설명이 어려운 경우 → 두 사건이 서로 간에 원인과 결과

도시화가 민주화에 선행하는가 아니면 민주화가 도시화를 가져오는가 등

2. 공동 변화의 원칙
- 공동 변화(covariation) · 연관성(association) : 원인이 되는 현상이 변화하면 결과적인 현상도 항상 같이 변화해야 한다. → 독립변수와 종속변수 중 어느 하나가 고정되어 있으면 두 변수 간의 인과관계는 성립될 수 없다.
① 연관 관계의 강도(magnitude) : 연관성 정도의 크기는 인과관계의 주장의 충분 조건은 될 수 없지만 그 정도(강도)가 커지면 인과관계의 가능성은 높아진다.
② 연관 관계의 일관성(consistency) : 서로 다른 상황하에서 이루어진 여러 연구에서 두 변수 간의 연관 관계에 일관성이 있다면 그들 관계가 인과적 관계일 가능성은 증가한다.

3. 비허위적 관계

(1) 의의
결과변수의 변화가 제3의 변수에 의해 설명될 가능성이 없어야 한다. 다른 변수의

영향이나 효과가 모두 제거되어도 추정된 원인(독립변수)과 결과(종속변수)의 관계가 계속된다면 그 관계는 비허위적 관계(non-spurious relation)이다.

(2) 허위변수 : 외재변수

인과관계의 추론을 어렵게 하는 변수이다.
① 두 변수 간에 전혀 관계가 없는데도 이들 두 변수 간에 어떤 상관관계가 있는 것처럼 나타나도록 두 변수 모두에 영향을 미치는 숨어 있는 변수
② 독립·종속변수에 모두 영향을 미치며 이들 간의 공동 변화를 모두 설명한다.
③ 연구자는 종속변수에 전혀 영향을 미치지 않으나 미친다고 잘못 결론을 내림

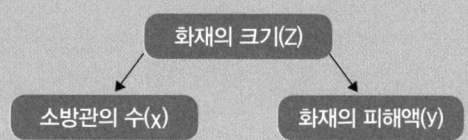

• 원래 관찰된 관계 : 출동한 소방관의 수와 화재의 피해액 사이에 공동 변화
→ 이 관계는 허위 관계이며, 화재 규모가 화재의 피해액을 설명하는 변수

4. 상관관계

상관관계분석(correlation analysis)은 변수 간의 상호 선형관계를 갖는 정도를 분석하는 통계적 기법이다. 상관분석은 우리가 현실에서 만나게 되는 자료의 유형에 여러모로 유용하게 쓰이는 분석 방법으로 일반적으로는 회귀분석을 실시하기 전에 실시하는 중요한 분석 과정이다.

상관관계(correlation)는 둘 또는 그 이상의 변수 간에 존재하는 관계 정도를 뜻한다.

이러한 상관관계를 분석하고자 하는 것이 상관관계분석이다.

회귀분석(regression analysis)은 하나의 변수가 나머지 다른 변수와의 선형함수이며 선형적 관계를 갖는가의 여부에 관심을 두었으나 상관관계분석은 변수 간의 상호관계 정도를 분석하는 통계적 기법이다. 즉, 인과관계는 성립하지 않고 단지 변수 간의 상호 선형관계를 갖는 경우를 상관관계라 한다. 상관관계는 단순히 두 변인 간의 관련성을 의미할 뿐, 원인과 결과의 방향성은 말하지 못한다.

예를 들어, 키가 큰 아이일수록 어휘력이 좋다는 것은 상관관계이지 키가 크기 때문에 어휘력이 좋은 것은 아니다.

키와 체중의 관계를 살펴보면 키가 커지면 대체적으로 체중이 늘어나므로 키가 커지는 것은 체중이 늘어나는 원인이 된다고 할 수 있어 이때에 키와 체중 사이에는 상관관계와 인과관계가 성립한다.

하지만 체중이 늘어난다고 해서 키가 커지는 것은 아니므로 체중과 키 사이에는 상관관계는 있지만 인과관계는 없는 것이다.

생각해 볼 문제 3

▣ 재정자립도와 축제 비용의 상관관계

명제의 예: 부유한 지자체가 지역 축제를 많이 개최할 것이다.
가설의 예: 재정자립도가 높은 지자체가 지역 축제 비용을 많이 사용할 것이다.

2013년 전국 243개 지방자치단체에서는 F1과 같은 각종 행사 및 축제가 총 1만 1,865건 열렸다. 지자체당 평균 49회, 모든 지자체에서 거의 매주 한 차례씩 행사·축제가 열린 셈이다. 이런 행사에 총 8,326억 원이 투입되었다. 지자체의 축제·행사 예산은 2년 만에 28% 늘어 올해 1조 700억 원에 달했다.

행자부 "빚 행사 대책 세울 것"

행정자치부 관계자는 "지자체 행사·축제는 민간 기업 행사와 달리 지자체 홍보와 지역사회 경제 활성화를 목적으로 하기 때문에 이윤이 남지 않는다고 해서 무조건 줄일 수는 없다"면서도 "지자체가 감당할 수 없는 규모의 행사를 위해 빚을 지거나 경쟁적으로 비슷한 행사·축제를 개최하는 것은 막을 계획"이라 했다.

518억 들인 원주 시민문화센터, 하루 이용객 12명뿐

지난달 24일 오후 2시 강원 원주시 일산동 원주 시민문화센터. 1층 로비엔 20여 명의 사람이 있었지만 5층으로 올라가자 인기척이 사라졌다. 이 건물은 5층부터 7층까지 문화센터, 나머지 층은 보건소로 사용되고 있다. 이날 오후 2시부터 색소폰 기초반 수업이 시작된 7층 종합강의실은 100명 이상 들어갈 수 있는 규모지만 7명 남짓만 앉아 색소폰을 배우고 있었다. 시민을 위한 외국어·음악·요리·취미 강좌

가 진행되고 있지만 강의실당 하루 2시간씩 2번의 수업이 대부분이다.

수요를 제대로 예측하지 않고 세운 이런 지방 공공 시설물들이 지방 재정에 큰 부담을 주고 있다. 작년 기준으로 총 건립 비용이 일정 규모 이상(기초단체 100억 원 이상, 광역단체 200억 원 이상)인 전국 지자체 공공시설물은 515개이다. 이 중 일부 시설은 원주 시민문화센터처럼 건립 비용 대비 이용 인원이 너무 적어 '예산을 낭비했다'는 지적이 나온다.

공립박물관 중 이용률이 가장 낮은 충남 보령시 보령박물관은 602억 원을 들여 지었는데 작년 연간 이용객이 4만 9,000명이었다. 반면 같은 시 단위인 경북 영주시 소수박물관(紹修博物館)의 건립 비용은 121억 원으로 훨씬 적었지만 연간 이용객은 26만 명이었다(출처: 조선일보, 2015년 9월 10일).

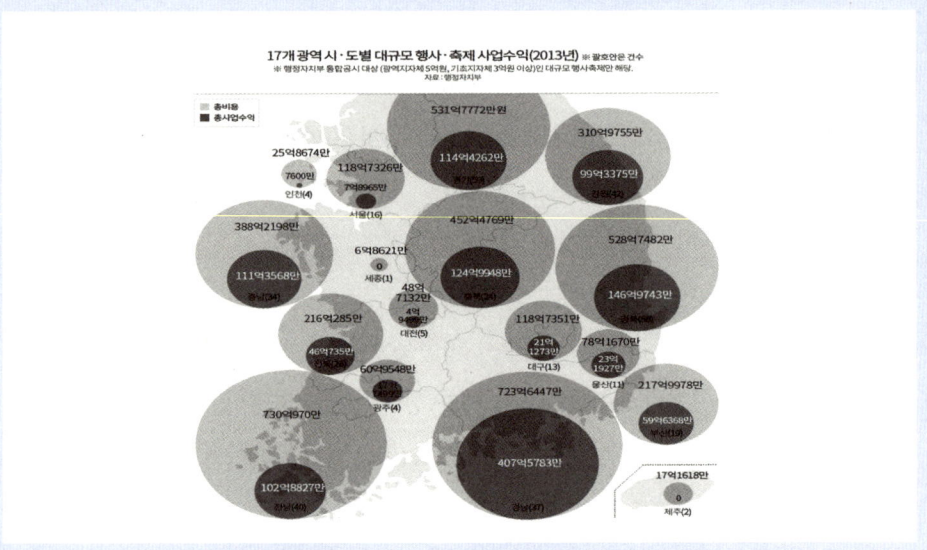

출처: 조선일보, 2015년 9월 10일.

재정자립도는 e-나라지표를 검색해서, 엑셀에 시·도의 행사 비용, 수익, 적자(=수익-행사비용), 재정자립도 등을 입력한다.

시·도	재정자립도	인구	축제비용(억)	수익	축제적자	십만명당축제비용	십만명당축제수익	십만명당축제적자
서울특별시	80.3	10117909	118	7	111	1.166249	0.069184255	1.097065
울산광역시	63.3	1170640	78	23	55	6.663022	1.964737238	4.698285
경기도	60.7	12460604	531	114	417	4.261431	0.91488342	3.346547
인천광역시	59.1	2899071	25	0.76	24.24	0.862345	0.026215294	0.83613
부산광역시	51	3525913	147	59	158	6.154434	1.673325462	4.481109
대전광역시	49.3	1535028	48	4	44	3.126979	0.260581566	2.866397
대구광역시	46.9	2492994	118	21	97	4.733265	0.842360631	3.890904
광주광역시	44.2	1477780	60	17	43	4.060144	1.15037421	2.90977
세종특별자치시	44	194173	7	0	7	3.605033	0	3.605033
경상남도	37.4	3357120	723	407	316	21.53632	12.1234868	9.41283
충청남도	30.4	2071333	388	111	277	18.7319	5.358867937	13.37303
제주특별자치도	30.3	618447	17	0	17	2.748821	0	2.748821

적자와 재정자립도의 상관관계 구하기

엑셀의 메뉴에서 수식 ➡ 함수 추가 ➡ 통계 ➡ correl 순으로 클릭

B = 재정자립도, G = 인구 십만 명당 축제 비용

엑셀의 빈 공간에 =CORREL(B2:B13,G2:G13) 입력 후 클릭하면 상관관계가 구해진다(자세한 방법은 제2장 생각해 볼 문제 2번 참조).

조사방법론 RESEARCH METHOD

Chapter 4

측정과 척도

1. 측정
2. 신뢰도와 타당도
3. 척도

학습 목표

- 측정과 척도에 대해 알아보자.
- 통계분석을 할 수 있다.
- 측정의 타당성과 신뢰성에 대해 알아보자.
- 각종 척도법에 대해 알 수 있다.

CHAPTER 4

측정과 척도

1 측정

1) 정의

측정(measurement)이란 자료를 양적으로 분석하기 위해 일정한 규칙에 따라서 사물이나 현상에 수치를 부여하는 것을 말한다. 수치를 부여함으로써 연구대상이 되는 현상에서 일정한 규칙성을 찾을 수 있다. 측정값이 신뢰성이 있기 위해서는 수치를 부여할 때 반드시 일정한 규칙에 따라야 한다. 측정은 다른 말로 하면 추상적인 개념을 경험적 성격의 변수로 바꾸어 그 변숫값에 대해 일정한 수치를 부여하는 것이다. 예를 들어 사회경제적 지위라는 개념을 지위의 높고 낮음을 구분해 주는 분류 가능한 속성으로 파악하기 위해서는 변수로 환원해야 하며, 이 변수를 경험적으로 확인하기 위한 측정 수단을 만들어야 한다. 측정 수단으로서 변수의 속성을 나타낸다고 보는 지표를 선정하는데 보통 교육 수준, 직업, 소득 등이 지표로 사용되며, 이 지표들에 대해 값을 매겨서 종합한 것을 사회경제적 지위의 측정값으로 간주한다.

사회과학에서는 연구 대상과 그 속성을 수량화시킬 수 없는 경우도 많으며, 대상이 갖고 있는 속성 자체보다는 그러한 속성을 나타내는 지표를 측정하는 경우가 대부분이기 때문에 자연과학에서보다 측정이란 것이 훨씬 어렵고 논란을 유발한다. 연령이나 교육 수준처럼 객관적으로 파악될 수 있는 변수는 비교적 쉽게 측정할 수 있으나 만족도나 소외감같이 직접 관찰할 수 없는 주관적 인식이나 태도를 측정하는 것은 복잡한 문제이다. 물질적인 대상은 측정이 쉽지만 정신적인 것은 그 추상성으로 인해 측정이 어렵다. 이처럼 측정 대상이 갖는 특성으로 인해 측정에는 한계가 있으며, 모든 것을 측정할 수 있는 것은 아니다. 측정에는 한계가 있고 불완전한 것이지만 연구자는 대상을 수치로 나타냄으로써 연구의 정확성과 객관성을 도모하려고 한다. 측정을 통한 양적 분석이 불완전하더라도 질적 서술만으로는 부족하며 질적 분석도 불완전한 것이다. 따라서 연구자는 측정의 한계를 명확히 인식하는 가운데 측정상의 문제점을 해결해 나가는 자세가 필요하다.

2) 측정오류

측정을 할 때에는 정확하게 측정되도록 하는 것이 무엇보다 중요하나 정확성에는 한계가 있고 오류가 발생하게 된다. 측정오류(measurement error)란 대상을 측정할 때 본래의 대상이 갖는 실상과 측정 결과 간의 차이에서 오는 불일치

정도를 말한다.

측정 과정에서 발생하는 오류의 종류를 체계적 오류(systematic error)와 무작위적 오류(random error)로 나눌 수도 있다(김광웅, 1989: 175).

체계적 오류는 측정 대상과 측정 과정에서 체계적으로 나타나는 오차를 말하며, 무작위적 오류는 우연히 발생하고 일시적 사정에 의해서 나타나는 오차를 말한다. 체계적 오류가 발생하는 데 영향을 미치는 요인으로는 지식, 신분, 정보, 인간성 등이 있으며, 이들은 경우에 따라 인위적 또는 자연적으로 작용해 측정오류를 야기한다. 체계적 오류가 존재한다는 표시는 측정 결과인 자료의 분포가 한쪽으로 치우치거나 변수 간의 관계가 지나치게 높거나 낮은 것 등으로 나타난다. 무작위적 오류는 그 발생 근거를 알지 못하는 경우가 많은데 이는 측정 과정에서 아무도 모르게 우연히 발생하기 때문이다.

측정오류의 원인을 파악하는 것은 어려운 일이다. 발생 가능한 오류의 원인으로는 첫째, 측정하는 사람의 잘못으로 인해 오류가 발생할 수 있다. 연구자가 인간이기 때문에 오류를 범할 수 있다. 편견이 개입됨으로써 오류가 발생할 수도 있고 시간이나 환경에 따라서 태도가 일정할 수 없음으로써 생길 수도 있다. 조사자가 보고하는 과정에서 잘못을 저지를 수도 있다. 둘째, 측정자나 피측정자가 지니는 지적 사고력이나 판단력에서 오류가 발생할 수도 있다. 예를 들어 측정자가 합리화를 위해 결과를 인위적으로 유도하거나 감춘다든가 연구 분야의 지식을 결여하고 있다든가 기억을 잘 못하는 경우이다. 피측정자가 지니는 결함이 오류를 야기하기도 한다. 셋째, 측정하는 소재와 관련해서 오류가 생길 수도 있다. 표본이 잘못되거나 무응답자가 많거나 실험이 기술적으로 불가능하거나 측정 소재에 결함이 있는 등 조사에서 나타나는 결함으로 인해 오류가 발생한다. 넷째, 시간과 공간의 제약 때문에 오류가 생길 수도 있다. 측정 주체와 객체는 모두 시간적, 공간적 제약을 받으므로 표본이 시간적으로 부적합하고 불안정하다든가 지역적으로 격차가 날 가능성이 있다(김광웅, 1989: 176). 〈표 4-1〉은 연구 단계에 따라서 발생 가능한 오류를 제시하고 있다.

〈표 4-1〉 연구 단계별 오류의 종류

연구 단계	오류의 종류
1. 개념과 가설 구성	외적 타당도의 결여
2. 연구 도구(질문지)의 구성	신뢰도의 결여(질문이 잘못되거나 모호한 언어 표현)
3. 표본 추출	외적 타당도의 결여(표본추출오차)
4. 자료 수집	다음 요인의 통제 실패로 인한 오류 1) 환경 2) 응답자의 개인적 특성(피로 등) 3) 응답자와 조사자의 관계 4) 연구 도구의 결함(장비 결함, 잘못된 기록 등) 5) 면접자에 의한 응답의 오해
5. 부호화	결측 자료, 부호화 오류 등으로 인한 부정확한 정보 기록
6. 자료분석	통계의 오용이나 그릇된 자료 해석

출처: Bailey(1982: 76).

2 신뢰도와 타당도

1) 신뢰도

(1) 정의

측정을 할 때 중요하게 고려해야 할 문제는 측정의 신뢰도와 타당도이다. 이 두 문제는 서로 연관된 것이다. 신뢰도(reliability)란 측정을 반복했을 때 동일한 결과를 얻는 정도를 말한다. 즉, 동일한 측정 수단을 둘 이상의 연구자가 사용하든가 동일한 연구자가 같은 측정 수단을 두 번 이상 사용했을 때 동일하고 일관된 결과를 얻는 정도를 지칭하는 개념이다. 측정이 신뢰성을 갖는다는 말은 측정이 안정성과 예측성을 갖는다는 것이다. 같은 대상을 놓고 같은 측정 방법으로 측정했을 때 측정을 반복해도 같은 결과를 가져온다면 그 측정은 예측 가능하고 안정성이 높다고 할 수 있다.

신뢰도의 측정값은 안정성(stability)과 동등성이 라는 두 가지 기준에 따라서 살펴볼 수 있다(홍두승, 1995: 120-121). 안정성은 둘 이상의 시점에서 동일한 내용을 측정할 때 나타난다. 두 번에 걸쳐 측정할 때 첫 번째 측정과 두 번째 측정 간에는 시간의 길이에 따라서 결과가 달리 나타날 수 있는데 두 시점 간의 길이가 길수록 신뢰도의 추정값은 낮아질 것이다. 안정성과 관련된 문제의 하나는 측정 사이의 시간이 긴 경우에는 진실값 자체가 변할 수 있다는 점이다. 동등성은 태도 등을 측정하기 위해 여러 개의 문항을 더해서 사용하는 경우에 제기되는 문제로서 이때의 신뢰도란 태도의 지표로서 각 문항이 갖는 동등성을 가리킨다. 한 척도가 같은 대상에 대하여 여러 번 적용되어도 항상 같은 결과를 생산할 때 그 척도는 신뢰성이 있다고 말한다. 실제 측정에서 한 측정 도구가 나타내는 일련의 측정값은 측정 대상이 갖는 특성과 측정상의 여러 가지 착오에 의해서 영향을 받게 되며, 따라서 척도의 신뢰도가 문제되는 것이다.

신뢰도는 분산(variance)으로써 설명할 수 있다. 일련의 측정값은 측정값의 분산인 총분산(total variance)을 갖는데, 이 총분산에는 우리가 알 수 없는 진실값의 분산인 실질분산(true variance)과 측정오차의 분산인 오차분산(error variance)이 포함되어 있으며 이들은 각각 분산값을 갖는다.

(2) 신뢰도 제고 방법

측정을 할 때에는 신뢰도를 높이도록 노력해야 한다. 신뢰도를 높인다는 것은 각 사례의 차이의 분산을 최대화하고 오차분산을 최소화하는 것이다. 신뢰도를 높이기 위해서는 측정도구라 할 수 있는 문항을 가능한 명확히 기술해야 한다. 문항의 내용이 모호하면 응답자가 무슨 뜻인지 정확히 알 수 없어 임의로 해석할 가능성이 있고, 따라서 응답의 신뢰도가 낮아지기 때문이다. 문항을 작성할 때 측정의 차원이 다르거나 또는 동일한 차원을 정반대의 입장에서 측정할 수 있도록 하면 응답의 분포나 응답 간의 관계가 반대의 현상을 띠게 되고, 그 반대 현상의 정도가 신뢰도를 간접적으로 말해 주는 효과를 지닌다. 측정도구 자체가 신뢰성이 없다고 생각되면 종류와 질이 같은 문항을 많이 추가한다. 왜냐하면 문항이 많을수록 실질분산이 무한대에 더 접근해서 신뢰도가 높아질 수 있기 때문이다. 또한 측정도구를 표준화함으로써 측정오차를 줄여 신뢰도를 높일 수 있다.

2) 타당도

(1) 정의

측정은 측정하고자 하는 대상의 실제 내용을 정확히 알아내는 것이어야 하는데 곧 측정에는 타당도가 있어야 한다는 말이다. 타당도(validity)란 측정하고자 하는 것을 제대로 측정하는 정도를 말한다. 즉, 측정 도구가 실제로 측정하고자 하는 개념을 측정하는지의 문제로서 측정 도구인 어떤 척도가 측정하고자 하는 것을 실제로 측정할 때 그 척도는 타당도를 갖는다고 말한다. 다시 말해, 측정 도구의 타당도란 그것에 의해 측정된 값의 차이가 측정 대상이 지닌 실제의 차이를 반영하는 정도를 말한다. 타당도 문제는 주로 조사설계 단계와 측정 단계에서 제기된다.

(2) 종류

타당도의 종류를 나누는 방법은 학자에 따라 다소 차이를 보이며, 사용하는 용어에도 차이가 있다. 그러나 일반적으로 다음과 같이 분류해 볼 수 있다.

① 내용타당도와 외적 타당도

학자에 따라서 내용타당도(content validity)와 외적 타당도(face validity)를 동일한 것으로 간주하기도 하고 구분하기도 하므로 혼동되기 쉽다. 이 두 타당도를 같은 것으로 간주하는 경우도 있고(Bailey, 1982), 내용타당도를 외적 타당도와 표집타당도(sampling validity)로 나누는 경우도 있으며(Nachmias & Nachmias, 1976), 양자를 모두 논리적 타당도라고 부르는 경우도 있다(Goode & Hatt, 1952). 외적 타당도는 번역하기에 따라서 외면적 타당도, 표면타당도, 액면타당도라고도 한다.

내용타당도와 외적 타당도를 구분하는 경우에 내용타당도는 측정도구의 내용이 대표성을 띠고 있으며, 내용을 구성하고 있는 요인의 표본이 적합한지에 관한 문제이다. 즉, 측정도구로 측정하려는 행위나 속성의 내용이 정말로 그 행위나 속성의 요소의 모집단을 대표한다고 할 수 있는지 문제이다. 측정되는 모든 내용을 전체라고 하면 측정도구로서의 척도는 이 전체로부터 일정한 항목을 뽑아서 구성된다. 추출되는 항목이 많을수록 내용타당도가 확보되지만 무한정 항목을 많이 선정한다고 해서 타당도가 높아지는 것은 아니다. 내용타당도는 기본적으로 항목을 합리적으로 판단해 선정할 때 높아지며, 따라서 연구자의 지식과 선행연구와 전문가의 의견 등에 기초해서 항목을 합리적으로 선정해야 한다. 예를 들어 소외라는 개념이 무기력감, 무의미성, 무규범성, 고립, 자기소외 등 다섯 가지 내용으로 구성된 것이라고 한다면 각각의 내용을 측정하기 위해 여러 개의 문항을 만들어 볼 수 있는데, 내용타당도는 이러한 문항이 각각의 내용의 의미를 얼마나 잘 나타내 주며 결과적으로 소외 개념을 얼마나 잘 반영하고 있는지를 뜻한다.

보른슈테트(Bohrnstedt, 1970)는 측정도구의 내용타당도를 구성하는 단계를 다음과 같이 설명한다. 우선 측정하고자 하는 개념을 그것이 포함하고 있는 주요 내용별로 분석, 분류한다. 이들을 하위 영역이라고 하면 이 하위 영역은 가능한 개념의 모든 의미를 포함할 수 있어야 한다. 두 번째 단계로는 각각의 하위 영역이 갖고 있는 의미를 직접적이고 구체적으로 나타내는 여러 개의 문항을 만든다. 그 다음 단계로는 조사를 통해 자료를 수집한 후 각 하위 영역별로 구성한 문항이 하나의 집락을 이루는지를 알아보기 위해 문항에 대해 집락분석을 해본다. 같은 영역에 속한 문항 간의 상관관계가 다른 영역에 속한 문항들과의 상관관계보다 더 높은지를 살펴본다. 집락 내의 문항 간의 평균 상관계수가 집락 간의 그것보다 크면 집락으로 묶는 것이 타당하다.

외적 타당도란 측정 도구가 그것이 측정하고자 하는 것을 어느 정도 제대로 측정하는지에 관한 것이다. 이 타당도는 여러 종류의 타당도 중에서도 가장 중요한 것이라고 할 수 있다. 외적 타당도를 확보하는 것은 설명하기는 쉬우나 실제 연구에서는 쉬운 일이 아니다. 어떤 측정이 외적 타당도가 있는지의 여부는 연구자의 판단에 의존하는데 주로 개념의 규정이나 측정 과정, 조사 절차 등에 대한 검토를 거쳐 결정된다. 외적 타당도 여부를 알기 위해서는 우선 측정되는 개념에 대한 정의를 살펴야 하는데 만일 개념 정의가 명료하지 못하다면 외적 타당도는 이루어지지 못한다. 개념의 명료성에 대한 판단은 여러 평가자의 주관적 평가에 의해 이루어지는데, 이들 간에 어느 정도 견해가 일치되는지를 수치로 나타낼 수도 있다. 예를 들어 측정하고자 하는 개념을 사회경제적 지위라 하고 이것의 측정값으로서 직업과 월소득, 교육 수준을 선택한다고 하자. 사회경제적 지위란 개념적 수준에서의 구성체이고 직업과 월소득, 교육 수준은 경험적으로 측정 가능한 측정치이다. 직업과 월소득, 교육 수준이 사회경제적 지위를 어느 정도 잘 반영하는지를 평가함으로써 외적 타당도를 판단한다.

어떠한 측정이 내용이나 외면적인 면에서 얼마나 타당한지를 판단하는 데에는 주관이 개입되며 이러한 판단이 쉬운 일이 아니다. 사회과학에서 사용하는 개념 중에는 복합적 내용을 가진 다차원적인 개념 구성체가 많은데, 이 경우 어떤 차원을 포함시킬 것인지, 즉 어떻게 하위 영역을 나눌 것인지를 결정하는 일은 쉽지 않으며 연구자에 따라 차이가 있을 수 있다. 또한 측정하고자 하는 개념의 규정에 대해 완전한 일치를 보기 어려운 경우도 많다. 이러한 이유로 내용타당도나 외적 타당도를 확보하고 그 여부를 판단하는 것이 결코 쉽지 않다.

② 기준타당도

실용적(pragmatic) 타당도라고도 하고, 실제 연구 결과를 바탕으로 해서 측정 도구의 타당도를 평가하는 것이므로 경험적(empirical) 타당도라고도 한다. 기준타당도(criterion validity)라고 하는 이유는 한 가지 측정의 타당도를 판단하기 위해 다른 기준을 사용하기 때문이다. 기준타당도는 하나의 개념에 대해 둘 이상의 측정값을 필요로 하며 사용하는 측정 도구에 의한 측정값과 기준이 되는 측정도구에 의한 측정값 간의 상관관계로 나타난다. 예를 들어 사회경제적 지위를 측정하는 지표로서 직업, 소득, 교육 수준을 선택했을 때 각각의 측정값 중 어느 하나를 기준으로 하여 다른 측정값의 타당도를 평가할 수 있으며 각 측정값 간의 상관계수를 통해 기준타당도를 추정할 수 있다. 근로자의 직장만족도를 측정한다고 할 때 몇 개의 문항을 지표로 하는 척도를 만들어서 이 척도상의 점수와, 같은 직장만족도를 측정하기 위해 만든 또 다른 척도에서 얻은 점수 간의 상관관계를 계산함으로써 측정의 기준타당도를 평가할 수 있다. 이때 현재의 측정값을 비교하는 데 기준이 되는 척도 자체의 타당도는 확인되어 있어야 한다.

기준타당도를 사용하는 기준에 따라서 동시적(concurrent) 타당도와 예측적(predictive) 타당도로 나눌 수도 있다. 동시적 타당도란 측정도구가 현재 어떤 속성 면에서 상이한 두 대상을 판별해 내는 정도를 말한다. 즉, 어떤 속성에서 현재의 의미 있는 차이를 가려낼 수 있는지의 문제이다. 예를 들어 집단의 민주성을 측정하는 데에 사용된 어떤 척도가 민주적인 집단과 독재적인 집단이라고 알려진 두 집단을 구분해 낸다면 이 척도는 동시적 타당도를 가진다고 할 수 있다. 예측적 타당도란 현재의 상태로부터 미래의 차이를 예측해 내는 정도를 말한다. 즉, 현재가 아닌 장래 어느 시점에서 어떤 속성 면에서 차이가 날지를 가려낼 수 있는지의 문제이다. 예를 들어 적성검사라는 측정도구의 예측적 타당도는 적성검사 결과 나온 측정값이 장래의 직무 수행 정도를 예측해 내는 정도를 보고 평가할 수 있다. 현재의 직장만족도를 측정하는 척도로써 장래의 생산성을 예측할 수 있는지를 판단하는 것도 예측적 타당도를 평가하는 것이다.

이처럼 동시적 타당도나 예측적 타당도는 모두 어떤 기준이 되는 척도를 사용한다. 전자는 대상의 상이성을 알려 주는 기준 척도를 전제로 하고 후자는 장래의 차이를 판별하는 척도를 필요로 한다. 그러나 이와 같은 타당도를 평가하기 위한 평가 기준을 수립하는 것은 쉽지 않으며, 타당도계수는 기준으로 하는 측정값의 수만큼 많아진다. 양자는 소수의 예외적 경우를 제외하면 거의 유사한 것으로서 단지 시간적 차원에서만 차이가 있다. 동시적 타당도는 측정도구에 의한 측정 결과가 대상의 현 상태를 올바로 나타내고 있는지의 문제이고, 예측적 타당도는 측정 결과가 대상의 미래 상태를 올바로 예측할 수 있게 되었는지의 문제이다.

③ 구성타당도

구성타당도(construct validity)는 이론적 구성에 대한 타당도로서 측정의 타당도를 그것의 이론적 적합성에 의해 판단하는 것이다. 구성타당도는 이론적 측면에 관한 것이므로 이를 이론적 타당도라고도 한다. 측정이 구성타당도를 지녀야 한다는 말은 제시된 이론과 개념적 틀 속에서 타당한 측정이어야 한다는 뜻이다. 다시 말해서 측정이 이론적으로 유관적 합성을 가져야 한다는 말이다. 이때 사용된 이론 자체는 타당한 것이어야 한다. 구성타당도를 위해서는 둘 이상의 개념이 있어야 하고 이들 개념은 서로 이론적으로 연결되어 있어야 한다.

어떤 개념을 구성하는 두 개의 측정값을 각각 A와 B라 하고, 이 개념과 또 다른 개념과의 관계를 서술하는 명제가 있다고 하자. 그리고 첫 번째 개념이 측정값 A를 사용해서 측정되었을 때 이 명제가 검증되었다고 하자. 이 명제에서 측정값 A를 측정값 B로 바꾸고 다시 검증했을 때 A를 사용해서 검증했을 때와 동일한 결과를 얻는다면 새로운 측정값 B는 구성타당도가 있다고 할 수 있다. 예를 들어 사회경제적 지위가 높을수록 정치적 보수성이 클 것이라는 가설이 있다고 하자. 사회경제적 지위를 직업과 소득으로써 측정하고 정치적 보수성을 A와 B라는 지표로써 측정한다고 하자. 만일 직업과 소득이 사회경제적 지위를 측정하는 지표라면 직업과 정치적 보수성 간의 상관 정도와 소득과 정치적 보수성 간의 상관 정도가 비슷하거나, 직업과 소득 각각과 정치적 보수성 지표인 A와 B 각각 간의 상관 정도가 비슷해야 한다. 상관 정도가 비슷할 때 이들 지표 또는 측정값의 구성타당도를 확인할 수 있다. 만일 직업과 소득이 사회경제적 지위라는 동일한 개념 구성체를 측정하는 것이라면 직업과 소득이라는 두 측정값 간에는 높은 상관관계가 있어야 한다. 이러한 두 측정값 간의 높은 상관관계는 구성타당도를 평가하는 근거가 된다.

구성타당도를 수렴적(convergent) 타당도와 판별적(discriminant) 타당도로 나누기도 한다. 수렴적 타당도는 동일한 개념을 측정하는 둘 이상의 서로 다른 지표나 척도가 비슷한 결과를 보이는 정도를 말한다. 즉, 측정에 수렴적 타당도가 있어야 한다는 말은 같은 속성을 측정하는 경우 측정 방법이나 도구가 다르더라도 측정 결과는 비슷하게 수렴해야 한다는 것이다. 판별적 타당도는 측정된 개념 구성이 다른 개념 구성과 구별될 수 있는 정도를 말한다. 즉, 측정에 판별적 타당도가 있어야 한다는 말은 측정도구와 관계없이 서로 다른 속성은 서로 다른 측정 결과를 나타내야 한다는 것이다. 이러한 타당도를 위해서는 적어도 둘 이상의 속성을 나타내는 측정도구와 각각의 속성을 측정하는 서로 다른 측정도구 간의 상관관계를 얻을 수 있어야 한다. 예를 들어 소외 개념이 무기력감, 무규범성, 무의미성, 고립, 자아소외라는 다섯 가지 차원으로 구성되어 있다고 할 때 수렴적 타당도가 있다는 것은 예를 들어 무기력감이라는 동일한 속성을 측정하는 둘 이상의 척도를 사용한 점수 간에는 높은 상관관계가 나타난다는 것이며, 판별적 타당도가 있다는 것은 다섯 가지 차원이 서로 다른 차원이라면 각 차원의 측정값 간에는 서로 낮은 상관관계를 보인다는 것이다. [그림 4-1]은 이상에서 설명한 세 가지 타당도를 그림으로 나타내어 비교한 것이다.

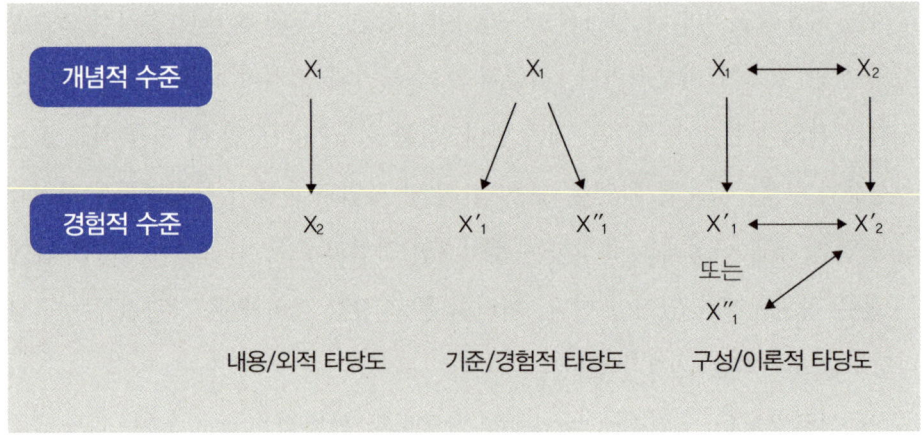

출처: Bailey(1982: 72).

[그림 4-1] 타당도의 종류

[그림 4-1]에서 보듯이 내용타당도는 각각 하나의 개념과 측정값을 필요로 하고, 기준타당도는 하나의 개념에 둘 이상의 측정값이 필요하며, 구성타당도는 명제로 연결되는 둘 이상의 개념과 각각의 개념에 대한 측정값을 필요로 한다.

이상에서 설명한 세 가지 타당도는 측정과 측정도구의 타당도이다. 한편 이와 달리 연구 결과의 타당도를 나타내는 것으로서 내적 타당도와 외적 타당도가 있다. 이 두 타당도는 특히 실험법과 관련되어 논의되는 타당도이다.

내적 타당도(internal validity)란 실험법에서는 실험상의 조작, 즉 독립변수의 조작이 실제로 종속변수의 변화를 초래한 원인이 되었는지를 의미한다. 독립변수뿐 아니라 다른 변수에 의해 종속변수가 변할 수도 있는데, 이러한 변수를 통제하지 못하면 내적 타당도를 저해하게 된다. 내적 타당도가 결여되면 실험적 조작 이후에 종속변수에 어떤 차이가 발생하더라도 그것을 독립변수의 영향 때문이라고 단정할 수 없게 되며, 따라서 실험 결과를 제대로 해석할 수 없게 된다. 예를 들어 자동차 속도를 제한하는 법규의 시행이 교통사고의 감소를 가져왔다는 것을 증명하려고 할 때 과연 이 법규 이외의 다른 어떠한 원인, 예컨대 유가 상승으로 인해 자동차 운행이 감소했기 때문에 이것이 교통사고의 감소를 가져왔을지도 모른다는 가능성을 어떻게 설명할 것인가? 만일 연구자가 속도 제한법규 이외의 다른 요인이 교통사고의 감소를 초래했을 가능성이 없다는 것을 밝힐 수 있다면 내적 타당도를 증명하는 것이다.

내적 타당도를 저해하는 주요 요인으로는 다음과 같은 것을 들 수 있다(Campbell & Stanley, 1963).

ㄱ. 역사적 사건: 시간이 흐름으로써 종속변수에 영향을 끼쳤을지도 모르는 독립변수 이외의 특정 사건의 영향이다. 처음 측정과 두 번째 측정 사이에 특정 사건이 발생했을 때 종속변수의 변화가 독립변수 때문인지 특정 사건 때문인지 판단하기 어렵게 된다. 역사적 사건은 실험에서 전측

정, 실험적 처리 및 후측정이라는 일련의 시간과 이 기간 동안 일어나는 여러 가지 사건을 의미한다.

ㄴ. 성숙(maturation): 연구 기간 동안에 발생하는 연구 대상 자체의 변화, 피조사자에게 일어나는 자연적인 성장으로 인한 변화를 의미한다. 예컨대 장시간에 걸쳐 실시되는 연구에서 청소년이 대상인 경우 흔히 청소년은 성장 속도가 빨라 이로 인해 사후검사 시에 다른 결과를 보일 수 있다. 단기간에 행해지는 연구에서도 표본집단의 피로감이나 짜증 등이 연구 결과에 영향을 미칠 수 있다.

ㄷ. 통계적 회귀(statistical regression): 만일 표본이 정규분포상 극단적인 위치에서만 선정되었다면 이러한 표본의 수치는 평균으로 회귀하는 경향을 보인다는 것으로서, 예컨대 성적이 극히 저조한 학생들을 대상으로 수업 방식의 효과를 측정할 경우 이들은 더 이상 낮은 성적을 얻을 수는 없고 평균점으로 회귀하는 경향, 즉 더 나은 성적을 보일 것이다.

ㄹ. 사전검사(pretest) : 사전검사가 사후검사의 결과에 영향을 끼치는 상황을 의미하며, 예를 들어 사전검사 시 낮은 점수를 얻은 학생은 수업 방식의 효과 때문이라기보다는 소위 호손 효과(Hawthorne effect)로 인해 사후조사 시 열심히 공부할지도 모른다.

ㅁ. 측정도구와 측정자: 사전조사에 사용된 척도와 사후조사에 사용된 척도가 상이함으로써 생기는 영향이나 측정 절차상의 변화로 인한 영향, 실험에 사용되는 도구들이 실험 결과에 영향을 미치는 것을 의미한다. 예를 들면 실험을 실시하는 도중에 더 나은 방법을 발견해 중간에 측정절차를 의도적으로 바꾸는 경우이다. 또한 실험자가 실험을 반복하면서 점차 부주의해지거나 또는 점차 더 능숙하게 되는 경우에 이로 인한 영향이 실험 조작의 효과와 혼동될 수도 있다. 이처럼 측정도구나 기계의

성능이나 조사자의 능력, 경험 등의 변화로 인해 결과에 차이가 유발될 때 내적 타당도가 저해된다.

ㅂ. 피조사자 선정: 표본이 되는 피험자를 실험집단과 통제집단에 무작위로 할당하지 못 하고 고의로 선발한 경우로서 이 경우 두 집단 간의 상이한 반응을 반드시 실험 조작의 효과로만 볼 수는 없다고 할 것이다. 예컨대 자발적 참여자와 강제적 참여자 간에는 차이가 있을 것이다.

ㅅ. 피조사자 상실(mortality): 연구가 종결되기 전에 연구 대상이 표본에서 이탈하는 경우를 의미하며, 만일 이탈한 표본이 남아 있는 표본보다 개인적인 분산이 크다면 타당도를 저해한다. 연구 진행 도중에 조사 대상자가 임의로 표본에서 탈락하든가 표집하고도 조사에 포함시키지 않는다든가 하는 경우이다.

ㅇ. 반응적 실험절차(reactive experimental procedure) : 인위적인 실험 상황으로 인해 조사 대상이 그들의 행위를 변경하는 상황으로서 작업에 미치는 인간관계의 중요성에 관한 호손 실험에서 유래된 용어인 호손 효과가 대표적인 예이다.

외적 타당도(external validity)란 연구 결과를 일반화시킬 수 있는 정도를 의미한다. 즉, 연구 결과를 어떤 조건 하에서, 어떤 집단에 대해서 일반화시킬 수 있는지의 문제이다. 이는 조사연구 자체 또는 거기서 얻은 자료가 어느 정도의 일반화 가능성 내지 대표성을 지니는가 하는 것이다. 이를 위해서는 특히 표본추출이 중요한데 좀 더 광범위한 대상으로부터 표본이 추출되었을 경우에 결과를 일반화시킬 수 있는 가능성이 높아진다. 시간이나 비용 등의 제약 요인으로 인해 연구자는 특정 지역이나 특정 계층만을 대상으로 표본을 추출하게 되는데, 이 경우 다른 지역이나 계층에도 연구 결과를 적용할 수 있는지의 여부나 정도가 바로 외적 타당도이다.

예를 들어 서울시와 경기도의 속도 제한이 교통사고의 감소를 가져왔다는 연구 결과를 얻었을 경우 과연 이러한 결과를 다른 시·도에도 적용할 수 있는가 하는 문제이다. 특히 실험법을 사용하는 경우에 외적 타당도가 문제되는데 왜냐하면 실험은 인위적인 상황에서 이루어지므로 그러한 상황에서 얻은 실험 결과를 자연적 상황에 얼마나 적용시킬 수 있는지 문제가 제기되기 때문이다. 실험에서 외적 타당도는 실험이 해석될 수 있는 최소한의 기본 조건을 구비하고 있는 정도를 말하며, 실험적 처리가 어느 정도 기대했던 변이를 가져왔는가를 검토하는 것이다.

외적 타당도를 저해할 수 있는 요인으로는 다음과 같은 것이 있다.

ㄱ. 측정의 반작용 효과: 측정이 피조사자에게 영향을 준다는 것이다. 실험의 경우 초기 단계에서 대상자들이 측정되는 행위나 태도가 무엇인지를 파악하게 되면 그러한 인지가 차후 행동에 영향을 미칠 수 있다. 측정 과정 자체가 원인이 되어 측정하는 응답자의 속성을 변하게 만든다는 의미에서의 반작용 효과이다.

ㄴ. 피조사자 선정과 독립변수 간의 상호작용 효과: 실험의 경우 피험자들을 모집단에서 무작위로 추출해야 하나 무작위 표본을 사용하는 일이 드물고 대개 지망자 가운데서 선정하므로 문제시된다. 이러한 실험 대상자의 선정에서의 편향으로 인한 영향이다. 만일 피험자를 선택할 때 어떤 편견이 개입되어 있을 경우 여기에 독립변수를 적용함으로써 일어나는 상호작용의 영향이 결과에 예기치 않은 결과를 발생시킬 수 있다는 것이다. 조사 대상자의 표집 과정에서 특정한 속성을 지닌 자들이 차별적으로 선정됨으로써 생기는 문제이다.

ㄷ. 자료 수집 상황에의 반응 효과: 대상자가 자료 수집이나 실험의 대상임

을 알았을 때 그 사실을 의식함으로써 특정한 반응을 할 수 있다. 이 자료를 넓은 범위의 집단에 일반화시키는 문제가 제기된다.

ㄹ. 중다(衆多)처리로 인한 방해: 특히 실험에서 다수의 실험적 처리를 함으로써 실험적 효과에 영향을 미치는 것으로, 이러한 과다 처리를 받지 않은 모집단에게 그 결과를 일반화시키는 것은 문제가 있다. 하나의 독립변수를 반복해서 여러 번 시행한다거나 여러 개의 독립변수를 조합적으로 개입시키는 경우 한 가지 변수를 한 번만 개입시킨 경우보다 결과가 달라질 수 있다는 것이다.

3) 신뢰도와 타당도의 관계

자료의 신뢰도가 아무리 높아도 타당도가 없다면 쓸모없는 것이므로 이런 점에서 보면 타당도가 신뢰도보다 더 중요하다고도 할 수 있다. 그러나 실제 조사연구에서는 연구자들은 타당도보다 신뢰도 문제에 더 많은 관심을 갖는 경향이 있는데, 이는 실제로 타당도를 확보하는 것이 신뢰도를 확보하는 것보다 더 어렵기 때문에 타당도 문제를 기피하기 때문이기도 할 것이다.

신뢰도와 타당도를 [그림 4-2]와 같은 그림에 비유할 수 있다.

첫 번째 그림은 탄환이 일관되게 한 곳에 집중되어 있으므로 신뢰할 수는 있으나 과녁의 중심에서 벗어나 있으므로 타당하다고 보기는 어려운 경우이다.

반대로 두 번째 그림은 과녁의 중심을 둘러싸고 탄환이 분포되어 있으므로 타당하지만 한 곳에 집중되어 있지 않으므로 신뢰할 수는 없는 경우이다.

세 번째 그림은 탄환이 중심에 집중되어 있으므로 타당할 뿐만 아니라 신뢰할 수 있는 경우이다.

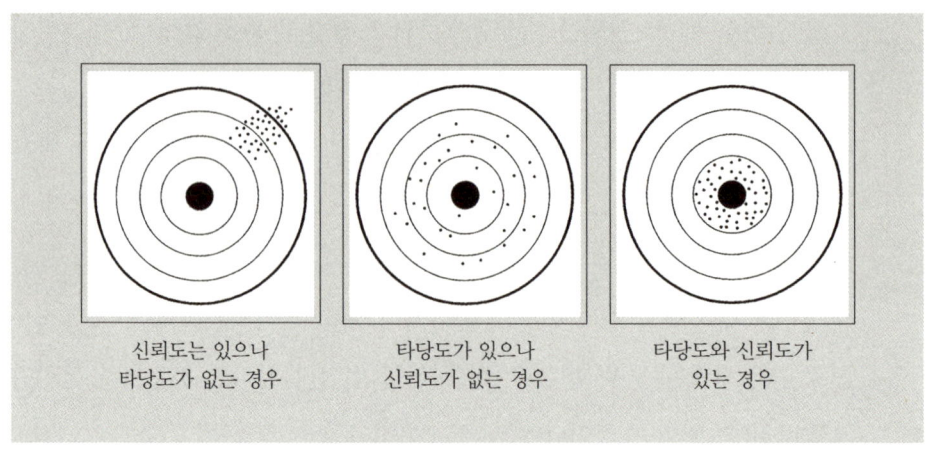

출처 : Babbie(1989: 126).

[그림 4-2] 신뢰도와 타당도

3. 척도

1) 정의

척도(scale)란 자료를 양화(量化, quantify)하기 위해서 사용하는 일종의 측정 도구로서 일정한 규칙에 입각해 측정 대상에 적용하도록 만들어진 연속 선상에 표시된 기호나 숫자의 배열을 말한다. 척도는 연속성을 지니며 측정 대상의 속성과 일대일의 관계를 맺으면서 대상의 속성을 양적으로 표현한다. 척도는 한마디로 측정하는 기구로서 일상생활에서 흔히 사용하는 자, 저울, 온도계, 혈압계 등은 모두 척도의 일종이다. 우리는 이러한 측정 기구를 사용함으로써 길이, 무게, 온도, 혈압 등을 양적으로 파악하게 된다. 척도를 구성하기 위한 기본 전제는 척도로써 측정하려는 대상이 연속성을 가져야 한다는 것이다. 측정 대상이 연속체여야 한다는 전제는 매우 중요한데 이는 측정 대상을 단일 차원상에서 무한한 하나의 선으로 나타낼 수 있다는 의미이다. 이 선은 무한개의 범주로 나눌 수 있고 세분화될 수 있는 것이며 양 극단은 정반대의 성격을 지녀야 한다. 연속선은 연구자의 의도에 따라서 몇 개의 범주로 다양하게 나눌 수 있다.

개념이 변수로 만들어지면 척도를 사용하여 측정하게 된다. 척도를 사용해서 측정된 자료가 믿을 수 있고 타당한 것이 되려면 척도 자체가 정확해야 한다. 그러나 척도를 사용하는 데에는 제한점이 있다. 태도나 가치 같은 질적 속성은 양적으로 측정하는 것이 어려울 뿐 아니라 양화가 가능하더라도 양화된 수치가 연속성과 부가성을 가질 수 있는지가 문제로 제기된다. 따라서 척도를 사용해서 질적 내용을 양적 내용으로 전환시키는 경우에는 척도가 갖는 이러한 근본적 한계를 염두에 두어야 할 것이다.

2) 척도의 기능

척도의 가장 주된 기능이라면 무엇보다도 양적인 측정값을 제공함으로써 자료의 정확성을 높이고 자료를 통계적으로 조작할 수 있도록 해 준다는 것이다. 표준화된 척도를 일관되게 사용함으로써 측정의 신뢰도를 제고할 수 있다. 척도를 사용함으로써 측정오류를 줄이고, 따라서 측정의 타당도와 신뢰도를 높일 수 있다. 예를 들어 개별 문항이나 단일 지표의 불안정성으로 인해 측정상 오류가 발생할 수 있는데 척도를 사용함으로써 이러한 오류를 방지할 수 있다. 하나의 문항만을 사용해서 어떤 변수를 측정했을 때에는 그 문항에 대한 응답이 잘못되었더라도 그것을 자료로 삼을 수밖에 없다. 그러나 적어도 둘 이상의 문항으로 구성된 척도를 사용한다면 어느 한 문항에라도 올바른 답이 주어질 가능성이 높아진다. 척도법을 통해서 둘 이상의 문항에 대한 응답의 일관성을 검토할 수 있다. 단일 지표를 사용하는 경우에는 그 범위가 그것으로써 측정하려는 개념의 범위와 서로 맞지 않을 수도 있다. 사회과학에서 사용하는 대부분의 개념은 복합적이어서 하나의 지표나 문항으로써 이를 측정한다는 것은 거의 불가능하므로 척도를 사용하지 않을 수 없게 된다. 또한 질문의 잘못된 언어 표현이나 편향된 질문으로 인해 응답이 그릇되게 분포될 수도 있는데, 적어도 여러 개의 문항을 포함하고 있는 척도를 사용하면 이러한 이유로 인한 부정적 효과를 줄일 수 있다.

척도를 사용하면 하나의 지표를 사용해서는 제대로 측정하기 어려운 복합적인 개념을 측정할 수 있다. 척도는 여러 개의 지표를 하나의 점수로 나타냄으로써 자료의 복잡성을 덜어 줄 수 있다. 척도는 복잡한 자료를 분석하기 쉬운 단순한 측정치나 지표로 요약시켜 준다. 예를 들어 민주주의라는 개념을 변수화해서 그 정도를 측정한다고 하자. 이 개념을 측정하기 위해 생각할 수 있는 지표나 문항은 얼마든지 있다. 그러나 만일 이것들을 모두 다 민주주의의 지표나 측정값으로 간주해 분석에 포함시키면 너무나 번거롭다. 이런 경우 척도가 갖는 자료의 요약 기능이란 개별 문항이나 지표를 일정한 기준에 따라 묶어서 하나의 값으로써 측정할 수 있게 해 주는 것을 말한다.

3) 기본 유형

변수는 대부분 척도의 가장 기본적 유형인 명목척도, 서열척도, 등간척도, 비율척도로써 측정된다. 이 네 가지 척도는 그것에 의해 제공되는 정보의 수준과 자료분석 시 이용할 수 있는 통계기법의 수준 면에서 차이가 있는데, 비율척도>등간척도>서열척도>명목척도의 순으로 좀 더 많은 정보를 제공해 주며, 활용 가능한 통계적 방법도 더 많다. 따라서 연구자는 각 척도의 특성을 고려해서 자료의 측정 수준에 맞는 통계적 방법을 사용해야 한다.

만일 자료는 명목척도의 수준에서 측정되어 있는데 서열척도나 등간척도에 적합한 통계기법을 적용한다면 논리적 오류를 범하게 되고, 반대로 자료는 좀 더 높은 수준에서 측정되어 있는데 통계분석 방법은 낮은 수준의 것을 사용한다면 유용한 정보를 잃게 된다. 따라서 척도의 성격에 합당한 통계적 방법을 사용하는 것은 매우 중요하며, 어떤 통계분석 방법을 사용할 것인지를 미리 생각해 두어야 한다. 한 가지 같은 변수라도 여러 가지 척도로 전환할 수 있다는 것이다. 예를 들어 연령을 연수로 나타내면 등간척도이지만 유아기, 아동기, 청소년기, 청년기, 중년기, 노년기로 나누거나 0~9세, 10~19세, 20~29세 등으로 구분하면 서열척도가 되고, 피부양 인구와 부양 인구로 나누면 명목척도가 된다.

(1) 명목척도

명목척도(nominal scale)는 네 유형 중 가장 기본적인 것으로서 둘 이상의 범주(category)로 구분되는 변수를 측정할 때 사용하는 척도이다. 이는 단지 분류적인 의미만을 가진 것으로서 성, 지역, 직업, 종교 등과 같이 분리적이고 비수치적인 범주를 갖는 변수를 나타낼 때 사용된다. 이때 범주는 상호 배타적이고 포괄적이어야 한다. 이는 각 범주가 포함하는 내용 간에 중복이 없어야 하고 범주가 변수의 모든 내용을 포함해야 한다는 뜻이다. 보통 각 범주에 숫자나 기호를 붙여 사용한다.

명목척도는 양(量)의 과소나 크기의 대소를 구별하지 못하고 단지 숫자나 기호로써 측정 대상을 명목적으로 지칭해 줄 뿐이다. 각 범주에 부여하는 숫자는 성격이 다른 범주에 대한 명목상의 표시일 뿐 양적인 의미를 갖지 않는다. 즉, 명목척도의 각 범주는 양적으로 많다든가 적다든가 하는 정도를 구별해 주지 못하고 같은 성격의 것인지 아닌지를 단지 숫자나 기호로 대신 지칭해 주는 것에 불과하다. 따라서 명목척도는 가장 단순하고 기초적인 척도이며, 이것을 사용한 자료를 분석하는 경우에도 제약이 많아 최빈값이나 빈도, 분할계수, 비모수통계 등 제한된 통계분석 방법만을 적용할 수 있다. 명목척도의 예를 들면 성(性)을 구분하기 위해 남자와 여자에 각각 0과 1, 또는 1과 2라는 숫자를 부여한다든가 행정부서를 구분하는 데 1=기획재정부, 2=통일부, 3=행정자치부 등의 숫자를 부여하는 것이다. 운동선수에게 붙여진 번호도 명목척도의 예이다.

> **명목척도의 예**
>
> 성, 종교, 정당 선호도, 출생지, 전공 과목, 머리 색깔, 남자/여자, 직업 분류, 출신 대학 분류

(2) 서열척도

서열척도(ordinal scale)는 측정 대상을 어떤 특정한 속성의 정도에 따라 범주화해서 그 정도의 순서대로 배열한 것이다. 이때 순서는 범주 간의 상대적 서열을 표시한 것일 뿐 차이를 나타내는 것은 아니다. 따라서 수학의 부등호와 같은 원리이다. 서열척도는 서로 비교할 수 있고 순위를 매길 수 있는 변수를 측정할 때 사용된다. 이는 명목척도가 갖는 속성 이외에 서열성을 갖고 있어서 측정 대상을 특정 속성을 갖고 있는 정도에 따라서, 예를 들어 크고 작은 순서나 많고 적은 순서에 따라서 여러 개의 범주로 나누어 이들을 서열화할 수 있다. 서열척도에 수치를 부여할 때는 수치 자체는 어떤 절대적인 수나 양을 나타내는 것이 아니라 단지 순서를 나타내기 때문에 큰 쪽에 큰 숫자를 부여할 수도 있고 정반대로 부여할 수도 있다. 서열척도를 사용한 자료의 분석에서도 명목척도에서와 같이 모집단이 정상분포를 나타내야 한다는 조건을 충족시킬 필요가 없고, 따라서 적용 가능한 통계분석 방법이 제약되는데 중앙값, 백분율, 스피어만의 서열 상관계수(Spearman's rank order correlation coefficient), 켄달의 타우(Kendal's tau), 비모수통계 등을 사용할 수 있다.

서열척도의 예로는 철의 강도, 거리번호 등을 들 수 있다. 계층을 상층, 중층, 하층으로 나누는 경우 상층은 중층보다 높고 중층은 하층보다 높다는 것을 나타내지만 층간의 거리가 같다는 것은 아니다. 거리번호를 1가, 2가, 3가 등으로 매겼을 때 1과 2의 거리가 2와 3의 거리가 같은 것은 아니고 단지 거리가 위치한 순서대로 번호를 매긴 것일 뿐이다.

조사에 많이 사용되는 서열척도로는 어떠한 대상에 대한 태도를 측정할 때 '매우 찬성/찬성/중립/반대/매우 반대' 등으로 찬반 정도를 구분해 여기에 각각 1, 2, 3, 4, 5의 수치를 부여한다. 여기에서도 1과 2 간의 차이가 2와 3 간의 차이와 같다고 볼 수는 없다. 일반적으로 응답자의 태도를 묻는 경우 응답 카테고리로서 서열척도를 사용한다. 많이 사용되는 응답용 서열척도로는 '매우 좋다/좋다/그저 그렇다/나쁘다/매우 나쁘다', '거의 매일/자주/가끔/거의 안 함/전혀 안 함', '매우 그렇다/약간 그렇다/별로 그렇지 않다/전혀 그렇지 않다' 등이 있다. 응답 카테고리를 몇 개로 나눌 것인지는 연구자가 판단해야 할 문제이다. 예를 들어 직무만족도를 묻는 경우 "당신의 직무에 얼마나 만족하십니까?"라고 묻고 이에 대한 응답 카테고리를 다음과 같은 서열척도로 제시할 수 있다.

1_____ 2_____ 3_____ 4_____ 5_____
매우 불만   만족   그저 그렇다   불만족   매우 만족

서열척도의 예

우리 시의 행정 서비스는 매우 고객지향적이다.
1. 절대 반대, 2. 반대, 3. 보통, 4. 찬성, 5. 완전 찬성 등

(3) 등간척도

등간척도(interval scale)는 측정 대상의 속성의 서열만을 나타내는 서열척도의 성격에다 속성에 따라서 구분된 급 간의 차이가 같다는 성격이 추가된 척도이다. 이는 등급 간에 서열이 존재한다는 것뿐 아니라 이들 간의 간격이 일정함을 포함한다. 예를 들어 1, 2, 3, 4로 표시된 척도가 있을 때 1과 2, 2와 3, 3과 4의 간격이 같다고 보는 것이다. 따라서 등간척도는 더하기와 빼기로 표시할 수 있으며, 정의상 분리적이라기보다는 연속적인 것이다. 사회과학적 연구에서는 종종 서열척도인 것을 등간척도처럼 취급해 분석하는 경우가 있다. 이는 사회과학에서는 엄밀한 의미에서의 등간척도가 그리 많지 않기 때문이기도 하다.

등간척도의 예로는 섭씨나 화씨온도, IQ점수, 달력의 시간 등을 들 수 있다. 섭씨 20도가 10도보다 두 배 더 더운 것은 아니고 단지 수은주의 눈금을 일정 간격으로 나누어 구분한 것에 의한 차이이며, 각 눈금 간의 간격은 1도로 동일하므로 등간척도이다. 등간척도에 적용 가능한 통계기법에는 평균, 표준편차, 적률상관관계 등이 있으며, 등간성이 있으므로 비모수통계뿐 아니라 모수통계분석도 가능하다.

등간척도의 예

등간척도로 측정되는 변수의 예는 연령, IQ, EQ, 온도 등이다. 예를 들면 연령이 40세인 사람과 20세인 사람 간의 연령 차이가 20세라는 사실은 인정되지만, 40세인 사람이 20세인 사람보다 2배 더 늙었다고는 할 수 없다. 따라서 등간척도에 의해 측정된 값을 이용해서 통계분석의 기초인 평균과 표준편차 등의 계산은 가능하지만 이들을 활용하고 해석하는 데 주의가 필요하다.

(4) 비율척도

비율척도(ratio scale)는 등간척도 중에서 절대 0값을 갖는 것이다. 즉, 절대 0값을 가짐으로써 비율의 성격을 갖는 척도이다. 이는 진정한 의미에서의 0의 존재를 설정하고 있는 것이므로 더하기, 빼기뿐 아니라 곱하기, 나누기로 표시될 수 있다. 따라서 비율척도에서는 하나의 값이 다른 값보다 몇 배 더 큰가를 표시할 수 있다. 비율척도의 예로는 나이, 길이, 중량, 시간, 소득, 밀도, 각도, 거리, 조직의 성과를 재기 위한 투입대 산출 비율로서의 능률성 등을 들 수 있다. 다른 척도에 비해 더 고차원의 것이므로 고도의 통계분석 방법도 적용할 수 있다. 예를 들어 기하평균이나 분산상관계수 등을 계산할 수 있다.

섭씨나 화씨온도가 비율척도가 아닌 이유는 섭씨 0도라 할 때 이는 온도가 없다는 뜻은 아니며, 이때의 0은 섭씨온도계라는 척도상의 어느 한 지점을 나타내는 것일 뿐이다. 반면 도시화율이나 실업률에서의 0은 의미가 다르다. 비율척도 중에는 사람이나 행위를 세어서 얻는 것이 많다. 예를 들어 범죄율은 기록된 범죄행위 수를 세어서 이를 전체 인구 수로 나누어 표준화한 것이다.

비율척도의 예

나이, 키, 소득 등
예를 들면 평균 개인 소득이 2만 달러인 국가와 1만 달러인 국가 간의 평균 개인 소득 차이는 1만 달러이며, 평균 개인 소득이 2만 달러인 국가가 1만 달러인 국가보다 경제적으로 2배 더 잘산다고 말할 수 있다.

이상 네 가지 척도의 특성을 요약하면 〈표 4-2〉와 같다.

〈표 4-2〉 기본적 척도 유형의 특성

특성	측정 수준(척도)			
	명목척도	서열척도	등간척도	비율척도
1. 범주의 특성				
상호배제성, 포괄성	+	+	+	+
서열성		+	+	+
표준측정 단위 유무			+	+
0의 의미 유무				+
2. 측정작용				
분류성	+	+	+	+
서열 비교		+	+	+
가감			+	+
가감승제				+

〈표 4-3〉은 네 가지 척도 유형별로 적용할 수 있는 통계분석 방법을 열거해 놓은 것이다.

〈표 4-3〉 척도 유형별 통계분석 방법

척도 유형	척도의 예	통계 방법
명목척도	성별, 학급의 번호	최빈값, 빈도, 분할상관계수, 비모수통계
서열척도	선호도(예: 서비스에 만족하십니까? 1. 만족 2. 중립 3. 불만족)	중앙값, 백분율, Spearman의 서열 상관계수, Kendall의 tau, 비모수통계
등간척도	연령, 온도	평균, 표준편차, Pearson의 상관계수, 다중적률상관, 모수 및 비모수통계
비율척도	개인소득, 길이, 무게, 밀도	기하평균, 분산상관계수, 모수 및 비모수통계

4) 종류

척도의 종류에는 이 네 가지를 기본으로 해서 이 밖에도 여러 가지 다른 것이 있다. 척도의 종류를 나누는 방법에는 여러 가지가 있는데 크게 평가척도와 구조척도 두 가지로 나누기도 하고(이만갑, 1967), 사회적 거리척도, 평정척도, 평위척도, 총화평정척도, 잠재적 구조척도 등 네 가지로 분류하고, 사회적 거리척도에 보가더스(Borgadus) 척도와 사회측정법(sociometry)을, 평위척도에 조합비교법과 유사등간척도를 포함시키기도 한다(Good & Hatt, 1952). 사회과학에서 많이 쓰이는 주요 척도에 대해 알아보자.

(1) 평정척도

평정척도(rating scale)는 가장 흔히 사용되는 척도로서 측정 대상이 연속성을 갖는다는 것을 전제로 일정한 기준에 따라서 측정 대상을 평가하는 방법이다. 평가자는 측정 대상을 일정한 연속 선상의 한 점이나 연속성을 띤 몇 개의 범주들 중의 하나에 속하는 것으로 지적함으로써 그 속성을 평가한다. 이때 각각의 점이나 범주에 일정한 규칙에 따라 임의의 수치를 부여해서 그 수치의 합이나 평균을 측정 대상의 점수로 간주함으로써 그 속성을 양적으로 나타낼 수 있다. 평정척도는 평가 대상을 서로 비교하지 않는다는 점에서 평위척도와 구별된다. 학생의 성적을 A, B, C, D, F나 수, 우, 미, 양, 가로 평가하는 것이 평정척도의 한 예이다.

평정척도는 만들기가 쉽고 응답하기가 간편하며 따라서 시간과 비용 면에서 경제적이고 적용 범위가 넓다는 장점을 가진 반면, 평가자의 성격이나 태도 등 성향에 따라서 평가가 편향될 수 있는 것이 단점이다. 예를 들어 평가자가 너무 관대하거나 반대로 너무 엄격한 경우 응답이 한쪽으로 치우칠 수 있고 안일하게 평가하는 경우 응답이 척도의 중간 부분에 몰릴 가능성이 있다. 평정척도법에서 평가자는 한 명 또는 그 이상일 수 있다. 예를 들어 학위논문을 심사할 때에는 보통 2인 이상이 평가한다. 평가자 수가 많을수록 평가의 신뢰도가 높아지지만 너무 많으면 평가 결과가 일치하기 어렵게 될 수 있다. 평정척도의 구성은 범주나 도표를 사용할 수 있는데, 범주를 사용한 경우를 문항평정척도라 하고, 도표를 사용한 경우를 도표평정척도라고 한다. 문항평정척도법에서는 어떤 속성을 나타내는 문항을 그 정도에 따라 제시하고 그중에서 평가자가 생각하는 바와 가장 가까운 문항을 고르게 한다. 예를 들어 "현재 살고 계신 동네에서 쓰레기 분리 수거가 얼마나 잘 되고 있다고 생각하시는지 평가해 주십시오"라는 질문을 하고 이에 대한 대답을 '대단히 잘 되고 있다/약간 잘 되고 있다/그저 그렇다/약간 안 되고 있다/대단히 안 되고 있다' 등과 같이 몇 개의 범주로 나누고서 이중 하나를 선택하게 한다. 도표평정척도법에서는 일정한 선위에 항목을 배열해 척도를 만든 후 선상의 한 점을 선택하게 하는데, 보통 각 점에는 1, 2, 3, 4 … 와 같이 순서대로 숫자를 함께 표시한다.

(2) 총화평정척도

총화평정척도(summated rating scale) 역시 매우 널리 사용되어 온 것으로서 특히 태도를 측정할 때 주로 사용된다. 리커트(Rensis Likert)가 고안했다고 해서 리커트 척도(Likert scale)라고도 한다. 리커트는 후에 설명할 서스톤 척도(Thurstone scale)의 문제점을 고려해 사실에 대한 판단보다는 개인의 가치나 태도를 묻는 항목을 중심으로 좀 더 간편한 방법으로서 이 척도를 고안했다.

총화평정척도는 척도를 구성할 문항들을 만든 후 이에 대해 응답자들에게 대답하게 한 다음 각 응답자의 전체 점수를 계산하고 이에 기반해 각 문항의 변별력을 파악한 후에 최종적으로 척도를 구성할 문항을 선택함으로써 만들어진다. 개별 문항이 타당하려면 척도를 구성하는 다른 문항과 높은 상관관계가 있어야 하며, 총화평정척도를 구성하는 문항에는 내적 일관성이 있어야 한다. 각각의 문항은 하나의 척도로 간주되며 각 척도는 보통 정도를 표시하는 3개, 5개, 또는 7개의 응답 카테고리, 즉 척도점을 갖는다. 이 척도점에 일정한 가중값을 부여해 점수화하고 전체 문항에 대한 응답의 총 평점을 태도의 측정값으로 간주한다.

총화평정척도를 구성하려면 문항의 선정, 척도의 평점화, 문항 간의 내적 일관성, 척도의 신뢰도와 타당도 문제 등을 고려해야 한다. 총화평정척도를 구성하는 절차는 첫째, 긍정적-부정적, 찬성-반대 등의 방향이 뚜렷한 평가 대상과 관련된 문항을 만든다. 둘째, 각 문항에 대해 찬성과 반대, 좋고 싫음 등의 정도를 나타내는 응답 카테고리를 만든다. 응답 카테고리는 주로 5점 척도로 구성되나 예-아니오, 찬성-반대와 같이 2점 척도로 구성될 수도 있고, 7점, 9점, 또는 그 이상일 수도 있다. 셋째, 응답자로부터 각 문항에 대한 응답을 얻는다. 넷째, 각 문항에 대해 점수를 부여하는데 예를 들어 5점 척도인 경우 점수는 1~5점이 된다. 문항에 이러한 가중값을 부여할 때에는 문항의 양극단 중 어느 한쪽에 높은 수치를 주어도 무방하지만 각 문항에 대해 일률적으로 통일되게 부여해야 한다. 예를 들어 절대 찬성에서부터 절대 반대까지 순서대로 1에서 5까지의 숫자를 부여하는 것이다. 다섯째, 각 문항의 점수를 모두 합해 각 응답자의 총점을 계산한다. 여섯째, 문항분석법을 사용해 문항 간의 내적 일관성이나 각 문항과 총점 간의 일관성을 판단한다. 일곱째, 문항분석 결과 일관성이 낮은 문항은 버리고 응답자를 가장 잘 구별해 주는 문항을 최종적으로 선택한다. 응답자를 구별해 내는 능력을 문항의 판별력이라고 한다. 총화평정척도를 구성하는 최종 문항 수는 보통 적어도 10개 이상이다.

문항분석법에는 여러 가지가 있다. 신뢰도검사 방법인 반분법을 사용할 수도 있고, 요인분석법(factor analysis)을 사용할 수도 있다. 그러나 어떤 방법이든 그 기본 원리는 문항의 내적 일관성을 검토하는 것이다. 내적 일관성은 각 문항이 응답자를 그 속성에 따라서 제대로 구별해 주는지를 분석하되 그 구분이 문항 간에 서로 일관되게 일어난다는 것을 가정한다. 문항에 대한 응답 결과 높은 수치를 갖는 응답자와 낮은 수치를 갖는 응답자 두 부류를 일관되게 구별하는 능력을 문항의 판별력이라고 하는데 문항분석법으로는 문항이 이러한 판별력을 갖고 있는지를 판단하는 방법이 많이 쓰인다. 예를 들면 6개의 문항이 있다고 할 때 우선 모든 문항에서 얻은 총점의 순서대로 응답자를 배열한다. 총점 면에서 전체 응답자 중 최고 25%와 최하 25%에 해당하는 응답자를 골라낸다. 이 두 집단의 점수의 평균값을 낸 후 그 차이를 가지고서 판별력의 지수로 삼는다.

예를 들어 〈표 4-4〉와 같이 응답이 나왔다고 하자. 6개의 문항이 있고 각 문항의 점수가 1~6점 사이일 때 평균값의 범위는 1~6이고 총점이 최고 25%인 응답자의 평균점수와 최하 25%인 응답자의 평균점수의 차이인 판별력지수의 최고점수는 5.0이다. 문항의 판별력 지수가 5.0의 반인 2.5 이상이면 판별력이 있는 것으로 간주해 최종적인 척도 구성 문항으로 선정한다. 따라서 문항 1, 3은 제외한다.

〈표 4-4〉 총화평정척도에서 문항분석의 예

문항 번호	최고 25% 집단의 평균점수	최하 25% 집단의 평균점수	판별력 지수
1	3.6	1.5	2.1
2	5.2	1.2	4.0
3	4.9	2.8	2.1
4	4.3	1.5	2.8
5	5.7	0.9	4.8
6	3.3	0.6	2.7

총화평정척도는 일단 예비적으로 문항들을 선정한 후에 내적 일관성 여부에 따라서 척도를 구성할 최종 문항을 선정하는 이중의 단계를 거쳐 구성되며, 응답자가 아닌 별도의 평가자를 사용하지 않고, 따라서 평가자의 주관이 개입할 가능성이 배제되며, 각각의 문항이 하나의 척도이고 전체 문항에 대한 총점을 태도의 측정값으로 봄으로써 문항 수를 많이 할 필요가 없다는 점 등이 그 특징이다. 이 척도의 장점은 평가 절차가 없으므로 척도의 구성이 간단하다는 점, 겉으로 어떤 쟁점에 대한 태도를 분명히 나타내지 않는 문항이라도 내적 일관성을 갖는 것이면 사용 가능하다는 점, 일반적으로 신뢰도가 높다는 점 등이다. 반면 단점으로는 엄격한 등간척도가 되기 어렵다는 점, 문항의 점수를 단순히 합한 총점에는 각 문항에 대한 응답자의 태도의 강도가 나타나지 않기 때문에 총점이 의미하는 바가 개념적으로 분명하지 못하다는 점, 최종적으로 선정된 문항이 측정하고자 하는 바를 제대로 측정하는지의 타당도 문제 등이 있다.

(3) 유사등간척도

등현등간척도라고도 하며 평위척도(ranking scale)의 일종으로서 서스톤(Louis Leon Thurstone)이 개발한 척도 중 가장 흔히 사용되어 서스톤 척도라고 부르기도 하나 엄격히 말하면 서스톤 척도의 일종이다. 서스톤이 태도 측정 방법으로 처음 사용한 이래 주로 태도를 측정하는 데에 많이 사용되었다. 그러나 이 척도는 구성 과정이 복잡해서 사용하기가 불편하므로 오늘날에는 별로 사용되지 않는다. 평위척도는 평가자를 사용한다는 점에서는 평정척도와 유사하나 평가 대상을 서로 비교함으로써 평가한다는 점에서 평정척도와 다르다.

유사등간척도(equal-appearing interval scale)의 기본 원리는 만일 태도가 극단적인 찬성 또는 호의에서부터 극단적인 반대 또는 비호의에 이르기까지 연속적으로 분포되어 있다면, 이러한 연속성은 이론상 몇 개의 동일한 간격으로 구분될 수 있으며, 이러한 동간격적인 내용을 평가자에게 제시함으로써 각 태도에 적합한 연속 선상의 한 지점을 선택할 수 있을 것이라는 점에 기반한다. 유사등간척도를 구성할 때에는 최종적으로 척도를 구성할 문항 간의 거리가 같다고 간주한다.

    이 척도의 특징은 척도를 구성하는 과정에서 문항을 선정할 때 그 적합성 여부에 대한 평가를 선정된 평가자에게 의뢰한다는 점이다. 따라서 평가자는 일정한 자격을 갖춘 사람이어야 한다. 각 문항에 대한 평가는 부적합-중립-적합의 정도를 세분화해서 표시하는데, 평가 결과 평가자 간에 불일치 정도가 높은 문항은 제외하고 남은 문항으로 척도를 구성한다. 평가자가 각 문항에 부여한 점수의 평균값인 가중값을 각 문항에 부여하고 이렇게 가중값이 부여된 문항 중에서 척도상의 각 범주를 대표할 수 있는 문항을 몇 개씩 선정한다. 이와 같이 유사등간척도는 각 문항이 척도상의 어디에 위치할 것인가를 평가자로 하여금 평가하게 한 다음 이를 바탕으로 문항을 선정함으로써 구성된다. 이는 태도와 같은 것을 찬반 정도나 좋고 싫은 정도 등을 나타내는 연속성을 가진 문항에 의해 측정하는 것으로서 각각의 문항에 대해 응답 카테고리가 있는 것이 아니고 각 문항에 일정한 가중값을 부여해 그 문항에 상응하는 태도의 강도를 나타내게 한 것이다. 각 문항이 각기 다른 가중값을 갖는다는 것은 모집단을 이루는 문항이 일정한 순서대로 나열되어 있다는 것을 근거로 한 것이며, 문항이 추출되는 모집단의 문항 수는 될 수 있는 한 많아야 한다.

    이와 같은 유사등간척도의 구성 과정을 요약하면 다음과 같다(Thurstone, 1928).

    첫째, 우선 측정하고자 하는 변수를 명확히 규정한다.

    둘째, 변수와 관련된 의견들을 수집하고 이에 기반해 그와 관련된 문항을 수백 개 정도 만든다. 척도를 구성하기에 적합한 문항을 연구 주제에 관한 다른 사람들의 의견조사나 문헌조사 등을 통해 찾아낼 수도 있다.

셋째, 이 문항들을 편집해 100개 정도의 문항으로 압축시킨다. 이때 가능한 변수에 관한 모든 견해가 포함되게 한다. 문항은 간결해야 하며, 양면적 의미를 지녀서는 안 되고 응답자의 견해를 밝힐 수 있는 것이어야 한다. 측정하고자 하는 변수와 무관한 문항이 있으면 척도가 잘 구성될 수 없으므로 문항을 정할 때에는 변수와의 유관성을 고려해야 한다.

넷째, 수십 명에서 많게는 수백 명의 평가자에게 문항을 제시해서 이들을 11개의 범주로 나누게 한다. 이 11개 범주는 가장 긍정적 또는 호의적인 것에서부터 가장 부정적 또는 비호의적인 것에 이르는 일종의 평위척도이며 중간의 범주는 중립적 견해를, 5개 범주는 긍정적인 견해를, 나머지 5개는 부정적 견해를 반영하도록 한다.

다섯째, 각 문항에 대해 각각의 평가자가 부여한 범주를 그 문항의 점수로 하고, 이것을 평가자 수로 평균한 중위치 또는 평균값을 각 문항의 척돗값으로 삼는다.

여섯째, 최종적으로 척도를 구성할 문항을 선정한다. 문항을 선정할 때에는 평가자가 문항에 부여한 점수의 분포가 너무 분산되어 있는 문항이나 측정 대상인 변수와 무관한 문항은 제외시킨다. 11개 범주의 한 극단에서 다른 극단에 이르기까지 등간격으로 고르게 분포되도록 20~30여 개 정도의 문항을 선정해서 척도로 삼는다. 이처럼 문항의 분포가 등간격으로 고르게 되도록 만든 것이라고 해서 유사등간척도라고 부른다.

유사등간척도의 문제점은 척도의 구성에 많은 시간과 노력이 필요하다는 것이다. 평가하기 위한 문항의 수가 많아야 하며 평가자도 많아야 한다. 문항 수가 많으면 문항의 선정이 정확해지는 반면에 이에 대한 응답을 분석하는 데 많은 시간과 노력이 소요된다. 평가자의 경험이나 지식이 일정하지 않고 평가에 편견이 개입될 수 있으며 문항에 대한 지식이 부족할 수 있다는 것도 문제이다. 이 척도를 구성하기 위한 가정은 평가자가 그들의 태도와 관계없이 문항을 객관적으로 분류할 수 있다는 것이나 이러한 가정이 검증된 것은 아니다. 처음에 문항을 분류하는 평가자의 성격에 따라서 척돗값의 분포가 달라질 수 있으므로 연구자는 연구 대상자를 대표할 수 있는 평가자를 잘 선정해야 한다. 선정된 문장 중에는 평균값은 같으나 분산도가 다른 것이 있을 수 있는데 분산도 고려해야 한다. 이 척도를 사용하면 응답자가 얻은 점수가 같더라도 선택한 문항의 종류와 수가 내용적으로 서로 다른 경우에 그것을 가려낼 수 없다.

(4) 거트만 척도

대표적인 누적척도(cumulative scale)의 일종으로서 오늘날 많이 사용되는 것이다. 누적척도란 척도를 구성하는 문항들이 일정한 기준에 따라 일관성 있게 서열을 이루고 있는 것으로서, 이러한 서열이 있음으로써 가장 강하게 표현된 문항에 대한 응답 결과로부터 다른 모든 문항에 대한 응답을 어느 정도 예측할 수 있게 된다. 모든 문항에 호의적으로 응답한 사람은 몇 개의 문항에 대해 호의적이거나 모든 문항에 대해 비호의적으로 응답한 사람에 비해 척도점수가 높게 되며, 따라서 문항에 대한 응답 유형에 따라서 응답자를 순서대로 배열할 수 있다고 본다.

거트만 척도(Guttman scale)는 이러한 의미에서 누적적일 뿐 아니라 이것을 구성하는 문항이 단일차원에 속하는지의 여부를 검증하도록 만들어진 것이라는 점에서 단일 차원적이다. 즉, 이 척도는 한 변수만을 측정하는 단일차원에 속하는 동질적인 문항으로 구성되며, 이 문항들은 이 단일 차원에 따라서 등급화된다. 거트만 척도는 자료를 수집한 이후에 사후적으로 구성된다는 점이 특징이라고 할 수 있다. 척도 구성 시 특히 고려해야 할 것은 척도의 단일 차원성 내지 일관성, 지나친 편향 반응의 회피, 오차분포의 집중 성향의 배제, 일정한 수의 문항 구성 등이다.

예를 들어 다음과 같은 정치적 관여도에 관한 5개의 문항이 있다고 하자.

> 1. 나는 대통령선거 시 거의 다 투표한다.
> 2. 나는 선거가 있을 때마다 투표하려고 노력한다.
> 3. 나는 선거일에 투표장에서 일한 경력이 있다.
> 4. 나는 일생에 두 번 이상 선거운동에 관여한 적이 있다.
> 5. 나는 선거에 의한 공직 또는 정당간부로 일한 경력이 있다.

만약 이들 문항 간에 완전한 서열성이 존재해 완벽한 거트만 척도를 구성한다면 〈표 4-5〉와 같은 응답 유형이 나올 것이다.

〈표 4-5〉 거트만 척도의 이상적 유형

척도 유형	문항 번호					척도 점수
	1	2	3	4	5	
1	+	+	+	+	+	5
2	+	+	+	+	−	4
3	+	+	+	−	−	3
4	+	+	−	−	−	2
5	+	−	−	−	−	1
6	−	−	−	−	−	0

(+는 예, −는 아니오를 표시함)
출처: Orenstein & Phillips(1978: 267).

그러나 실제로는 〈표 4-6〉에서와 같이 +와 - 응답이 섞여 있을 수 있다. 가령 문항 4에 +로 응답한 사람이면 문항 1~3에도 모두 +로 응답해야 하나 문항 2에는 - 응답을 한다거나, 문항 1과 2에 +로 응답한 사람이 문항 3에는 -, 문항 4에는 다시 +로 응답하는 경우가 있을 수 있다. 이러한 것을 오차(error)라 하는데, 이들 오차의 빈도와 문항 수와 응답자 수를 곱한 값의 비를 1에서 뺀 값을 문항의 재생계수(coefficient of reproducibility)라고 한다. 즉, 재생계수 = 1 - (오차의 총수 / 문항 수×응답자 수)이다. 재생계수의 범위는 -1에서 1까지인데 대체로 문항의 재생계수가 0.9 이상이면 척도로 삼는다. 거트만 척도를 구성하는 문항의 수는 최소한 10개는 되어야 한다고 주장하기도 하며, 문항에 대한 응답 결과가 지나치게 한쪽으로 치우치거나 한 문항에 대해 모두가 같은 응답을 보이는 것은 금물이다.

〈표 4-6〉 거트만 척도에서의 오차와 재생계수

척도 유형과 오차 유형	응답 유형	응답자 빈도	단순지수점수	척도점수	척도오차 총수
척도 유형	+++	116	3	3	0
	++-	127	2	2	0
	+--	92	1	1	0
	---	48	0	0	0
오차 유형	-+-	18	1	2	18
	++-	14	2	3	14
	--+	5	1	0	5
	-++	7	2	3	7
계		427	-	-	44

(재생계수 =1-44/(3X427) = 1-0.34 = 0.966)
출처: Babbie(1975: 356).

거트만 척도의 예로서 스토퍼(Steve Stouffer)가 공산주의자에 대한 관용성 연구에서 사용한 문항은 "만일 공산주의자가 귀하의 지역사회에서 연설을 하겠다면 허락하시겠습니까?", "만일 공산주의자가 기업의 국유화에 관해 쓴 저술이 귀하의 시립도서관에 비치되어 있는데 많은 사람이 없애기를 원한다면 그렇게 하시겠습니까?", "만일 공산주의자가 상점의 점원이라면 해고당해야 한다고 생각하십니까?" 등으로 공산주의자에 대한 관용성의 정도가 갈수록 낮다고 볼 수 있는 것들이다(Stouffer, 1955: 263-265). 이처럼 문항을 관용도에 따라서 배열했기 때문에 각 문항에 대한 응답을 보고서 응답자의 응답 경향을 추측할 수 있으며, 각 응답자의 총점을 가지고 관용도를 파악할 수 있다.

거트만 척도의 단점은 문항의 단일 차원성에 대한 가정이 비현실적이고 복잡한 현상을 단일 차원성의 가정하에서 측정하는 것이 어렵다는 것이다. 이 척도는 일정한 표본에서 얻은 자료를 갖고서 척도를 구성할 수 있는 가능성을 사후적으로 검증하는데, 이 경우 어느 한 집단에서 척도를 구성할 가능성이 확보된다고 해서 다른 집단에도 그것이 적용된다고 보는 것에 문제가 있다. 또 문항이 일반적인 인기도를 측정하는 것인지 아니면 속성의 정도를 정말로 측정하는 것인지 의심스러울 수 있다.

(5) 조합비교법

서스톤(Louis Leon Thurstone)이 개발한 척도로서 평위척도의 일종이다. 유사등간척도와 원리는 같으나 다소 번거롭다. 조합비교법(method of paired comparisons)에서는 수많은 문항을 한꺼번에 순위 범주로 나누어 측정하는 것이 아니라 둘씩 짝을 지어서 평가자로 하여금 우열이나 좋고 싫은 정도를 비교하게 해서 문항의 순서를 결정한다. 이처럼 조합비교법은 문항들을 일일이 조합시켜서 짝지어 물음으로써 질문의 수가 많아지지만 평가자의 입장에서 보면 문항 전체를 놓고서 순위를 정하는 것보다 더 쉽다고 할 수 있다. 조합비교법의 가장 단순한 형태는 두 개의 문항을 놓고서 연속성을 규정한 후에 평가자에게 이 중 어느 것이 어떤 일정한 차원 면에서 그 정도가 더 높은지를 물어서 비교하게 하는 것이다.

(6) 보가더스 척도

보가더스(Emory S. Borgadus)가 고안한 척도로서 누적척도의 일종이라 할 수 있다. 주로 인종이나 민족, 사회계층 간의 사회심리적 거리감을 측정하기 위해 사용되는 사회적 거리척도(social distance scale)의 일종으로서 자신과는 다른 사회집단에 속한 대상에 대한 친밀감이나 혐오감 등을 측정한다.

보가더스는 생각할 시간적 여유를 주지 않고서 응답자로부터 얻은 최초의 반응이 그들의 진짜 태도를 나타내는 것이고 시간적 여유를 주게 되면 응답자는 자신의 대답 내용을 합리화하고 자신의 의견이 아닌 일반 여론을 나타내기 쉽다는 점을 강조하면서 미국인의 인종적 편견 정도를 측정하기 위해 나름대로 새로

〈표 4-7〉 보가더스 척도

문항	한국인 · 중국인 · 영국인 · 프랑스인
1. 결혼해서 가족으로 받아들인다.	
2. 개인적 친구로 클럽에 받아들인다.	
3. 이웃으로 받아들인다.	
4. 같은 직장인으로 받아들인다.	
5. 우리나라 국민으로 받아들인다.	
6. 우리나라의 방문객으로만 받아들인다.	
7. 우리나라에서 추방한다.	

운 척도를 만들었다. 이 척도는 소수민족에 대한 사회적 거리를 7개의 문항으로써 측정하는데, 이 문항들은 가족원으로의 수용으로부터 국외 추방에 이르기까지 사회적 거리 정도에 따라서 연속적으로 배열된 것이다.

〈표 4-7〉에서 문항 1에서 5까지는 긍정적인 반응을 연속적으로 나타내는 것이며, 문항 6과 7은 부정적 반응을 나타내는 것으로서 문항 6, 7에서 그렇다고 응답한 사람은 문항 1부터 5까지에는 긍정적인 대답을 할 수 없다. 보가더스는 1천 명 이상의 미국인을 대상으로 미국에 거주하는 다양한 소수민족에 대해 어떤 반응을 나타내는지를 이 척도를 사용해서 조사했다(Borgadus, 1959). 응답자가 이 척도에 따라서 각각의 인종에 대한 선호를 표시하면 그 응답 결과를 가지고서 인종 간 거리계수를 구한다. 예를들어 한국인에 대해 100명의 미국인 중 55명이 문항 1에 긍정적으로 응답하고 45명이 문항 2에 긍정적인 응답을 한다면 척돗값으로서 각각 1과 2를 부여해 인종 간 거리계수(racial distance quotient: RDQ) = (1×55+2×45) / 100 = 1.45라고 계산한다.

보가더스 척도(Borgadus scale)는 척도점 간의 거리가 같다고 가정하며 해석상에 한계가 있다는 것이 단점이라고 할 수 있다. 이는 문항 1과 2 사이, 문항 2와 3 사이 등 두 척도점 간의 사회적 거리가 동일하다는 가정 하에 구성된 것이다. 그리고 척도상에 0점을 갖지 않는데, 0점이 없다는 것은 어느 한 민족보다 다른 한 민족에 대해 몇 배 더 호의적인 태도를 갖는다고 말할 수 없음을 뜻한다. 보가더스 척도의 신뢰도는 반분법이나 대안적 형태법으로는 측정하기 어렵고 재검증법을 사용하는 것이 효과적이다.

(7) 어의구별척도

어의변별척도, 어의차별척도, 의미분화척도라고도 하며, 오스굿(Charles E. Osgood), 수치(George J. Suci), 탄넨바움(Percy H. Tannenbaum)이 고안해 낸 것으로서 평가할 대상이나 개념의 의미를 측정하는 것이다. 평가 대상이 되는 특정 개념에 포함되어 있는 의미를 파악하기 위해 그것이 갖는 본질적인 뜻을 몇 개의 차원에 따라서 측정하는 방법으로서 주로 심리학에서 사용되었으나 다른 분야에서도 어의를 명확히 하기 위해 사용한다. 이 척도는 비교적 쉽게 사용할 수 있고 응답자가 신속히 대답할 수 있다는 장점 때문에 많이 사용되고 있다.

어의구별척도(semantic differential)는 몇 개의 기본적 차원에 속하는 양극화된 형용사가 표시된 7개 내지 5개의 척도점을 갖는 연속선으로 이루어진다. 기본적 차원이란 측정 대상이 되는 개념의 의미를 파악하기 위해 선정된 평가, 능력, 활동성 등의 차원을 말한다. 예를 들어 평가 차원에 속하는 형용사로는 좋은-나쁜, 아름다운-추한 등이 있고, 능력 차원에 속하는 것으로는 큰-작은, 강한-약한 등이 있으며, 활동 차원으로는 빠른-느린, 능동적-수동적, 예민한-둔한 등이 있을 수 있다. 어의구별척도를 사용한 많은 연구 결과를 종합해 보면 대체로 이와 같이 평가(evaluation), 능력(potency), 활동성(activity)이라는 세 가지 차원이 측정되고 있음을 알 수 있다(Heise, 1970: 237). 따라서 사람들은 다양한 개념에 대해 이 세 가지 차원에서 반응하는 경향이 있다는 것이다.

하이즈(David R. Heise)에 따르면, 평가 차원을 나타내는 척도에는 멋진-끔찍한, 좋은-나쁜 달콤한-신, 도움이 되는-도움이 안 되는 등이 있다. 의사, 가족, 신, 교회, 행복, 평화, 성공, 진실, 미, 음악 등의 개념은 평가 차원의 양 극단 중에서 긍정적 측면에 속하는 것으로 평가되는 개념이고, 유산, 악마, 미움, 질병, 죄악, 전쟁, 적, 실패 등의 개념은 부정적 측면에 위치하는 것으로 평가된다고 한다. 능력 차원을 나타내는 척도에는 큰-작은, 강력한-무력한, 강한-약한, 깊은-얕은 등이 있으며, 능력 차원의 양극 중 강한 측면으로 평가되는 개념에는 전쟁, 군대, 용감, 경찰, 산, 엔진, 빌딩, 의무, 법, 강철, 권력, 과학 등이 있고, 약한 측면에는 소녀, 아기, 아내, 깃털, 고양이 새끼, 키스, 사랑, 예술 등의 개념이 포함된다. 또 활동성 차원에는 빠른-느린, 살아 있는-죽은, 시끄러운-조용한, 젊은-늙은 등이 있다.

높은 활동성에 속하는 개념에는 위험, 화, 공격, 도시, 엔진, 불, 칼, 회오리바람, 전쟁, 승리, 아동, 파티 등이 있고, 낮은 활동성을 나타낸다고 평가되는 개념에는 침착, 달팽이, 죽음, 달걀, 휴식, 돌, 잠 등이 있다(Heise, 1970).

어의구별척도를 사용하는 경우에는 〈표 4-8〉과 같이 보통 7개 또는 5개의 연속적 척도점을 표시해서 그중 하나를 선택하게 한다.

〈표 4-8〉 어의구별척도외 연속적 척도점

	3	2	1	0	-1	-2	-3	
깨끗한	-	-	-	-	-	-	-	더러운(평가 차원)
유쾌한	-	-	-	-	-	-	-	불쾌한(평가 차원)
어두운	-	-	-	-	-	-	-	밝은(평가 차원)
큰	-	-	-	-	-	-	-	작은(능력 차원)
강력한	-	-	-	-	-	-	-	무력한(능력 차원)
깊은	-	-	-	-	-	-	-	얕은(능력 차원)
능동적	-	-	-	-	-	-	-	수동적(활동 차원)
빠른	-	-	-	-	-	-	-	느린(활동 차원)
모난	-	-	-	-	-	-	-	둥근(활동 차원)

어의구별척도의 구성은 개념을 구성하는 요소가 어의적 공간에서 집락을 이룰 수 있다는 전제하에 이루어진다. 이 척도를 구성하기 위해서는 우선 평가 대상이 되는 개념과 그 기준을 정해야 한다. 그 다음 개념을 측정하기에 적절한 양 극단적으로 표현된 형용사를 정한다. 형용사는 나름대로 새로이 만들 수도 있고 오스굿과 그의 동료들이 만든 50개의 형용사 중에서 선택해 사용할 수도

있다. 그리고 의미를 분석하는 기준이 되는 차원도 앞의 세 차원뿐 아니라 평가되는 개념에 따라서 그것에 적합한 다른 차원을 새로이 만들 수도 있다.

어의구별척도를 사용해 수집된 자료를 분석하는 방법은 주어진 평가 차원에 따라서 각각의 개념이 평가된 점수를 상관시켜 모든 차원에서 높은 점수를 얻은 경우와 모두 다 낮은 점수를 얻은 경우에 이르는 갖가지 유형을 가려내고 그 유형의 의미를 해석한다. 분석 방법에는 평균값분석법, 거리집락분석법, 요인평점분석법 등이 있다. 이러한 분석 방법을 통해 적절한 개념을 사용하고 있는지, 척도를 제대로 구성하고 있는지 파악하고 평가 대상에 대해 검토한다. 예를 들어 교육이라는 개념을 이해하기 위해 교육, 훈련, 학습, 공부, 통제라는 다섯 가지 기본 개념을 측정할 때 이 중 어떤 개념은 다른 개념과 비교해 덜 적합하다고 판단될 수 있으며, 이 경우 이 개념은 적절한 개념이 아니라고 간주된다.

평균값분석법은 각각의 기본 개념에 대한 척도점의 평균값을 계산해 분석하는 방법이다. 예를 들어 5개의 개념의 평균값이 각각 교육 5.83, 훈련 1.83, 학습 5.33, 통제 2.17이라면 훈련과 통제, 그리고 교육과 학습의 평균값이 각각 유사한데 이에 따라서 개념 간의 유사성과 상이성을 구별할 수 있게 된다. 거리집락분석법은 각 개념이 어의적 공간에서 차지하는 위치 간의 거리를 측정해 개념 간의 관계를 분석하는 방법이다. 만일 두 개념이 어의적 공간에서 차지하는 위치가 가깝다면 이 두 개념의 의미가 같다는 것을 뜻하며, 거리 측정 공식에 따라서 개념 간의 거리를 측정하게 된다. 요인평점분석법은 요인 평점을 사용해서 응답자와 개념, 차원을 평가하는 방법이다.

(8) 소시오메트리와 사회 연결망 분석

대부분의 사회과학 자료의 일반적인 특성은 자연과학의 물리적인 자료와는 달리 의미, 동기, 개념 등으로 구성되어 있다. 즉, 사회과학의 자료는 해석 과정을 포함하고 있다. 자료의 유형에는 속성 자료, 관계 자료, 관념 자료가 있다.

속성 자료는 개인이나 집단의 태도, 의견, 행태 등에 대한 자료이다. 이러한 속성 자료는 설문, 면접 등을 통해 수집된다. 속성 자료에 적합한 분석은 변수분석이다.

이와는 반대로 관계 자료는 개인, 집단, 조직 간의 유대 및 연계에 관련된 것이다. 관계는 행위자의 특질이 아니라 행위자 체제의 특질이다. 이러한 관계 자료에 적합한 분석 방법이 바로 연결망 분석이다.

〈표 4-9〉 자료의 유형과 분석 방법

연구 유형 (Style of Research)	증거 자료 (Source of evidence)	자료 유형 (Type of data)	분석 유형 (Style of research)
설문조사 (survey research)	설문지, 면접 (questionnaire, interviews)	속성 (attribute)	변수 (variable analysis)
민속방법론 (ethnographic research)	관찰 (observation)	관념 (ideational)	유형 (typological analysis)
문서 조사 (documentary research)	문장(설문지, 면접) (texts:questionnaire, interviews)	관계 (relational)	연결망 (network analysis)

마지막으로 관념 자료는 의미, 동기, 개념 등을 기술하는 자료로 유형분석에 적합하다. 관계 자료는 사회적 행동의 구조를 조사하는 데 중요하다. 구조는 관계로 이루어지고, 구조에 대한 연구는 관계 자료의 수집 및 분석을 통해 달성될 수 있다. 그러나 연구방법론에 관한 대부분의 기존 책들은 속성 자료의 변수분석에 국한되어 있고 관계자료의 연결망 분석은 거의 이루어지지 않았다.

사회 연결망 분석(social network analysis)은 사회적 현상을 한 행위자나 조직을 단위로 분석하기보다는 이들 간에 맺어지는 관계로부터 파생되는 출현적 속성(emergent property)을 강조하고, 그에 따라 관계의 양상을 분석한다는 점에서 행위자 중심, 혹은 변수 중심의 접근법과는 구별된다. 특히 많은 사회학자가 주지하는 바와 같이 거시적 사회 현상에 대한 이해 방법과 미시적 과정에 대한 이해 방법 사이에는 메우기 힘든 간격이 존재해 온 것으로 이해할 수 있다. 연결망 분석은 거시적 사회 현상과 미시적 사회 현상을 연계해서 다양한 분석 수준 간의 연계구조를 이해하고 분석하는 데 유용한 틀로 활용할 수 있다.

소시오메트리(sociometry)는 우리말로 사회측정법이라고도 하며, 모레노(Jacob Levi Moreno)에 의해 개발된 방법으로서 사회학이나 심리학에서 주로 소집단을 연구하는 데 사용된다. 집단 내 성원 간의 사회적 거리를 측정하는 것으로서 소집단이나 규모가 작은 지역사회의 성원 간의 상호 관계와 상호작용, 의사소통 관계를 파악하고 리더십, 성원들의 사회적 지위, 집단구조 등을 알아보기 위한 것이다. 일정 시점에서의 집단성원 간의 전체적인 상호관계 구조를 간단하게 도식적으로 표현하는 법이며, 이를 통해 성원 간의 의사소통 경로나 친하고 먼 정도를 한눈에 알 수 있다. 소시오메트리가 구성될 수 있는 전제는 인간관계란 흡인과 반발의 관계를 맺고 있어서 쌍방의 의도를 모르더라도 관계의 강도나 상호작용의 빈도를 측정함으로써 집단 내 구성원 간의 관계와 위치를 알아낼 수 있다는 것이다.

소시오메트리를 사용하는 절차는 집단 성원 각자에게 그 집단의 다른 성원 중에서 어떤 특정한 상황에서 함께 행동하거나 있기를 원하는 성원을 선택하게 하거나 다른 성원에 대한 좋거나 싫은 감정, 친구로 선택할 용의, 영향력, 인기 등의 정도를 표시하거나 순위를 매기도록 한다. 예를 들면 "당신은 누구를 제일 좋아합니까?", "당신은 누구를 대표로 생각합니까?", "당신의 장래 계획에 대해 누구와 가장 잘 의논합니까?", "당신은 신상문제를 누구와 의논합니까?", "누가 가장 폭넓은 관심을 갖습니까?" 등의 질문을 한다. 이에 대한 응답 결과를 교차표로 나타내어 분석하거나 그림으로 나타낸다. 어느 한 개인에 대해서 다른 성원의 집중도가 높다는 것은 그 사람의 대인관계가 좋고 인기가 있고 지도자가 될 소지가 있음을 나타낸다.

소시오메트리를 사용한 결과를 분석하는 방법에는 소시오메트릭 행렬(sociometric matrix), 소시오그램(sociogram), 소시오메트릭 지수(sociometric index) 등이 있다. 소시오메트릭 행렬은 〈표 4-10〉과 같이 응답 결과를 행렬로 정리해서 분석하는 방법이다. 행렬은 선택자와 피선택자가 각각 행과 열을 이루어 행에는 선택자를, 열에는 피선택자를 배치하며 행과 열의 수는 같다. 표에서와 같이 다섯 명으로 구성된 집단에서 어떤 일을 하는데 같이 일하고 싶은 사람 한 명을 고르라고 했을 때 1은 선택을, 0은 거부를 나타내며 결과는 선택된 횟수를 합한 것이다.

〈표 4-10〉 소시오메트릭 행렬

	A	B	C	D	E
A	0	0	0	0	1
B	0	0	0	0	1
C	0	0	0	1	0
D	0	0	1	0	0
E	0	1	0	0	0
계	0	1	1	1	2

출처 : Bailey(1982: 387).

소시오그램은 [그림 4-3]과 같이 집단 성원 간의 의사소통 관계나 영향력 관계 등을 그림으로 나타낸 것으로서 집단 내 인간관계의 유형과 집단구조를 한눈에 알 수 있다. 소시오그램을 통해 일방적인 선택 관계, 상호선택 관계, 고립자, 지도자 등을 파악할 수 있는데 모레노는 소시오그램에 나타난 인간관계의 주요 유형으로서 권력자, 스타, 고립자, 짝, 삼각관계, 연쇄관계 등을 들고 있다 (Moreno et al., 1960).

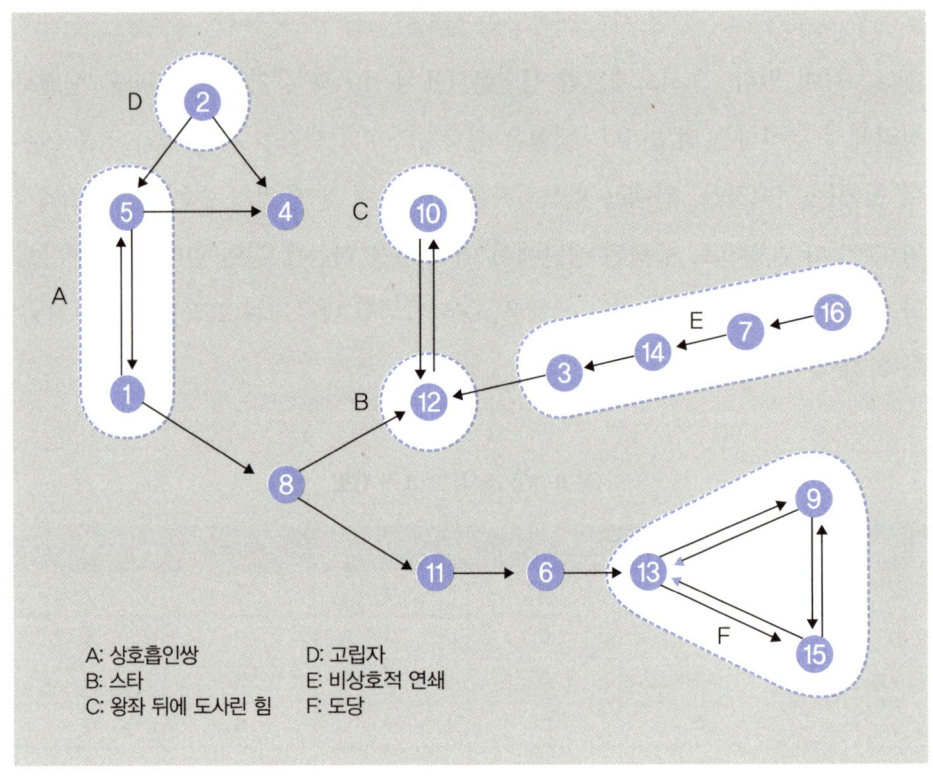

출처: 김경동(1990: 213).

[그림 4-3] 소시오그램

　　소시오메트릭 지수는 일정한 공식에 따라서 계산된 지수를 구하는 방법이다. 알고자 하는 내용에 따라서 각 구성원의 선택 지위와 배척 지위를 알아내는 선택지위지수, 성원 각자가 제한받지 않고 선택하는 경우에 사용하는 집단확장지수, 집단의 응집 상태를 나타내는 집단응집지수 등이 있다.

소시오메트리는 분석자료의 수집이 경제적이며 융통적이고, 자료를 계량화할 수 있는 가능성이 높고 적용 범위가 넓다는 장점을 지닌 반면에 조사 대상에 대한 체계적인 이론의 검토가 부족하고 신뢰도와 타당도에 대한 검증 없이 측정 결과를 받아들이는 경향이 있다는 것이 단점이라고 할 수 있다. 소시오메트리를 사용할 때 유의해야 할 사항으로는 연구 대상 집단의 구성원 수에 따라서 특정 수의 성원의 선택을 규정해야 하며, 집단의 활동 내용에 따라서 성원의 선택 기준이 되는 특정 기준, 즉 특정활동을 제시해야 하고, 성원을 선택할 때 상이한 수준의 선호도가 표시되어야 한다는 것이다. 모레노는 소시오메트리 사용 시 지켜야 할 점으로서 성원들에게 집단의 한계를 명백히 규정지어 주어야 하며, 성원들이 선택하거나 배척할 사람의 수를 제한해야 하고, 선택과 배척을 결정하는 데 필요한 특정한 기준, 특정 활동을 명시해, 측정 결과를 집단구조의 재구성에 사용해야 하고, 특정 개인의 선택과 배척이 다른 성원에게 노출되지 않도록 비밀이 보장되어야 하며, 측정 용도에 대해 성원들이 충분히 이해하도록 해야 한다는 점 등을 지적했다(Moreno et al., 1960).

5) 평가상의 오류

평가자가 척도를 사용해 평가하는 경우에 편견이나 잘못으로 인해 여러 가지 평가상의 오류가 발생할 수 있는데, 이러한 오류에는 다음과 같은 것이 있다.

① 연쇄오류: 후광효과(halo effect)에 의한 오류로서 평가되는 어느 한 측면에 대해 높은 점수를 주면 다른 측면에 대해서도 높은 점수를 주게 되는 경향으로 인한 오류를 말한다. 가령 어떤 사람의 특성을 평가할 때 평가해야 할 특성이 둘 이상인 경우 평가자가 자신의 첫인상이나 가장 강력한 인상을 중시해서 나머지 특성도 이와 일관되게 평가하려는 것이다. 즉, 이는 평가 대상에 대한 일반화된 평가 또는 평가의 일관성을 말한다.

예를 들어 직원에 대한 평가를 할때 만일 근무 실적에 높은 점수를 주었다면 대인 관계나 근무 태도에도 높은 점수를 주는 것이다.

② 중앙화 경향(central tendency): 평가점수를 매길 때 중간 정도에 해당하는 점수, 즉 중앙값을 주는 경향을 말하며, 이러한 경향이 존재하면 평가 결과는 정상분포를 띠게 된다.

③ 관대화 오류(generosity error): 평가 대상의 좋은 점을 확대해서 관대하게 평가하는 경향으로 인한 오류를 말한다.

④ 엄격화 오류(strictness error): 관대화 오류와 반대되는 것으로서 평가 대상을 지나치게 엄격히 평가하는 경향으로 인한 오류를 말한다.

⑤ 대조 오류(contrast error): 평가자 자신의 특성과 반대되는 특성을 평가 대상에게서 찾아내어 이를 부각시키는 경향으로 인한 오류를 말한다.

이 밖에도 같은 척도라도 평가자에 따라서 그것에 사용된 용어를 해석하는 준거틀이 다른 데서 비롯되는 오류, 평가자의 개인적 선입견으로 인한 오류, 평가 대상과 평가자 자신의 유사성에 의한 오류, 평가자의 자질이나 개인적 특성으로 인한 오류 등이 발생할 수 있다. 이러한 문제들을 극복하기 위해서는 평가하려는 특성을 분명히 규정하고 누구를 준거집단으로 삼아 평가 대상을 평가할지를 명시하며, 척도의 범주에는 가능하면 답의 보기를 구체적으로 보여 주도록 한다. 평정척도에서는 평정 기준의 척도점이나 범주수를 몇 개로 할 것인지가 문제가 되는데, 이를 위해서는 평가자의 판별력, 평가 대상의 특성, 평가 조건 등을 고려해서 결정해야 한다. 그러나 무엇보다 평가에 가장 중요한 것은 평가자의 능력이다. 평가 과정에서 발생될 수 있는 이러한 여러 가지 문제로 인해 어떤 사람을 평가자로 하는 것이 바람직한가의 문제가 대두된다. 조사자가 평가자가 되는 경우에는 올바른 평가를 하기 위한 교육과 훈련이 매우 중요하다.

생각해 볼 문제 1

■ 국력 개념의 측정 지표를 생각해 보고 인터넷 등에서 조사해 보자.

대분류	요소 국력	지표	변수 (세부 측정지표)
하드파워	기초 국력		
	국방력		
	경제력		
	과학 기술력		
	교육력		
	환경관리력		
	정보력		
소프트 파워	국정관리력		
	정치력		
	외교력		
	문화력		
	사회 자본력		
	변화대처력		

국력이란 한 국가가 실현코자 하는 것을 실현해 내는 능력을 의미한다. 좀 더 구체적으로는 한 국가가 강제적이든 평화적이든 다양한 설득 수단과 방법을 동원해서 다른 나라들로부터 지원과 협력을 얻어 자국의 정책과 전략을 실천에 옮겨 국가 목표와 비전을 실현해 내는 국가의 능력이라고 정의할 수 있다.

국력이 어떤 요소 능력으로 구성되느냐 하는 것은 종합 국력을 정의하는 사람들마다 달리 판단될 수 있다. 한선재단의 종합국력 연구진(황성돈·최창현, 2014)의 경우 종합 국력이란 다음의 그림에서 보듯이 13개의 개별 요소 능력으로 구성되는 것으로 이해한다. 이 13개의 요소 능력은 크게 두 가지 유형의 국력, 즉 물질적이고 구매가능한 자원이라고 정의할 수 있는 '하드 파워'와 비물질적이고 구매가 사실상 불가능하며, 하드파워 요소들이 제대로 작동할 수 있게 여건을 조성해 주고 구축된 국력을 타국에 대해 효과적으로 행사할 수 있게 하는 능력이라고 정의할 수 있는 '소프트 파워'로 대별된다.

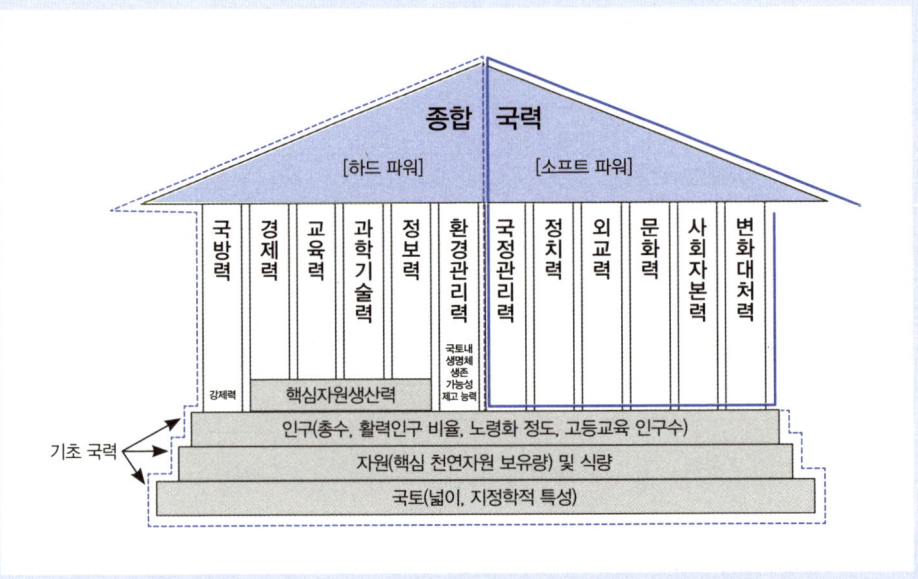

참고로 각 나라들의 세부 지표별 특성 값은 IMD의 「세계경쟁력보고서」, 산업정책연구원(IPS)과 국제경쟁력연구원(IPS-NaC)이 공동으로 발간하는 「국가경쟁력연구보고서」, 헤리티지재단(Heritage Foundation)의 Index of Economic Freedom, 국제전략연구소(IISS)의 Military Balance, 국제연합 교육과학문화기구(UNESCO)의 Global Education Digest, 국제통화기금(IMF)의 World Economic Outlook Database, 터너(Barry Turner)의 *The Statesman's Yearbook* 등 기존의 다양한 조사 연구 결과로부터 필요한 관련 자료를 직접 활용해 산정하거나, 이 조사의 목적에 맞게 재가공해서 산정할 수 있다.

> Hint : 6장 생각해 볼 문제 3 참조

조사방법론 RESEARCH METHOD

Chapter 5

표본조사

1. 표본조사와 표본추출
2. 표본조사의 장점
3. 표본추출틀의 구성
4. 표본추출법의 종류
5. 표본 크기

학습 목표

- 표본조사의 의의와 관련 용어를 살펴본다.
- 표본추출 방법을 확률표본추출과 비확률표본추출로 나누어 살펴본다.
- 표본오차와 비표본오차를 이해한다.

CHAPTER 5

표본조사

1 표본조사와 표본추출

　오늘날 실시되고 있는 거의 대부분의 조사는 전수조사가 아니라 표본조사이다. 컴퓨터의 보급과 같은 과학의 발전은 전국적 규모의 조사를 가능하게 만들었으며, 이러한 조사들은 거의 표본에 의존하고 있다. 원칙적으로 우리는 완전한 모집단을 연구하고자 하며 그러한 조사 결과에 더 많은 가치를 부여하고 싶어한다. 그러나 대부분의 조사에서 전수조사란 불가능하므로 표본조사에 만족해야 한다. 표본은 부분집합, 즉 전체 모집단에 대한 비율로 정의할 수 있다.

100%의 표본은 전체 모집단이 되며 1% 표본은 전체 모집단의 100분의 1을 구성하는 것이다. 표본은 전체를 근사적으로 대표한다는 것이 나타나야 한다. 다른 말로 하면 표본값이 모집단의 추정값으로서 얼마나 근접하고 적절한지가 중요한 문제이다.

현대 통계학과 확률이론에 바탕을 둔 표본추출이론은 매우 정확하며 오차의 정도를 쉽게 파악할 수 있다. 표본조사에서는 모집단의 일부를 추출해서 그 성격을 파악하고 이에 근거해 모집단 전체의 성격을 추론하는데, 모집단에서 표본을 추출하는 것을 표본추출(sampling) 또는 표집이라고 한다. 표본추출을 위해서는 분석 단위를 결정해야 하는데, 이는 대부분의 경우 개인이지만 집단이나 지역사회, 국가가 될 수도 있다. 모든 분석 단위의 총합, 다시 말해서 표본을 추출해 자료를 얻으려는 전체 집단을 모집단(population)이라고 하며, 표본을 이루는 각각의 개별 요소를 표본 요소(sampie element)라고 부른다. 각 표본추출 단계에서 표본으로 추출되는 대상을 표본추출 단위(sampling unit)라고 한다. 여러 단계를 거쳐 표본추출을 하는 경우에는 각 단계마다 표본추출 단위가 다를 수 있다. 표본추출 단위는 개인일 수도 있고 동이나 통·반, 가구일 수도 있다.

표본추출의 원칙은 비교적 간단하다. 예를 들어 등록된 유권자 중에서 표본을 선택한다고 하자. 먼저 모든 등록된 유권자로 이루어진 모집단에 관심을 두고, 이 모집단에서 미리 정해진 크기의 부분집합을 선택한다. 모집단은 반드시 동질적이지는 않다. 부분집합은 충분히 전체 모집단을 대표해야 한다. 표본에 속하는 각각의 사람에게 2010년 11월 연평도 포격사건에 대처하기 위해 좀 더 적극적인 무력이 사용되었어야만 했는지에 대한 의견을 물어 본다고 하자. 모든 사람이 동일한 의견을 가지는 것은 아니다. 예를 들어 모집단의 20%가 좀 더 적극적인 무력을 사용했어야 했다고 생각한다면 표본에서 그 20%가 무시되지 않아야 하며, 반대로 그 20%가 과다하게 나타나지도 않아야 한다.

표본을 추출할 때 표본 크기(sample size)를 정하는 일은 매우 중요하다. 확률이론에 근거하면 비교적 작은 표본 크기도 모집단을 대표할 만큼 적당하며 표본추출오류를 추정할 수 있다. 조사비용과 시간을 절약하기 위해서는 작은 크기의 표본을 선택하는 것이 중요한데, 이러한 사실에 대해 일반인은 그러한 표본 크기가 충분하다는 전문가의 의견에 동감하지 못하고 나아가 작은 표본 크기는 단순한 부호화오류(coding error) 같은 오류에 의해서도 조사 결과가 중대한 영향을 받는다고 믿는 경향이 있다. 표본추출 전문가는 비록 표본 크기는 작더라도 적절하게 표본을 설계해야 한다.

2 표본조사의 장점

표본조사는 비교적 많은 사람을 대상으로 많은 양의 자료를 동시에 수집할 수 있으며, 자료 수집 방법이 체계적이고 객관성이 높다는 장점을 지닌다. 무엇보다도 규모가 큰 인구집단을 대상으로 자료를 얻고자 한다면 전수조사에 들어가는 조사비용과 시간을 생각할 때 별다른 방도 없이 표본조사에 의거하지 않을 수 없다. 표본조사는 대표성만 확보된다면 많은 사람에 대해 많은 분량의 자료를 얻는 방법으로서 가장 효율적이고 적합하고, 표본이 적절하게 잘 선정되면 표본조사의 결과를 모집단에 대해 일반화시킬 수 있는 가능성은 높다.

때로는 표본추출이 잘못됨으로써 조사가 실패하는 경우가 발생하기도 한다. 이러한 예로서 1936년 미국 대통령선거에서 랜던(Alfred Landon)이 루스벨트(Franklin D. Roosevelt)를 이기고 당선될 것이라고 예상했던 연속 네 번이나 대선 결과 예측에 성공해 유명해진 잡지 『리터러리 다이제스트(The Literary Digest)』 선거조사를 들 수 있다. 이 조사는 우편으로 실시되었는데, 당시 조사자는 모든 등록된 유권자 명단을 갖지 못하고 대신 전화번호부와 자동차등록부에서 유권자의 명단을 표본추출했다. 그러나 불황 중에 많은 사람은 자동차나 전화조차 없었고 이로 인해 부정확한 예측을 유발하고 말았다. 즉, 당시 여론조사에서 제외되었던 빈곤계층의 유권자 대부분이 압도적으로 루스벨트를 지지했던 반면 표본에 포함되었던 부유한 계층의 대부분은 예측한 대로 랜던을 지지했던 것이다. 이와 유사한 표본조사의 실패 사례로서 1948년에 갤럽(George Gallup)은 미국 대통령선거에서 듀이(Thomas E. Dewey)가 트루먼(Harry S. Truman)을 누르고 승리할 것이라고 예측했으나 선거 결과는 반대였다. 이처럼 예측이 빗나간 이유는 조사원들이 트루먼이 역전하는 현상이 나타나기 전에 너무 빨리 조사를 끝냈고 할당표본(quota sample)이 부족했기 때문이다.

그러나 이러한 실패 사례와는 반대로 현대의 확률표본 추출 방법과 정확한 표본추출틀을 사용하는 최근의 여론조사는 놀라울 정도로 정확해졌다. 최근까지 미국의 여론조사는 1948년 이래로 대통령선거의 승자뿐 아니라 투표율까지도 정확히 예측하고 있다. 예를 들어 1968년 대통령선거에서 갤럽조사는 닉슨(Richard M. Nixon)이 43%, 해리스(Harris)가 41%를 득표할 것이라고 예측했는데 실제로 닉슨의 지지율은 42.9%였다. 이 예측은 7천 3백만에 달하는 유권자 중 오직 2천 명만을 응답자로 사용한 것이었다. 이와 대조적으로 1936년 『리터러리 다이제스트(Literary Digest)』 조사에서는 응답자가 2백만 명이나 되는 큰 표본을 사용했음에도 불구하고 부정확한 선거 결과를 예측했다.

한국의 여론조사도 최근 놀라운 발전을 이루었는데, 그 대표적인 예가 1997년의 제15대 대선 결과에 대한 예측이다. 당시 법령에 따라 선거 직전에 여론조사의 결과를 일반에게 공개하는 것이 금지되었으므로 투표 마감 시간인 오후 6시가 지난 지 1분 만에 한국갤럽에서 예상되는 결과를 TV 등을 통해 공개했다. 예측 결과는 〈표 5-1〉에서 보는 바와 같이 실제 결과와 최대 오차가 0.8%밖에

안 되었다. 1987년 이후 역대 대선에선 후보 등록일에 앞선 후보가 실제 대선에서도 이긴 것으로 나타났다. 18대 대선 당시 대부분 박근혜 후보가 대략 2, 3% 포인트 차이로 앞서고 있었다.

〈표 5-1〉 1997년 15대 대선의 여론조사 결과

결과 \ 후보자	이회창	김대중	이인제
예측	38.9%	39.9%	19.7%
실제	38.3%	39.1%	19.4%

이러한 사례에서 보듯이 표본추출에 신중을 기한다면 매우 정확하게 모집단의 정보를 파악할 수 있다. 표본조사의 가장 큰 장점은 무엇보다도 조사시간과 비용을 절감할 수 있다는 점이다. 전체 모집단을 조사하는 것은 표본을 조사하는 것보다 당연히 시간이 오래 걸리는데, 이때 소요되는 시간은 연구자에게 매우 중요하다. 만약 전체 모집단을 조사한다면 수많은 조사원을 고용하지 않고는 짧은 시간 동안에 조사를 수행하기란 불가능하다. 그러나 많은 조사원을 고용하는 것은 실제로 자료의 정확성을 감소시키는 원인이 될 수 있다. 왜냐하면 이러한 경우 능력 있는 조사원이 아닌 미숙한 조사원도 고용해야 하기 때문이다. 모든 조사원을 충분히 교육시키고 감독하기가 어려우며, 응답자를 찾고 추적하는 것과 같은 세부 사항에 관심을 기울이기도 어렵다. 만약 오랜 시간이 소요되는 다수의 면접조사를 수행하고자 한다면 조사원은 조사 과정 동안 발생하는 다른 사건 때문에 응답자의 반응에 차이가 있는지 알 수가 없고, 따라서 초기에 조사된 의견을 나중에 수집된 의견과 비교할 수가 없다. 모집단을 조사한다면 자료를 보관하는 것도 큰 문제이다. 의견 수렴 과정에서 더 많은 사무 처리가

필요하며, 이는 여러 가지 오류가 발생할 가능성을 높여 준다. 표본조사의 또 하나의 장점은 응답자로부터 협조와 높은 응답률을 얻을 수 있다는 것이며, 이는 조사 결과를 더욱 정확하게 만든다. 이러한 장점은 특히 민감한 문제를 다루는 조사인 경우에 잘 나타난다.

3 표본추출틀의 구성

표본추출틀(sampling frame)은 모집단의 전체 요소의 목록(list)이다. 이러한 표본추출틀은 표본을 추출하는 기본적 자료이므로 모집단의 모든 표본추출 단위를 포함해야 하며, 다른 모집단에 속하는 표본추출 단위를 포함해서는 안 된다. 모집단의 모든 표본추출 단위는 누락되거나 중복되어서는 안 되며 현지조사 시 명확하고 쉽게 식별 가능해야 한다.

대규모 조사인 경우 조사자가 한 시점에서 한 도시의 모든 사람에 대해 완벽한 목록을 만드는 것은 불가능하다. 사람들은 매일 죽고 태어나며 주소를 변경하기도 한다. 잘못된 주소나 전화번호 때문에 접촉할 수 없는 경우도 있다. 이러한 이유로 일반적으로 조사자는 현존하는 목록에 의존해야만 한다. 그러나 소규모 조사인 경우에는 조사자는 가능한 직접 목록을 작성해야 한다. 왜냐하면 현존하는 목록은 일반적으로 조사 이외의 목적으로 작성된 경우가 많고, 반복 기재되거나 누락된 요소가 있을 수 있기 때문이다. 이러한 예로서 앞서 자동차 등록부나 전화번호부에 있는 명단을 사용함으로써 부유층을 과다하게 표본추출하고 빈곤층을 과소 표본추출한 『리터러리 다이제스트』의 조사 결과를 보았다.

현존하는 목록에서 표본추출틀을 구성하려는 조사자는 모집단에서 제외된 사람들의 수를 정해야 하며, 이렇게 제외된 사람들이 목록에 포함된 사람들과 어떻게 다른지를 알아야 한다. 만약 제외된 사람들이 전체 모집단의 확률표본이라면 그 수가 많다고 하더라도 피해는 심각하지 않을 것이다. 그러나 제외된 사람들은 일반적으로 동질적인 집단이거나 목록에 있는 사람들을 대표하지 않는 집단을 구성한다. 전화번호부에서 제외된 전화가 없는 가난한 사람들이 그 예이다.

전체 모집단을 충분히 목록화할 수 있거나 현존하는 목록으로써 충분한 경우도 있다. 충분한 표본추출틀을 구성하는 것이 가장 큰 문제가 되는 경우는 대규모 표본조사나 전국 또는 전 도시를 대상으로 한 조사에서 발생한다. 특히 목록을 작성하는 문제는 이주자 조사와 같이 변하기 쉬운 모집단을 갖는 조사인 경우에 존재한다. 전체 도시 조사와 같은 대규모 조사에서 개개인을 목록화하는 것은 비용과 시간이 너무 많이 소요되기 때문에 주민등록지나 거주지 주소를 목록으로 만들어 표본추출틀로 사용할 수 있다. 개개인의 목록과 달리 거주지 주소에 관한 목록은 비교적 안정적이다. 이러한 목록은 가능한 최근의 것으로 사용하는 것이 좋다.

전체 명단을 작성할 수 없는 경우에 최선의 대안은 인구 센서스에서 제공된 정보를 이용하는 것이다. 인구 센서스 정보는 상당히 정확하다. 인구 센서스의 큰 장점은 특별한 특징을 가진 사람들이 사는 지역의 특성을 정확히 설명할 수 있다는 점이다. 대규모 조사에서는 현존하는 목록에 많이 의존하며, 소규모 조사인 경우에는 목록을 작성하는 데 발생하는 문제이 상대적으로 적으므로 직접 목록을 작성하는 것이 바람직하다. 예를 들어 만일 자발적 조직의 구성원에 대해 조사하고자 한다면 최근에 작성된 구성원의 목록을 사용하면 된다.

4 표본추출법의 종류

표본을 추출하는 방법은 크게 확률표본추출법(probability sampling)과 비확률표본추출법(nonprobability sampling) 두 가지로 나눌 수 있다. 확률표본추출은 무작위추출을 전제로 하며 확률이론에 입각한 통계적 추론이 가능한 것으로서 모집단을 구성하고 있는 개별 요소가 표본에 포함될 확률이 동일한 것이다. 대표적인 확률표본추출법에는 단순임의표본추출법, 층화임의표본추출법, 계통표본추출법, 군집표본추출법 등이 있다. 반면 모집단의 구성 요소가 추출될 확률을 동일하게 하는 것이 필요하지 않거나 불가능한 경우, 모집단을 명확히 규정할 수 없는 경우에는 비확률표본추출법을 사용한다. 대표적인 비확률표본추출법에는 편의표본추출법, 할당표본추출법, 유의표본추출법 등이 있다.

1) 확률표본추출

(1) 단순임의표본추출(simple random sampling)

단순무작위표본추출이라고도 한다. 크기 N인 모집단으로부터 크기 n인 표본을 균등한 확률로써 추출하는 것을 말한다. 우선 모집단의 전체 구성 요소를 파악한 후 개별 요소에 대해 일련번호를 부여하고 난수표 등을 이용해서 필요한 수의 표본을 추출한다.

첫째, 조사하려는 대상의 모집단을 확보한 후 일련번호를 부여한다.

둘째, 모집단으로부터 무작위로 표본을 선정하기 위해 난수표와 같은 것을 이용해서 크기가 n개가 되도록 난수를 선택한다.

셋째, 선택된 난수에 해당하는 번호와 일치되는 모집단의 요소를 표본으로 구성한다.

그러나 이 방법을 사용하려면 우선 모집단의 구성 요소를 정확히 파악해 명부를 작성해야 하는데, 실제로는 이것이 매우 어려우므로 잘 사용되지는 않는다.

(2) 층화임의표본추출(stratified random sampling)

모집단이 상이한 성격으로 구성된 경우에 유사한 성격끼리 묶은 여러 개의 부분집단으로 나눈 층을 만들어서 각 층으로부터 단순임의추출법에 따라 표본을 추출하는 방법을 말한다. 즉, 이는 전체 모집단에서 표본을 추출하는 것이 아니라 모집단을 여러 개의 동질적인 하위집단으로 층화시킨 후 각 하위집단에서 적절한 수의 표본을 추출하는 것이다. 이때 모집단을 층화시키는 기준을 무엇으로 할 것인지는 기준이 되는 변수의 사용가능성과 중요성에 근거해서 결정한다. 이러한 방법에 의해 추출된 표본은 단순임의추출법에 의한 표본보다 일반적으로 모집단을 더 잘 대표한다고 할 수 있다.

층화임의표본추출법의 장점은 첫째, 층별 결과분석으로 인해 각 층별로 결과의 비교가 가능하고, 둘째, 조사 대상이 되는 표본의 관리가 용이하며, 셋째, 조사의 정밀도(precision)가 증가하게 된다는 점이다. 이 방법에서는 각 층으로부터 표본을 추출하게 되므로 층내는 동질적이고 층간은 이질적이며 각 층의 크기는 균등한 것이 좋다.

(3) 계통표본추출(systematic sampling)

체계적 표본추출이라고도 하는데, 일련번호가 부여된 모집단의 각 대상에 대해 임의의 난수로부터 k 번째 대상을 첫 번째 표본으로 추출하고, 두 번째 이후의 표본은 일정한 간격만큼 증가시키면서 표본으로 선택하는 방법이다. 이 방법은 단순임의표본추출법보다 표본추출작업이 쉽고 조사의 정밀도(precision)가 높으며 실제 조사 현장에서 직접 사용이 가능하다는 장점이 있다. 계통표본추출을 하기 위해서는 우선 명부가 작성되어야 하며, 명부가 마련되면 여기에서 매 몇 번째 사람을 뽑는 식으로 표본을 추출한다. 이때 처음에 선정되는 사람은 무작위로 선택된다. 만일 명단이 어떤 일정한 유형을 가지고 배열되어 있는 경우에는 편중된 표본이 추출되므로 이 점에 유의해야 한다. 따라서 이 방법을 사용하기 전에 반드시 명단이 어떤 규칙을 갖고 배열되어 있는지를 우선 살펴보아야 한다.

계통표본추출의 과정은 다음과 같다.

첫째, 모집단 크기 N에 대해 일련번호를 부여한다.

둘째, 크기 n인 표본을 선택한다고 가정할 때 추출률의 역수인 $K=\frac{N}{n}$을 계산해 표본추출 간격 k를 정한다.

셋째, 난수표 등을 이용해 k보다 작은 수 r을 택한다(첫 번째 표본으로 선택).

넷째, 두 번째 이후의 표본 선택은 일정한 간격으로 k만큼 증가시킨 r+k, r+2k, ⋯, r+(n-1)k 에 해당하는 표본을 선택한다.

모집단 크기 N에서 계통표본추출법으로 크기 n인 표본을 구성했을 때 조사된 관심 사항에 대한 표본 결과로부터의 모평균의 추정량을 알아볼 수 있다.

(4) 군집표본추출(cluster sampling)

집락표본추출이라고도 하며, 모집단의 요소들을 직접 추출하지 않고 여러 개의 군집(cluster)으로 묶어서 이 군집을 표본으로 추출해서 추출된 군집 내의 요소들을 조사하는 방법이다. 군집표본추출에서는 표본추출 단위가 개인이 아닌 군집이다. 개인 단위의 명부를 작성하는 것이 현실적으로 불가능할 때 일단 군집으로 추출하고 여기서 다시 개인을 추출하는 방법을 사용한다. 이러한 방법은 모집단의 목록이 불완전한 경우나 지리적으로 조사지역이 너무 크게 분산되어 있어 조사 시간과 비용이 많이 소요되는 경우에 유용한 방법이다.

군집표본추출에서는 층화표본추출과는 반대로 가급적이면 군집 내는 이질적인 요소로 구성한다. 층화표본추출에서는 각 층에서 개별 요소를 추출하므로 모든 층이 표본에 포함되고, 따라서 각 층 내는 가급적 동질적으로, 그리고 층간은 가급적 서로 달리 구성하게 된다. 그러나 군집표본추출에서는 모든 군집을 선택하는 것이 아니라 그중 일부만을 표본으로 택하기 때문에 만일 군집이 내부적으로 동질적이면 한쪽으로 치우친 표본을 택하게 될 위험이 있다. 이 방법은 흔히 다른 표본추출 방법과 병행해서 사용된다.

층화임의표본추출과 2단계 군집표본추출을 비교해 보면 표본을 여러 개의 집단으로 나눈다는 점에서는 유사하지만 층화임의표본추출은 각 집단으로부터 무작위로 표본을 추출하는 것이고, 군집표본추출은 첫 번째 단계에서 추출된 여러 집단에서 무작위로 표본군집을 추출하는 것이다. 군집 내의 변동이 적은 경우에는 층화임의표본추출법이 유용한 방법이지만 군집 간에 유사한 특성을 갖는 경우에는 군집표본추출법이 유용하다.

군집표본추출의 과정은 다음과 같다.

첫째, 모집단을 여러 개의 군집으로 형성한다.

둘째, 단순임의표본추출법에 의해 군집을 추출해서 군집표본을 구성한다.

셋째, 추출된 군집 내에 있는 모든 대상을 표본조사 단위로 해서 표본을 구성한다.

군집을 효율적으로 구성하기 위해서는 첫째, 군집 내의 성격은 서로 이질적이어야 하지만 군집 간에는 동질적인 특성을 갖도록 군집을 구성하며, 둘째, 각 군집의 크기를 가능한 동일하게 하고, 셋째, 조사에 소요되는 시간이나 비용의 절감 효과를 고려해야 한다. 군집을 형성할 때는 군집의 크기를 적절히 해서 통제가 편리하도록 하는 것이 바람직하다. 적절한 군집을 선택하는 일은 가장 중요한 과정이다. 군집 선택시 가장 중요하게 고려해야 할 한 가지 요인은 조사비용이다. 적은 수의 표본군집을 추출한 후 각 군집에서 많은 수의 표본을 선택하거나 많은 표본군집을 추출한 후 각 군집에서 적은 수의 표본을 선택하는 방법 중 한 가지를 선택한다.

군집표본추출은 층화임의표본추출과 결합되어 사용될 수도 있는데 이를 층화군집표본추출이라고 한다. 이는 모집단을 L개의 층으로 나눈 후 각 층으로부터 하나의 군집표본을 추출하는 방법이다. 이 방법의 장점은 모집단을 동질적인 층으로 나눈 다음에 각 층에서 추출된 군집은 서로 이질적이므로 층화 효과와 군집 효과를 효율적으로 이용할 수 있으며, 각 층으로부터 군집을 추출하게 되므로 모집단을 대표하는 표본 크기를 줄일 수 있다는 점이다. 이는 크기가 큰 군집에 더 많은 추출 기회를 부여하며 조사의 정도가 향상되는 장점이 있다. 층화군집표본추출에서 모수를 추정하는 과정은 두 단계로 나뉜다. 1차 추정에서는 군집표본추출에 의해 각 군집에서 모수를 추정하며, 2차 추정에서는 층화표본추출에 의해 모수를 추정한다.

크기 비례 확률을 이용한 군집표본추출(cluster sampling with probability proportionate to size)도 있다. 이는 각 군집의 크기에 비례하는 확률을 이용해서 표본을 추출하는 방법이다. 대부분의 군집표본추출에서는 군집의 크기가 다르기 때문에 각 구성 요소가 추출될 수 있는 확률을 동일하게 하기 위해서는 추가 사항이 필요하다.

이 방법은 이러한 점을 고려한 것이다. 예를 들어 각 동을 군집으로 할 때 각 동의 주민 수가 다르므로 모집단의 각 요소당 추출 확률이 달라지는데 이때 각 군집이 그 크기에 비례해서 표본추출되도록 하는 방법이다. 따라서 군집의 크기가 클수록 그 군집에서 표본이 추출될 확률도 높아진다. 이렇게 군집을 선정한 후 각 군집에서 동일한 수의 요소를 뽑는다. 이 방법은 실제로 적용하는 데 다소 번거로울 수 있으므로 일정 크기 이상의 군집만을 선택한 다음 여기에 동일한 표본추출률을 적용하는 방법을 쓰기도 한다.

이러한 크기 비례 확률을 이용한 군집표본추출법은 각 군집의 크기가 매우 불균등한 경우에 모집단의 대표성을 유지하는 표본을 구성하기 위해서 군집 크기에 비례하는 확률 크기를 고려해 표본군집을 추출하는 것이 매우 효율적인 추출 방법이 되기 때문에 이용되는 방법이다. 이는 군집 크기에 의해 발생되는 변동을 효과적으로 조절하는 방법이며, 일반적으로 정밀도(precision)가 높고 추정값의 계산이 단순하다는 장점이 있으나 편향(bias)이 발생할 염려가 있다.

군집표본추출법의 경제성을 유지하면서 효율성을 높이는 한 가지 방법은 추출된 표본군집의 모든 조사 단위를 전부 조사하는 대신 각 표본군집 내에서 다시 조사 단위의 표본을 추출하는 것이다. 조사 단위가 2단계의 추출 과정을 거쳐서 얻어지는 경우에 2단계 표본추출법(two-stage sampling)이라고 하며, 이 방법을 좀 더 일반화하면 3단계 표본추출법, 4단계 표본추출법 등을 생각할 수 있는데, 3단계 이상을 다단계 표본추출법이라고 한다. 다단계 표본추출법에서 각 단계의 추출 단위는 그 다음 단계의 추출 단위의 군집으로 구성되고, 최종 단계의 조사 단위는 모든 단계의 추출 단위 내에 포함된다.

이러한 다단계 군집표본추출법(multistage cluster sampling)은 조사 단위를 직접 추출하는 단순임의표본추출법과 비교할 때 비용은 적게 들지만 효율은 떨어진다. 다단계 표본추출법은 1단계 또는 2단계 표본추출법에 비해 다음과 같은 장점이 있다.

첫째, 추출명부의 작성이 용이하다. 예를 들면 전국을 모집단으로 하는 조사에서 가구를 조사 단위로 할 때 가구의 완전한 명부를 작성한다는 것은 불가능하다. 그러나 조사 단위의 집합으로 구성되어 있는 통·반이나 부락의 명부는 비교적 쉽게 작성할 수 있다. 이 경우 우선 제1단계로 통·반의 표본을 추출하고, 이 추출된 표본 통·반의 가구명부를 작성한 다음, 각 표본 통·반에서 가구를 추출하면 된다. 따라서 가구명부를 모집단 내의 모든 통·반별로 작성할 필요가 없고, 표본 통·반에 한해서 작성하게 되므로 작업이 비교적 쉽고 명부의 정확도도 높다. 그런데 실제로는 전국의 통·반명부를 이용하는 것도 쉽지 않다. 그러나 통·반의 집합체로 되어 있는 동이나 면의 명부는 쉽게 구할 수 있다. 이러한 경우에 3단계 표본추출법에 의해 조사 단위를 추출하면 된다.

둘째, 실제로 자료를 수집하는 데 필요한 경비, 즉 조사원의 여비 등이 절약되며 현지에서 조사원을 교육하고 감독하는 데에 매우 편리하게 이용될 수 있다. 우리나라 정부에서 실시하는 통계조사는 대부분 이러한 다단계 표본추출법을 사용하고 있다.

(5) 이중표본추출(double sampling)

이는 표본추출 과정에서 추출을 편리하게 해 주는 보조변수에 대한 사전 정보를 이용해서 표본을 추출하는 방법이다. 구체적인 추출 과정은 우선 보조변수에 대한 정보를 얻기 위해 모집단으로부터 대표본을 추출하고 두 번째 단계에서 조사 목적에 따른 관심 사항을 조사하기 위해 첫 단계에서 얻은 표본을 이용해서 다시 부표본(subsample)이 되는 소표본을 추출한다.

이러한 이중표본추출에서는 층화표본추출이나 군집표본추출에서와 같이 비용 절감 효과를 기대할 수 있는데, 첫 번째 단계의 표본은 표본 크기는 크지만 단위당 비용이 적게 들며, 두 번째 단계의 표본은 표본 크기는 작지만 단위당 조사비용은 많아지게 된다. 층화표본추출은 층화지표로 이용되는 보조변수에 대한 사전 정보를 알고 있는 경우에 가능하지만 이중표본추출은 보조변수에 대한 사전정보가 없는 경우에 대표본에서 보조변수의 분포를 추정해 표본추출에 이용한다. 대표본으로부터 파악된 보조변수에 대한 정보를 이용해 층화표본추출에서의 층화지표나 비추정 등에 유용하게 사용할 수 있기 때문에 현실적으로 널리 이용 가능한 방법이다. 그리고 이 방법은 조사 결과의 정밀도를 향상시키는 효과가 있다.

(6) 포획·재포획표본추출(capture-recapture sampling)

일반적인 표본추출 방법은 확률적 모형에 근거하지만 특수한 모집단인 경우에는 확률추출이 불가능한 경우가 종종 발생하게 된다. 예를 들어 환경이나 동식물의 조사 같은 경우에는 확률표본추출법의 모든 과정을 적용하기 곤란하다. 포획·재포획표본추출법은 특히 이동성 모집단(mobile population)인 경우에 모집단의 크기(총 개체 수)를 추정하고자 할 때 널리 이용된다. 즉 각종 서식동물의 수를 추정하거나 부랑자의 수를 추정하거나 치명적인 사건의 수를 추정하는 경우에 사용되며, 인구 센서스에서 소수집단에 대한 과소 추정을 해소하기 위한 방법으로도 사용된다.

일정한 지역 내에서 이동하고 있는 모집단의 총 개체 수를 추정하기 위한 과정은 우선 첫 단계에서 크기 X인 표본을 선택해서 적당한 표지(標識: 꼬리표, 고리, 인식표 등)를 해서 되돌려 보낸 후 두 번째 단계에서 일정한 시간이 흐른 후에 크기 y인 표본을 선택한다. y개 표본 중에서 첫 단계에서 부착한 표지를 지니고 있는 크기 x를 파악해서 전체 수를 추정한다.

(7) 네트워크표본추출(network sampling)

모집단에서 어떤 희귀한 존재에 대한 특성을 추정하고자 할 때 추출된 표본의 조사 결과만으로는 추정의 정밀도를 향상시킬 수 없으므로 추출된 표본과 표본으로 선택되지 않은 대상 중에서 추출된 표본과 어떤 특정한 관계에 놓여 있는 다른 대상을 포함시켜 모수를 추정하게 되면 향상된 추정 결과를 얻을 수 있을 것이다. 이와 같이 희귀 속성을 추정하는 경우 일반적으로 편향된 추정 결과를 얻을 수 있기 때문에 표본과 특정한 관계가 있는 비표본(nonsampling)의 결과를 적절한 방법으로 추정할 수 있도록 하는 방법을 네드워크표본추출이라고 한다. 이는 하나의 표본추출 단위를 선택하면 이 추출 단위와 관계가 있는 다른 모든 대상도 표본으로 포함하는 것이다.

네트워크표본추출은 첫째, 희귀한 병(혈액병, 암, 유행성 질환 등)을 추정하는 조사에서 병원을 추출 단위로 하는 경우에 사용할 수 있다. 병원을 표본 단위로 해서 추출된 병원 내 환자의 정보로부터 자료를 획득하는 경우에는 환자 중 여러 병원에서 진료를 받은 환자가 있기 때문에 표본 병원의 환자기록카드로부터 모수(총 크기)를 추정하는 것보다는 표본병원에서 조사된 환자들의 진료받은 병원의 수를 이용해 추정하는 것이 훨씬 효율적이고 정밀도(precision)가 높은 추정 결과를 얻을 수 있을 것이다. 둘째, 인구학적 측면에서 희귀 속성의 추정을 위해 가구를 표본으로 선정하는 경우에도 사용할 수 있다. 희귀 속성을 추정하기 위한 추출 단위로 가구를 선정하는 경우에는 해당 가구에 동거하고 있는 구성원에 대한 정보를 이용해 자료를 획득하게 된다. 이러한 경우 표본가구와 관계가 있는 분가된 가족원이나 친척 등에 대한 정보를 획득해 이용할 수 있다면 희귀 속성에 대해 훨씬 더 나은 추정 결과를 얻을 수 있게 될 것이다.

(8) 공간표본추출(spatial sampling)

생태학 또는 지질학적 조사에서는 공간의 특정한 지점을 표본추출 단위로 선정해 조사하게 된다. 이렇게 공간 개념에 기초해 조사를 수행하는 경우 표본지점의 거리와 가까운 장소에서의 관찰 결과는 상당히 밀접한 관계를 나타내게 될 것이다. 이렇듯 공간적 형태를 고려해서 선정된 표본 지점에서의 관찰 결과 간의 관찰거리에 근거해서 추정하는 일련의 과정을 포함하는 방법을 공간표본추출법이라고 한다.

　　공간표본추출에서의 주된 관심 사항은 모수의 추정이나 표본으로 선정되지 않은 새로운 장소에 대한 예측 등이다. 이 방법은 일반적으로 관찰되는 많은 자료가 시간이나 공간적 개념이 내포된 것이기 때문에 공간적 개념에 근거해서 관찰하는 많은 경우에 적용할 수 있다. 예를 들어 지질학에서의 매장량이나 매장 등급 조사, 생태학에서의 총 서식 수나 분포 실태조사, 농업에서의 농작물 작황 실태나 분포 상황 조사, 환경에서의 대기오염이나 지하수 오염 실태조사 등에 적용 가능한 방법이다.

　　공간표본추출은 공간 개념에 기초를 두고 행해지는 방법이므로 적절한 공간 형태를 설정하는 것이 무엇보다 중요하다. 공간표본의 설계에서는 원형, 육각형, 삼각형, 사각형 등 다양한 공간 형태에 따라서 추정의 효율성이 다르게 나타나기 때문에 적절한 공간 형태의 설계가 중요하다. 가장 효율적인 공간 형태로는 원형이나 육각형, 정방형 등이 꼽힌다. 또한 표본으로 선정된 공간에서의 표본 지점의 선정도 중요하게 고려되어야 할 사항이다. 즉, 조사하기 위한 표본 지점의 추출 방법도 중요한데, 표본 지점을 선정하는 방법으로는 계통표본추출법을 널리 이용하며 층화표본추출법도 사용된다.

　　N개로 공간분할된 모집단에서 n개의 표본 장소에서 관찰된 자료를 Y라고 가정하자. 공간표본추출에서의 추정 방법은 관찰 장소 간의 거리에 대한 함수를 가정해서 추정한다. 이러한 추정 결과는 선형함수로 나타나게 되는데, 이를 선형예측량이라고 한다. 선형 예측을 하기 위해서는 2차 정상성 가정을 가정하고 추정한다. 2차 정상성 가정이란 첫째, 기댓값이 모든 장소에서 항상 동일하며, 둘째, 두 관찰 지점에 대한 공분산이 장소 간의 거리에 의해서만 영향을 받는다고 가정하는 것이다. 표본으로 관찰되지 않은 새로운 장소에 대한 예측에 관심을 가지는 경우 공간표본추출법의 결과를 이용해 예측할 수 있는데, 여기에는

공간공분산함수를 이용한 선형 예측 방법과 '차(差)의 분산(variogram)'을 이용한 선형 예측 방법(kriging)이 널리 이용된다.

(9) 적합표본추출(adaptive sampling)

이는 추출된 표본 단위에 대해 실제로 표본에 대한 조사를 진행해 가면서 관찰되는 상황을 고려해 표본을 조정함으로써 표본추출 단위를 추가로 선택하는 것이 가능하도록 하는 방법이다. 적합표본추출법과 전통적인 표본추출법의 특성을 비교해 보면 전통적인 표본추출법에서는 표본설계 과정에서 모든 표본의 추출 단위를 사전에 결정하지만, 적합표본추출법에서는 표본조사를 진행하는 동안에 관찰 결과를 이용해 표본을 조정하는 것이 가능하므로 실제로 표본추출 과정에서 발생하는 모집단의 특성, 비용, 편의성 등에 의해 영향받는 전통적인 표본추출 방법보다 많은 장점을 지닌다.

적합표본추출법의 장점은 첫째, 주어진 표본 크기나 조사비용을 고려할 때 모집단에서의 밀도나 총량 추정 면에서 전통적인 방법보다 더 정확한 추정이 가능하고, 둘째, 조사하는 관심 대상에 대한 자료들이 조사가 진행되는 동안에 증가하는 경우에 바람직한 추정 결과를 제공하며, 셋째, 전통적인 표본추출 방법은 조사비용이나 조사의 편의성 등에 의하여 많은 영향을 받으나 적합표본추출법은 조사의 진행 결과에 따라서 조정이 가능하기 때문에 조사의 정밀도가 향상될 수 있으며, 넷째, 특정한 모집단에서는 효율성을 크게 증가시켜 줄 수 있고 전통적인 방법보다 더 나은 결과를 얻을 수 있으며 전통적 방법과 결합되어 이용 가능하다는 점 등이다. 이는 희귀 속성의 조사, 동식물의 총 서식 수나 서식 개체군 조사, 광물이나 석탄, 석유 등의 매장량 조사 등에 적용 가능한 방법으로 이용된다.

적합표본추출법은 흔히 전통적인 표본추출 방법과 함께 사용되는데, 그 대표적인 것으로서 적합군집표본추출(adaptive cluster sampling)이 있다. 이는 우선 최초의 추출 단위를 확률표본추출 과정에 의해 선정하고, 선택된 표본 단위에서 조사 목적에 따라 관찰하면서 주어진 기준(조건)을 표본 단위가 만족하는 경우에 표본 단위와 인접한 단위를 표본으로 추가하는 방법이다. 여기서는 추출확률을 사전에 알 수 없기 때문에 최초 표본의 일부분으로 선택된 단위의 주어진 조건에 대한 만족 여부를 이용해 관찰함으로써 추정한다.

(10) 확률화 응답모형(randomized response sampling)

이는 모집단의 각 개체를 어떤 특별한 속성을 갖고 있거나 갖고 있지 않은 두 개의 집단으로 나누고서 특별한 속성을 갖고 있는 비율 P를 추정하는 데에 관심을 가진다. 실제 조사에서는 민감하거나 대답하기 곤란한 질문에 대해 응답을 기피하는 경우가 종종 발생하는데, 직접적인 응답을 피할 때 해당 질문에 대한 추정을 하는 방법을 워너(S. L. Warner)가 제안한 것이 확률화 응답모형이다.

확률화 응답모형을 적용하는 구체적인 과정은 다음과 같다.

첫째, 두 장의 카드(또는 동전의 앞뒷면 등)를 이용해서 응답자에게 이 중 하나를 임의로 선택하게 한다.

둘째, 두 장의 카드를 각각 모집단의 두 속성으로 나눈 후 응답자가 임의로 선택한 카드와 응답자의 속성이 일치하면 '예', 그렇지 않으면 '아니오'라고 응답하도록 한다.

셋째, 응답자가 카드를 알 수 없도록 해서 위의 과정을 계속적으로 반복해 측정한다.

이 과정을 알기 쉽게 나타내면 [그림 5-1]과 같다.

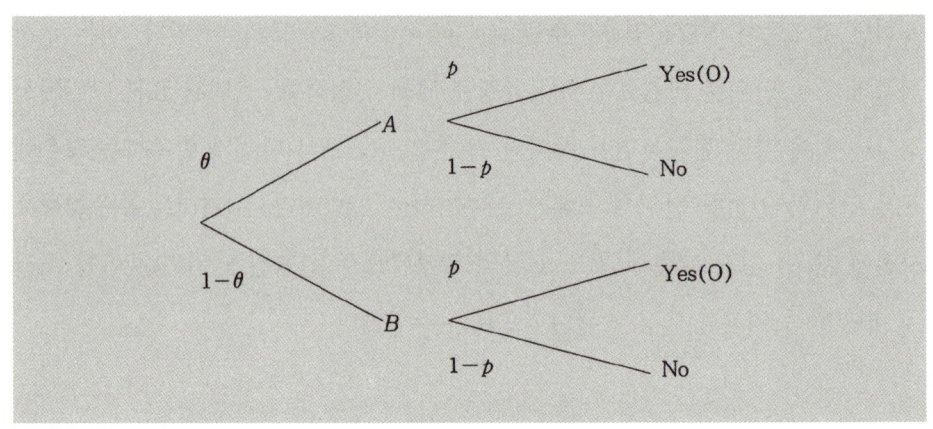

[그림 5-1] 확률화 응답모형

2) 비확률표본추출

비확률표본추출도 많이 사용되는 표본추출 방법이다. 이것의 단점은 표본을 선택할 확률이 알려져 있지 않으므로 표본이 모집단을 대표한다고 주장할 수 없다는 것이다. 이 방법은 조사된 특정 표본을 일반화시키는 연구자의 능력을 제한하며 표본추출오차의 정도를 추정할 수 없다. 반면 비확률표본추출법의 장점은 적용하기가 간단하고 비용이 적게 들며 통계적으로 복잡하지 않기 때문에 즉흥적인 조사를 할 수 있다는 점이다. 비확률표본추출에서는 표본에서 얻은 결론을 일반화하려고 하지 않으며, 이를 사용해 조사를 다시 반복하고자 계획할 때에는 연구자는 표본틀의 구성보다는 질문을 더 완벽하게 구성하는 데에 관심을 갖게 된다. 조사 시간과 비용을 절약하고자 하는 사전 조사 등에 많이 이용된다. 비확률표본추출법의 종류에는 다음과 같은 것이 있다.

(1) 편의표본추출(convenience sampling)

우연적 또는 우발적(accidental, incidental) 표본추출이라고도 하며, 가까이 있어 손쉽게 접근할 수 있는 사람들을 표본으로 선택하는 방법이다. 이 방법은 시간과 비용을 절감하는 장점이 있으나 표본의 대표성을 추정할 수 없고, 따라서 조사 결과를 일반화하기 곤란하다. 편의표본추출의 예로는 텔레비전이나 라디오의 청취자를 표본으로 해서 조사하거나 강의를 듣는 학생 둘을 대상으로 조사하거나 거리를 지나는 사람들을 조사하는 것 등을 들 수 있다.

편의표본추출에서는 내적 타당도는 유지할 수 있으나 외적 타당도는 유지하기 어렵다. 그러나 이는 나름대로의 유용성을 지니며, 특히 여러 가지 제약으로 인해 엄정한 표본추출이 어려운 경우에는 편의표본추출법에 의해 수집된 자료라도 필요한 정보를 충분히 제공해 줄 수 있다.

(2) 할당표본추출(quota sampling)

할당표본추출은 각각의 층이 전체 모집단에서 동일한 비율을 갖는 표본으로 나타나는 층화표본추출과 유사한 점이 있는 방법으로서 모집단이 갖는 특성의 비율에 맞추어 표본을 추출하는 것이다. 최근에는 확률표본추출법과 병행해 사용하기도 하는데 다단계 표본추출 과정의 마지막 단계에서 많이 사용한다. 여기서는 모집단의 성별, 연령별 구성 등 그 특성을 정확히 알고 이에 근거해서 할당 기준을 마련한다. 할당은 보통 전체 인구와 같은 비율로 한다. 그러나 상황에 따라서는 특정 속성을 갖는 대상을 가중 표본추출할 수도 있는데 이 경우 모집단의 특성을 추정하고자 할 때에는 다시 가중값을 부여해 모집단의 분포와 같아지게 해야 한다.

할당표본추출을 하기 위해서는 우선 할당 기준에 따른 할당표를 작성한 후 이에 따라 미리 정해진 방법으로 조사 대상자를 선정해 조사하고 해당 기준에 따른 할당이 채워지면 조사 대상자가 나타나더라도 배제한다. 이는 실제적인 조사 과정에서 조사원의 편견이 개재될 수 있는 소지가 많고, 조사하는 과정에서 어떤 특성을 지닌 대상, 예를 들어 귀가 시간이 늦은 사람들이 배제될 수 있다는 문제점이 있다.

할당표본추출의 과정을 보면, 우선 수행될 조사에 관련된 층들을 결정한다. 그리고 전체 모집단에서 배분한 각 층에 대해 할당을 정한다. 예를 들어 여당과 야당의 선거운동에 관한 조사가 있다고 하자. 어떤 도시에 등록된 유권자의 목록에서 60%가 여당, 40%가 야당이라면 조사자는 동일한 비율을 반영하는 표본을 원할 것이다. 할당이 정해진 후 할당표본은 단순히 필요한 특징을 가지는 사람들로 구성된다. 유권자 조사에서 총 200명의 응답자 중 80명은 야당, 120명은 여당임을 의미한다. 여당 또는 야당이 모집단의 확률적 선택으로 결정되지 않더라도 두 집단은 전체 모집단 내와 표본에서의 비율 면에서 동일하다. 할당표본추출이 확률적이지는 않으나 조사자는 편향(bias)을 방지하기 위해 모든 조치를 취해야 하며, 표본이 가능한 대표적이고 일반화될 수 있는 것임을 확신해야 한다.

(3) 차원적 표본추출(dimensional sampling)

차원적 표본추출법은 기본적으로 할당표본추출의 다차원적 형태이다. 그 기본 생각은 모집단에서 관심 있는 모든 차원을 특정화시킨 후 이들 차원의 모든 조합이 적어도 한 사례에 나타나도록 하는 것이다. 이 방법은 오직 작은 표본이 요구되는 연구를 위해 고안된 것으로서 각각의 사례가 대규모 연구에서보다도 더욱 상세하게 연구될 수 있다. 그러나 만약 표본이 작으면 어떤 필요한 변숫값이 나타내지지 않을 위험이 있는데 차원적 표본추출법은 이러한 위험을 극복하기 위해 고안된 것이다.

차원적 표본추출의 과정은 다음과 같다. 첫째, 모집단을 명확히 규정한다. 둘째, 모집단의 성원들이 차이를 보이는 가장 중요한 것으로 보이는 차원을 밝혀내고, 이러한 차원의 측면에서 다양한 값들의 조합을 포함하는 유형(typology)

을 만든다. 셋째, 이 유형을 모집단으로부터 적은 수의 사례를 선정하기 위한 표본추출틀로 사용한다. 보통 유형의 각 칸으로부터 한 개의 사례를 추출한다.

(4) 유의표본추출(purposive sampling)

의도적 또는 판단적(judgmental) 표본추출이라고도 한다. 이 방법에서는 할당추출법에서처럼 반드시 다양한 층 안에서 조사원이 할당량을 가질 필요가 없고, 편의표본추출에서처럼 가장 가까이 있는 대상을 고르지도 않는다. 여기서는 조사원이 조사 대상을 선택할 때 자신의 주관적 판단으로 조사 목적에 적합한 사람을 의도적으로 선택한다. 유의표본추출법의 장점은 조사원이 대상자를 선택할 때 자신의 조사 기술과 지식을 활용할 수 있다는 점이다. 예를 들어 선거 결과를 예측할 때 여러 해 동안 선거에서 승리한 대통령을 지지한 대상을 표본으로 선정하는 것이다.

(5) 눈덩이표본추출(snowball sampling)

눈덩이표본추출은 최근 사용이 증가되고 있는 방법으로서 마치 작은 눈뭉치를 굴려서 점점 큰 눈덩이를 만들어 가듯이 처음에는 소수의 조사 대상자를 찾아내어 조사하고 그 후 이들을 정보원으로 활용해 비슷한 속성을 가진 다른 사람들을 소개하도록 해서 이들을 조사하는 방법이다. 이 같은 절차를 반복해 필요한 만큼의 표본 수가 채워질 때까지 추출해 나간다.

눈덩이표본추출은 단계별로 수행된다. 첫 번째 단계에서는 필요한 특징을 가진 몇몇 사람을 분류해서 조사한다. 이 사람들은 표본으로 적합한 다른 사람들을 알아내기 위한 정보원으로 사용된다. 두 번째 단계에서는 세 번째 단계에서 조사 대상이 되는 더 많은 사람을 차례로 유도해 낸다. 이 방법은 모집단을 잘 모르거나 조사 대상자가 눈에 잘 띄지 않아 일상적인 표본추출 절차로써는 조사를 수행하기 어려울 때, 예를 들어 겉으로 드러나지 않는 비밀스러운 하위 집단 같은 것을 조사하는 경우에 적합하다.

5 표본 크기

　　표본조사를 하고자 하는 일반 조사자 가운데에도 충분한 표본 크기에 대한 개념이 없는 경우가 많다. 분명하고 정확한 표본 크기는 모집단의 본질과 조사의 목적에 따라 좌우된다. 만약 작은 모집단을 가진 조사인 경우에는 모집단의 100%에 해당하는 표본이 바람직할 것이다. 표본 크기는 보통모집단의 크기에 의존한다. 대략 30개 정도의 표본 크기를 통계적 자료분석이 행해질 조사에서 최소 표본 크기로 간주한다. 그러나 많은 연구자는 최소 표본 크기를 100으로 보기도 한다. 왜냐하면 따로 분석되기를 요구하는 부모집단(subpopulation)이 존재하기 때문이다.

　　예를 들어 교육 수준과 연간 소득 수준 간의 관계를 조사한다고 하자. 표본 크기 30명에 대해 〈표 5-2〉와 같이 자료 수집을 했다.

〈표 5-2〉 교육 수준과 연간 소득에 관한 조사의 표본분포

연간 소득 \ 교육 수준	대학 졸업자	대학 비졸업자
3천만 원 이상	10명	5명
3천만 원 미만	5명	10명

　　그리고 각 칸에서 χ^2 검정과 같은 통계적 검정의 결과를 얻었다고 하자. 여

기서 교육 수준 이외에 인종이나 성도 소득에 영향을 주므로 인종과 성의 변수를 첨가시켜야 한다고 주장할 수 있다. 이 경우 인종과 성에 의해 자료가 분할되면 어떤 칸 값은 매우 작은 값을 갖게 되어 자료분석을 해도 신뢰할 수 없게 된다. 그러므로 추정을 위해 표본 크기를 결정할 때에는 자료를 분석할 때 표본이 몇 번 나눠지는지와 각 분할에 대해 충분한 표본 크기를 유지하는 것을 확인하는 것이 매우 중요하다.

표본조사를 사용하는 연구자는 이론적인 표본 크기와는 상관 없이 파악될 수 없는 응답자의 존재, 조사의 거절, 해석하기 어려운 질문지의 반환 등으로 인해 최종적으로 수집되는 표본의 수는 실질적으로 이보다 적다는 것을 명심해야 한다. 따라서 표본 크기를 정할 때에는 자료분석이 가능한 답변에 실패한 응답자의 비율을 고려해야 한다. 예를 들어 서둘러 질문지를 작성하는 응답자는 부주의하게 몇몇 항목을 빠뜨릴 것이며, 어떤 응답자는 개인권의 침해라고 생각하는 질문을 빈 칸으로 남겨 둘 것이다. 또한 많은 생각을 요구하는 질문에 대해 답변을 회피할 것이다. 더욱이 어떤 질문은 모든 응답자에게 적용할 수가 없는데, 이런 종류의 질문이 포함되는 경우 실제로 얻는 표본의 크기가 작아지므로 이 점에 유념해야 한다.

생각해 볼 문제 1

■ 대한민국이 만일 1,000명의 마을이라면

출처 : https://www.youtube.com/watch?v=t7i_lypSoDk

대한민국이 1,000명의 마을이라면 수도권 거주 506명, 체류 외국인 19.6명, 연평균 노동시간 세계 3위, 평생 쓰는 돈 16여억 원(출처: 주간동아, 2015.08.)

우리는 현재 대한민국 인구 약 5,150만 명(2015년 행정자치부 주민등록 인구통계) 시대에 살고 있다. 종전과 분단 이후 평화의 시대를 맞이해 지난 70년 간 급격히 성장한 대한민국은 이제 숨 고르기를 하는 듯 인구, 산업 등 전반적으로 정체기에 들어섰다. 지금 우리가 살고 있는 대한민국은 어떤 모습일까. 『주간동아』가 지령(誌齡) 1,000호를 맞아 대한민국을 1,000명이 사는 마을로 가정하고 그 속에서 무슨 일이 벌어지고 있는지 들여다봤다.

이 마을에서는 1,000명 가운데 남성과 여성이 각각 500명으로 동일한 비율로 살고 있다. 1,000명 중 155명은 아이들(15세 미만)이고, 845명은 어른들(15세 이상)인데 65세 이상 노인은 108명이다. 이 마을 사람들의 평균 연령은 38.1세로 비교적 젊은 편이다.

지난해까지 이 마을에서 태어난 아이의 수는 8.7명으로 마을 역사상 2005년 이후 최저치를 기록했다. 보통 82세까지 살지만 남성은 78세, 여성은 85세로 여성이 평균 7세 정도 더 오래 산다. 새로 태어나는 아이의 수가 줄어들고 평균수명은 늘어나면서 마을 전체가 점점 고령화되는 것에 대해 사람들은 걱정하고 있다.

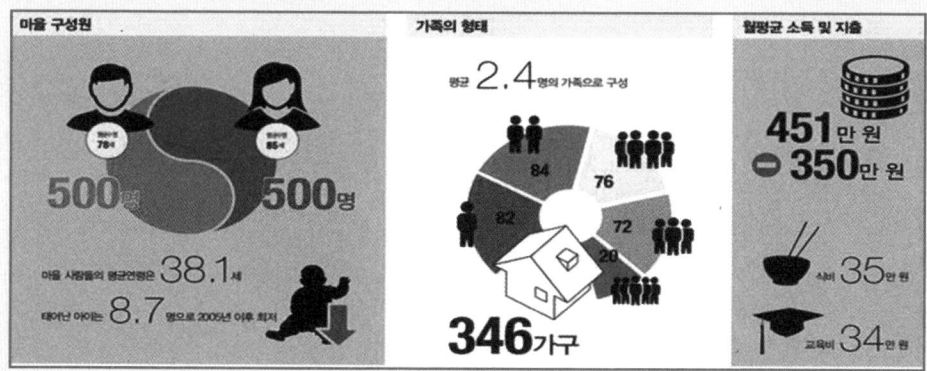

사람들의 건강 상태는 점점 좋아지고 있다. 이 마을 남성의 평균 키는 170.5cm로 지난 10년 동안 1cm 더 커졌고, 평균 몸무게는 70.9kg으로 2.3kg 늘었다. 여성도 평균 키 156.9cm로 10년 사이 0.9cm 크고 평균 몸무게는 57kg으로 0.8kg 늘어 남녀 모두 체격이 좋아졌다. 특히 젊은이는 발육 상태가 더 좋아졌는데, 20대 남성의 평균 키는 174.1cm, 여성은 161.6cm이다. 이는 80대와 비교하면 각각 11.6cm, 14.1cm 더 큰 수치다.

이 마을 사람들은 여러 지역에 흩어져 산다. 서울에 가장 많은 200명이 모여 살고 부산 70명, 대구 48명, 인천 58명, 광주 28명, 대전 30명, 울산 22명이 살고 있다. 또 경기에는 248명, 강원 30명, 충북 30명, 충남 40명, 전북 36명, 전남 38명, 경북 53명, 경남 66명, 제주 12명이 거주한다. 마을 행정을 담당하는 사무실을 옮기면서 인구 분산을 꾀했지만 여전히 수도권(서울·경기·인천)에 인구 절반 이상인 506명이 모여 사는 것은 또 다른 고민거리다.

마을 사람들은 평균 2.4명이 한 가족을 이루며 총 346가구가 살고 있다. 이 가운데 혼자 사는 1인 가구가 82가구고, 2명 84가구, 3명 72가구, 4명 76가구, 5명 20가구, 6명 4가구 등이다.

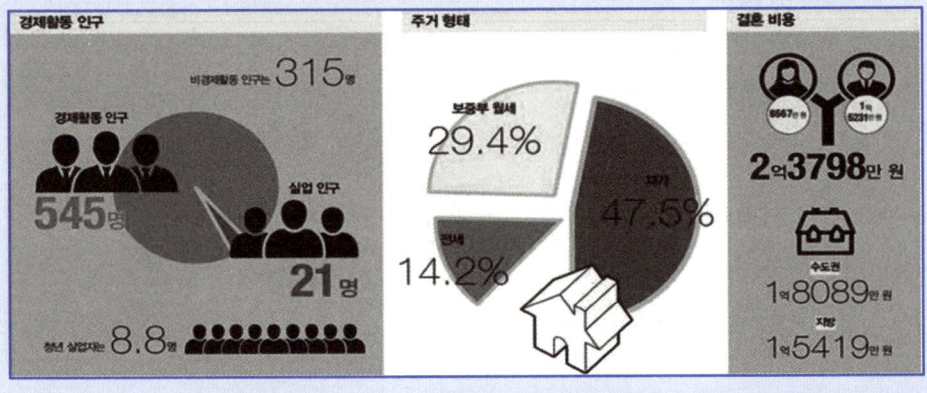

마을 사람들은 평균적으로 남성 32.4세, 여성 29.8세에 결혼해 가정을 이룬다. 지난해 결혼한 이들은 60쌍으로 마을 역사상 최저치를 기록했다. 이혼한 사람은 22쌍으로 10쌍이 결혼하면 3.6쌍은 갈라서는 꼴이다. 초혼 연령이 높아지고 출산율은 낮아져 혼자 혹은 둘이 사는 가구가 해마다 늘어나고 있다.

이 마을 346가구의 월평균 소득은 451만 원이며, 이 중 350만 원을 지출한다. 지출은 식료품·비주류음료 부문이 35만 원으로 가장 많고, 교육비가 34만 원으로 비슷한 수준이다. 이 밖에 주거·수도 등에 33만 원, 음식·숙박 32만 원, 교통 31만 원, 기타 상품·서비스 22만 원, 보건 17만 원, 의류·신발 15만 원 등을 소비하고 있다. 흥미로운 점은 교육비와 식비가 비슷한 수준이라는 것. 지난해 이 마을 사람들은 학생 1인당 월평균 사교육비로 24.2만 원을 썼으며, 사교육에 참여한 사람도 전체의 68.6%에 달했다.

346가구 가운데 월평균 소득이 100만 원 이하는 50가구, 100만~200만 원은 110가구, 200만~300만 원은 90가구, 300만~400만 원은 40가구, 400만 원 이상은 40가구다. 많이 버는 100명의 재산은 이 마을 전체 재산의 30%를 차지하고, 적게 버는 100명의 재산은 전체의 2%가 채 되지 않는다. 시간이 갈수록 적게 버는 집은 더 가난해지고 많이 버는 집은 더 부유해지는 데 대해 마을 사람들은 불만을 갖고 있다.

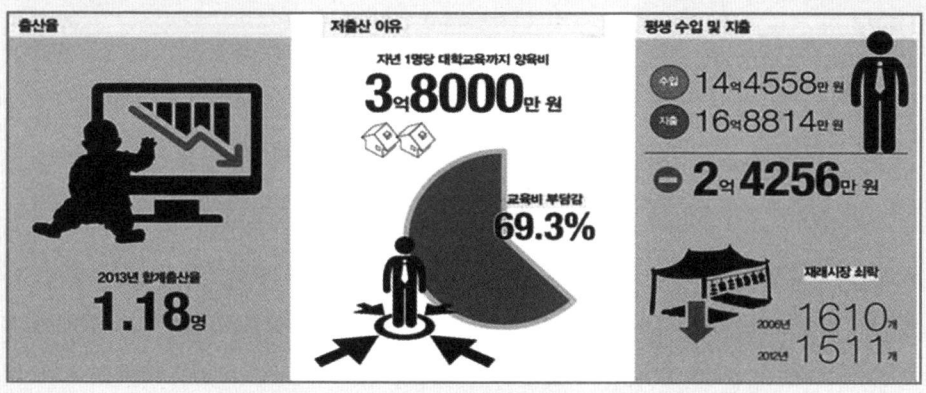

더 심각한 문제는 일할 사람에 비해 일할 곳은 적어 실업률이 높고, 특히 청년들(15~29세)이 직장을 구하지 못해 어려움을 겪는다는 것. 경제활동을 하는 사람은 545명인 데 반해 실업자는 21명이고, 이 가운데 청년 실업자는 8.8명이다.

마을 사람들은 집에 큰 가치를 둬 대부분 일해서 번 돈과 빌린 돈을 합해 집을 사려고 한다. 그러나 자기 집을 가진 사람은 전체의 47.5%에 불과하고, 보증부 월세 29.4%, 전세 14.2%, 월세 2.9% 순으로 집을 갖지 못한 이가 52.5%로 절반을 넘는다.

이 마을에는 해가 갈수록 다른 마을에서 이주해 온 사람이 늘어나 10년 전 9.6명에 불과하던 이주민 수는 현재 19.6명으로 2배가량 증가했다. 특히 몇 해 전부터 결혼 이주자가 늘어 19.6명 중 3명꼴로 새롭게 이 마을에 정착하고 있다.

지금까지 1,000명이 사는 마을의 모습을 통해 현재의 대한민국을 돌아봤다. 이 가운데 우리 삶의 변화를 확인할 수 있는 몇 가지 지표를 좀 더 자세히 알아보자.

국가의 가장 기본 단위를 이루는 가족은 혼인을 통해 구성된다. 통계청에 따르면, 지난해 평균 초혼 연령은 남성의 경우 32.42세, 여성은 29.81세로 나타났다. 1990년 평균 초혼 연령이 남성 27.29세, 여성 24.78세였던 것에 비하면 25년 사이 각각 5세씩 늘어난 셈. 이는 대학 졸업과 취업이 점점 늦어지면서 초혼 연령도 덩달아 늦춰지고 있기 때문이다.

생각해 볼 문제 2

여러분은 제2의 한국갤럽을 꿈꾸며 리서치 전문기관을 창립했다고 가정하자. 개업 후 처음으로 의뢰받은 일은, "학부모들이 인식하는 게임의 주관적 위험성"에 대해서 설문조사를 통해 측정하여 발표하는 것이다. 여러분은 전화를 통한 설문조사를 하기로 결정했고, 이에 따라 설문 업무에 충분히 숙달된 면접원들을 채용 및 훈련해야 함도 알고 있다. 이 주제에 대해서 굉장히 많은 변인이 개입할 수 있으며, 고객에게 가능한 정확한 데이터를 제공하는 것이 중요하다는 것도 인식하고 있다.

우선 이 주제를 조사하기 위해서 전수조사를 선택했다고 가정해 보자. 여기서 우리의 면접원들은 큰 위기에 봉착한다. 당장 대한민국에 학부모라고 불릴 만한 사람들은 천만 명 단위로 셀 수 있다. 그렇다면, 도대체 그들 모두에게 전화를 걸려면 면접원을 몇 명 채용해야 할까? 열 명? 백 명? 아니면 천 명? 그들을 훈련시키는 시간과 비용은 또 얼마나 될까? 게다가 그 수많은 사람을 일일이 추적해서 전화를 걸어야 하는데, 어떤 사람은 전화가 집에 없을 수도 있고, 어떤 사람은 장기 출타중일 수도 있으며, 어떤 부모는 장애가 있어서 수화나 점자 등 다른 방법으로 설문조사를 해야 할지도 모른다. 이 모든 상황을 전부 고려하면 전수조사를 하기에는 모집단이 너무 커서 시간과 비용이 어마어마하다는 결론을 얻는다. 이건 그야말로 맨땅에 헤딩하기다.

그렇기 때문에, 어쩔 수 없이 많은 리서치 전문기관은 통계적 절차를 따라서 일부 표본만을 제한적으로 뽑아서 그들을 대상으로 설문조사를 진행하고, 그들의 답변을 통해 전체 집단의 답변이 예상되는 범위를 대략적으로 추정해 보게 된다. 예를 들면, 5천만 대한민국 국민의 의견을 얻기 위해 많은 기관은 천 몇백 명 정도의 표본을 뽑아서 이를 통해 온 국민의 반응을 플러스 마이너스 몇 퍼센트 정도 내에서 가늠해 보곤 한다. 모집단이 5천만인데 고작 그 정도 표본 가지고 괜찮겠냐고 생각할 수도 있겠지만, 다 방법이 있다. 전 세계의 통계학자들이 빈둥빈둥 놀면서 연구비를 타서 챙긴 건 아니니까.(…) 물론 표본이 크면 클수록 좋기야 하지만, 비용과 시간이 감당할 수 없을 만큼 커지므로, 통계학적으로 확립된 수학적 지식에 기초해서 신뢰성을 담보할 수 있는 최소한의 표본 크기를 맞추는 것이다. 이것이 표본조사의 또 다른 묘미다.

생각해 볼 문제 3

▣ ○○동민 500명으로부터 표본 5명을 체계적 추출법으로 추출해 보자.

생각해 볼 문제 4

▣ ○○동 주민 500명의 동민 인명부로부터 단순임의 표본추출법으로 표본 10명을 추출해 보자.

MEMO

조사방법론 RESEARCH METHOD

Chapter 6

자료 수집 방법

1. 질문지법
2. 면접법
3. 관찰법
4. 실험법
5. 문서연구법
6. 사례연구법

학습 목표

- 질문지법, 면접법, 사례연구법, 구글 설문조사 등을 이용해 자료를 수집할 수 있다

CHAPTER 6

자료 수집 방법

1 질문지법

1) 정의

질문지법이란 질문지(questionnaire)를 작성해서 응답자 본인으로 하여금 질문에 답을 기입하게 하는 방법이다. 질문지는 조사될 내용을 체계적으로 정리한 문제집이며 질문에 대한 응답의 정도를 측정하는 도구로서 보통 응답자에게 직접 전달되거나 이메일로 송신되는데, 질문지를 이메일로 받는 경우 이를 이메일설문법(e-mailed questionnaire)이라고 한다. 질문지법은 면접자의 도움 없이 응답자 스스로 답을 기입한다는 점에서 나중에 살펴볼 면접조사표(interview schedule)에 의거한 표준화된 면접법과 차이가 있다.

그러나 학자에 따라서는 면접법에서의 면접자와는 달리 응답자의 대답을 듣고 단순히 기록만 하는 조사원이 응답자 대신 답을 기입하는 방법을 질문지법 중 타기식(他記式) 방법이라 하고, 응답자 본인이 직접 답을 기입하는 방법을 자기식(自記式) 방법이라고 해서 양자를 같은 질문지법이면서 단지 응답의 기입 방법의 차이에 따른 분류로 간주하기도 한다. 타기식 방법은 조사원의 선발과 훈련문제, 조사원 채용으로 인한 비용의 증가문제 등이 있으나 질문에 대한 응답자의 곡해를 없애고 조사원에 의한 응답자의 관찰을 통해 응답의 진위를 파악할 수 있으며, 응답의 정확도가 높고 무응답 비율이 낮은 것이 장점이다.

질문지법은 연구자로 하여금 연구될 문제와 관련된 많은 양의 정보를 표준화된 조사표에 따라 통일적이며 일관적으로 얻을 수 있는 방법으로서 가장 많이 쓰이는 조사방법이다. 질문지를 사용함으로써 조사되는 내용을 표준화, 객관화할 수 있으며, 응답자의 응답 결과의 차이를 객관적이고 정확히 비교, 측정할 수 있다. 이는 일반적으로 객관적으로 비교하고 도표화될 수 있는 객관적·양적 자료, 용이하게 관찰되는 자료, 검토할 수 있는 확실한 자료 등을 얻는 데 사용한다.

2) 질문 형태

질문 형태를 구별하면 개방식(open-ended) 또는 비구조화된 질문과 폐쇄식(closed) 또는 구조화된 질문으로 나눌 수 있다. 보통 한 질문지에 두 가지 질문 형태를 함께 사용하는 경우가 많다. 예를 들어 폐쇄식 질문이 주된 질문지라도 마지막 부분에 응답자의 건의 사항이나 기타 의견을 개진할 수 있는 적어도 하나의 개방식 질문을 삽입하는 것이 바람직하다.

(1) 개방식 질문

질문에 대한 선택 가능한 응답을 제시하지 않고 응답자로 하여금 자유로이 답변하도록 되어 있는 것이다. 이 형태는 몇 개의 단순한 응답 카테고리로써 응답할 수 없고, 더 자세하고 토론을 요하는 복잡한 질문에 사용된다. 질문 내용상 일정한 기준을 찾기 어렵고 응답자의 독특한 관점이나 철학, 주관적 체험, 의견, 이유, 방안 등 내면적, 주관적인 것을 묻는 경우에 대개 이 형식을 취한다. 이는 특히 연구자가 아직 연구 대상의 어떤 특성을 조사하는 것이 적절한지 결정하지 않았을 경우 예비적 조사에 사용하면 유용하다.

개방식 질문의 장점으로는 연구자가 모든 가능한 응답 카테고리를 알 수 없거나 생각해 내기 어려운 경우에 사용할 수 있고, 탐색적 조사에서 응답자가 무엇을 적절한 응답이라고 생각하는지 미리 알고자 할 때 사용할 수 있다는 점이다. 응답자로 하여금 적절히, 자세하게, 명료하게 답할 수 있게 하며, 너무 많은 잠정적인 응답 카테고리가 있어 일일이 열거하기 곤란한 경우 사용할 수 있다. 이 방법은 응답자에게 창조적이고 다양한 답할 기회를 제공하며, 이를 통해 응답자의 좀 더 심층적이고 내면적인 측면을 파악할 수 있다.

반면 단점으로는 가치 없고 부적절한 자료를 수집할 수 있고, 자료가 표준화되지 않아 비교하거나 통계적 분석이 어려우며, 응답을 재분류해야 하는 번거로움이 있고, 부호화(符號化)하기가 까다롭고 부호화하는 사람에 따라서 응답의 분류가 달라질 수 있어 부호화에 일관성이 결여될 수 있다. 응답자의 입장에서 폐쇄식 질문보다 더 높은 문장력과 표현력, 교육 수준이 요구되며, 일반적이고 주제의 모든 측면을 탐색하도록 설계된 질문인 경우에는 너무 일반적이어서 응답자가 이해하기 어렵다. 무엇보다도 응답하는 데에 시간과 노력이 많이 들고 응답자로 하여금 번거로운 느낌을 들게 함으로써 응답률이 감소될 수 있다.

(2) 폐쇄식 질문

질문에 대해 응답자로부터 나올 수 있는 가능한 답을 미리 설정, 제시해서 응답자로 하여금 제시된 답 중에서 선택하게 하는 것이다. 이러한 질문 형태는 응답 카테고리가 명확하고 분리되며 수가 적을 때 사용된다. 대부분의 폐쇄식 질문은 명목변수, 서열변수, 또는 상대적으로 적은 수의 서열 범주로 묶이는 등간변수를 측정하는 데 사용된다. 폐쇄식 질문에서 제시되는 응답 카테고리는 응답자가 대답할 가능성이 있는 모든 가능한 답을 포함해야 한다는 점에서 망라적·포괄적이어야 한다. 응답 카테고리는 그 내용이 중복됨이 없이 서로 다른 내용을 담고 있어야 한다는 점에서 상호 배타적이어야 한다. 달리 말하면 응답자가 제시한 답은 오직 하나의 응답 카테고리에만 속해야 한다는 뜻이다.

폐쇄식 질문은 빠르고 쉽게 대답할 수 있어 교육 정도가 낮은 사람을 대상으로 조사할 때 좋으며, 이메일조사 같은 자기식 질문지에 사용하기에 적절하다. 이것의 장점으로는 답이 표준화되어 비교하기 쉽고, 결과를 부호화하고 분석하기 쉬워 부호화에 드는 시간과 비용이 절약되며, 질문의 의미가 더 명확해서 모른다고 응답하거나 무응답하는 비율이 감소된다. 모든 적당한 답이 제시된 경우 응답이 상대적으로 완전해서 부적절한 답이 감소되며, 소득이나 교육 정도 같이 응답을 꺼리는 민감한 질문에 대한 응답률을 높이고, 응답하기 편하고 시간이 적게 걸리므로 개방식 질문보다 무응답이 적게 나온다는 점 등이다. 반면 단점으로는 답을 모르거나 의견이 없는 응답자가 적당한 답을 추측해서 응답하기 쉽고, 제시된 답이 제한적이므로 응답자가 생각하는 답이 없는 경우 대충 답을 선택할 수 있고, 너무 많은 응답 카테고리가 있어 모두 나열하기 곤란한 경우가 있으며, 질문의 의미가 달리 해석되었는지를 확인하기 어렵고, 답변의 다양성이 제시된 답으로 인해 인위적으로 제거될 수 있다.

폐쇄식 질문을 사용하는 경우에는 특히 응답 카테고리에 중간 입장을 삽입하는지에 따라서 응답 결과가 달라지므로 연구자는 잘 생각해서 결정해야 한다. 또한 '모르겠다'는 응답 카테고리를 제시하는 데에 따른 장단점이 있으므로 연구자는 상황에 따라서 잘 선택해야 한다. '기타' 라는 카테고리를 삽입해서 제시된 답 중 응답자가 생각하는 답이 없을 때 선택의 여지가 있도록 하는 것이 좋다.

폐쇄식 질문의 응답 카테고리의 형태에는 다음과 같은 것이 있다. 어떤 형태를 사용하는지는 부분적으로 질문에서 다루어지는 변수가 명목변수인지, 서열변수인지, 등간변수인지, 비율변수인지에 따라 달라진다.

① 양분형 : 예, 아니오와 같이 이분화된 카테고리에 따라 응답하도록 되어 있는 형태이다. 이러한 형태는 예상 가능한 응답이 둘로 나뉘는 경우에 사용되나, 양 극단의 답을 강요하고 모르겠다와 같은 중간적 위치에 있는 답이 무시될 수 있다는 점에 유의해야 한다.

② 선다형: 선택 가능한 여러 가지 답을 제시해 그중 하나 또는 경우에 따라서 둘 이상의 답을 선택하게 하는 형태이다. 이때 제시되는 답은 되도록 응답자에게서 나올 수 있는 가능한 답을 망라한 것이어야 하며, 제시된 답 이외의 답변이 나올 가능성에 대비해서 '기타' 항을 만들어 다른 의견을 구체적으로 적도록 하는 것도 바람직하다. 그러나 기타에 해당하는 답의 비율이 높게 나오는 것은 제시된 답이 잘 선정되지 못했음을 말한다. 제시된 답은 각기 명확히 구분되는, 경계가 분명한 것이어야 한다.

③ 서열형 : 응답자로 하여금 자신이 생각하는 선호도나 중요도 등과 같이 정도에 따라 순서대로 답을 선택하도록 하는 방식이다. 예를 들어 응답자가 생각하는 현재의 가장 시급히 해결해야 할 국가적 문제는 무엇인지 순서대로 번호를 기입하게 한다. 이때 제시된 응답 카테고리 수가 너무 많으면 응답자가 순위를 매기는 데 어려우므로 유의해야 한다.

④ 평정형: 제시된 답이 연속성을 띠며 정도를 알아내려는 방식이다.

리커트 척도, 거트만 척도, 서스톤 척도 등을 사용해서 응답의 강도를 알아보며, 척도는 3점, 5점, 7점 등이 많이 사용된다. 예를 들어 "현재의 당신의 결혼생활에 어느 정도 만족하십니까?"라고 묻고 이에 대한 응답 카테고리를 '매우 만족/약간 만족/그저 그렇다/약간 불만족/매우 불만족' 등으로 나눈다. 답의 순서는 정도가 낮은 것에서부터 높은 것으로, 또는 그 역의 순으로 순서대로 배열한다.

3) 특성

이메일 설문법과 같은 자기식 질문지인지 또는 타기식 질문지인지 등에 따라서 장단점이 다르므로 질문지법 전체의 장단점을 일률적으로 말하기는 어렵다. 여기서는 질문지법의 대략적인 장단점 몇 가지만을 지적한다.

첫째, 상대적으로 광범위한 지역을 조사할 수 있다.

둘째, 상대적으로 많은 대상을 조사할 수 있다.

셋째, 시간과 비용이 절약된다.

넷째, 익명으로 응답하므로 비밀이 보장되어 솔직한 대답을 얻을 수 있다.

다섯째, 응답자와 면접자 간의 대인관계에서 올 수 있는 감정적 반응이 없고 면접자로부터 오는 답에 대한 암시가 없어 응답의 왜곡가능성이 적다.

반면 단점은 다음과 같다.

첫째, 응답자가 질문 내용을 잘못 이해하더라도 설명할 수 있는 기회가 결여되어 그릇된 답을 할 수 있다.

둘째, 응답을 회피하거나 누락시켜 불완전하게 기입된 질문지가 많이 생길 수 있다.

셋째, 응답을 회피하는 경우에 답변하도록 유도할 수 없어 응답률이 낮아질 수 있다.

4) 질문지의 작성

질문지를 만드는 일은 매우 세심한 주의와 기술을 요한다. 기본적으로는 질문이 연구에 필요한 핵심적 정보와 내용을 망라하고 있어야 하며, 최종적으로 조사 결과를 어떠한 통계분석 기법을 사용해서 분석할 것인지까지 염두에 두고 작성해야 한다. 질문지를 만들기 전에 연구자는 조작적 정의와 이론적 개념과의 일치 여부를 검토해야 하며, 질문이 이론적 개념을 적절히 측정하는지를 확인해야 한다.

질문지를 작성할 때 고려해야 할 주요 사항은 다음과 같다.

(1) 질문 내용

가장 기본적인 고려 사항으로서 연구자가 얻고자 하는 정보가 무엇인지를 명확히 파악해 이를 기반으로 질문 항목을 구체적으로 결정한다. 질문 내용이 조사 대상자의 성격에 비추어 적절한 것인지, 연구문제에 적절한 것인지를 고려해야 한다. 질문 내용을 결정할 때에는 문헌연구나 전문가의 의견조사 등을 통해서 도움을 얻을 수 있다.

(2) 질문의 수

연구자는 일반적으로 질문지를 통해서 될 수 있는 대로 많은 양의 정보와 자료를 얻으려는 욕심이 있다. 그러나 지나치게 많은 질문은 응답자로 하여금 지루함과 피로감을 느끼게 함으로써 부정확하고 성실하지 못한 답변을 이끌 수 있다. 기본적으로는 질문지 완료 시간과 자료의 집계와 분석에 소요되는 시간과 비용문제, 타기식 질문지인 경우 조사자 1인당 하루에 할당 가능한 질문지 수 등을 고려해 적정한 선에서 조사 항목 수를 조절해야 한다. 질문지 완료에 소요되는 시간이 어느 정도여야 하는지 한마디로 말할 수는 없으나 보통 5분 이상을 넘기지 않는 것이 좋다.

(3) 질문의 배열

조사 항목을 어떤 순서로 배열하는가의 문제도 중요하다. 질문지가 전체적으로 잘 짜여진 느낌이 들고 질문들이 자연스럽게 연결된 느낌을 가질 수 있도록 질문 항목이 유기적이고 연관성 있게 배열되어야 한다. 질문이 잘 배열되었을 때 응답하기에도 편하고 시간도 절약되며 조사의 정확도도 높아진다.

질문을 배열할 때 지켜야 할 일반적인 사항으로는 다음과 같은 것이 있다.

첫째, 일반적인 질문, 예를 들어 응답자의 인구사회학적 특성을 묻는 질문에서부터 시작해 점차 연구문제와 관련된 질문으로 옮겨간다.

둘째, 처음에는 응답하기 쉽고 간단한 질문, 명확한 응답 카테고리가 있는 질문을 배열함으로써 응답자가 처음부터 지치지 않게 한다. 첫 질문은 보통 나이, 성, 혼인 상태, 직업, 교육 정도 등과 같은 것이 되며, 의견을 묻는 질문보다는 사실에 관한 질문이 좋다.

셋째, 핵심이 되는 중요한 질문은 질문지의 중간 이후에 오도록 하는 것이 좋다.

넷째, 민감한 질문이나 개방식 질문은 질문지의 후반부에 삽입함으로써 중간에 응답하기 싫어하지 않도록 한다.

다섯째, 다음에 올 질문에 필요한 정보를 먼저 묻는다.

여섯째, 논리적 순서대로 배열한다. 시간 순서대로 질문하거나 관련되는 질문을 묶어서 배열하는 것이 좋다. 즉, 질문을 내용에 따라 주제별로 구분해서 한 주제에 관한 질문을 배열한 후 다른 주제와 관련된 질문을 배열한다.

일곱째, 일정한 유형의 응답군(response set)이 발생되지 않도록 유념한다. 응답군은 질문 내용이나 답의 옳고 그름에 관계없이 응답자가 일정한 방식에 따라서 대답하는 것을 말한다. 예를 들어 사회적으로 바람직하게 생각되는 규범적인 응답을 하는 경향(socially desirable bias)이나 부정적 답보다 긍정적인 답을 하는 경향 같은 것으로서, 이러한 문제는 질문의 표현을 바꿈으로써 해결할 수 있다. 질문의 연속적 순서에 의해 야기되는 응답군도 있다. 예를 들어 첫 직업에서부터 현재까지의 직업에서 얻은 수입을 각각 물었을 때 사실 여부와는 상관없이 액수를 점차 늘려서 응답하는 경향과 같은 것이다. 이러한 문제는 질문의 순서를 바꿈으로써 해결할 수 있다.

여덟째, 질문의 신뢰도를 검토하는 쌍을 이루는 질문은 분리해서 배치한다. 신뢰도 평가 방법에서 살펴보았듯이 하나는 긍정적으로 표현되고 다른 하나는 부정적으로 표현된 한 쌍의 질문을 사용해서 신뢰도를 검토하는 경우에 표현만 다를 뿐 동일한 것을 묻는 두 질문에 대해 불일치되는 대답을 하는지를 비교함으로써 신뢰도를 검토할 수 있는데, 이때 쌍이 되는 질문을 한데 배열하면 응답자가 눈치챌 수 있으므로 곤란하다.

아홉째, 척도를 이루는 항목을 하나로 묶어 배열할 것인지 분리해서 배열할 것인지를 결정해야 한다. 항목이 한 군데 몰려 있는 경우에는 응답자가 일정한 응답 유형에 따른다거나 무엇을 측정하는 질문인지를 추측해 응답할 가능성이 있으므로 한 군데 묶어서 배열하는 것일 수 있다. 하지만 동일 척도를 구성하는 항목을 흩어 놓는 경우는 실제로는 흔치 않으며 나름대로 문제가 있다.

열째, 응답자가 흥미를 느낄 수 있는 질문을 앞에 배열함으로써 응답자의 흥미를 유도한다.

열한째, 질문의 길이, 형태 등을 다양화함으로써 응답 시 지루함을 방지한다.

(4) 질문의 언어화

질문의 언어화(wording)란 질문 어구를 선정하는 문제이다. 즉, 질문을 언어로 표현하는 것, 폐쇄식 질문인 경우에는 질문지에 제시될 답들을 기술하는 데 쓰이는 용어를 선정하고 문장화하는 것을 언어화라고 한다. 질문을 언어로 표현할 때에는 매우 세심한 주의가 필요하다. 응답자의 교육 정도나 기타 특성에 따라서 단어의 난이성 정도나 언어의 형식성 정도 등을 달리해야 한다. 같은 의미를 전달하는 문장이라도 어떠한 용어를 사용했는지, 어떻게 표현했는지에 따라서 응답자가 다르게 느낄 수 있으며 이는 응답에 영향을 준다. 또한 응답자의 개인차에 따라 같은 말이라도 달리 받아들일 수도 있다.

질문을 문장화할 때는 될 수 있는 대로 간단명료해야 하며, 보통 사람이 이해할 수 있는 수준의 단어와 문장을 구사하는 것이 좋다. 부득이 어려운 전문용어를 사용하는 경우에는 타기식 기입 방법일 때는 조사자로 하여금 충분히 설명하게 하거나 자기식 기입 방법일 때는 그 뜻을 명시해 주고 부정적인 문장은 가급적 피하는 것이 좋다. 응답자가 잘못 이해할 수 있는 모호한 표현을 삼가고 사용되는 용어는 그 뜻이 명백해야 한다. 연구자 개인의 의견이나 가치판단, 암시 등이 은연중에 질문에 표현되어 응답자의 답변을 특정한 방향으로 유도할 수 있는 질문은 하지 말아야 한다. 질문은 객관적으로 서술되어 긍정적 또는 부정적인 방향으로 치우쳐서는 안 된다.

질문을 만들 때 주의해야 할 사항 중 하나는 이중 의미를 갖는 질문(double barreled question)이 되지 않게 하는 것이다. 이중 의미를 지닌 질문이란 한 개의 질문이 둘 이상의 내용을 포함하고 있는 질문을 말한다. 예를 들어 '당신의 회사는 여성과 장애인을 위한 특별한 채용정책을 갖고 있습니까?'라고 묻는 것이다. 질문을 언어화할 때 명확성은 가장 핵심적인 요소이다. 즉, 의미가 모호한 질문이 되지 않게 하는 것은 가장 기본적이고도 중요한 원칙이다. 모호한 질문은 서로 다른 응답자에게 서로 다른 해석을 초래한다. 특히 질문이 의문문 형태가 아니라 어떤 진술에 대해 참인지 거짓인지를 가리거나 동의하는지 아닌지를 답해야 하는 형식인 경우에 답변하기 모호할 때가 있다. 예를 들어 '유산은 그것을 원하는 여자에게는 합법화되어야 한다'라는 진술에 대해 동의하는지 아닌지를 묻는 질문은 어떤 상황인가에 따라서 유산의 합법성이 달라져야 한다고 생각하는 사람에게는 대답하기 모호하다. 때로는 질문에 사용된 단어 자체가 모호한 경우가 있다. 예를 들어 삶의 질과 같이 추상성이 높은 단어일 때 그러한 경우가 많다. 이 밖에도 속어나 특정 지역에서만 사용하는 용어는 사용하지 말아야 한다. 같은 단어라도 그 의미가 응답자의 세대나 하위문화, 지역 등에 따라 다를 수도 있다는 점을 염두에 두어야 한다.

질문의 핵심 요소는 간결성(parsimony)이다. 같은 뜻을 전달하는 질문이라면 짧으면 짧을수록 좋다. 긴 질문은 응답자로 하여금 조사에 덜 응하게 하고 질문의 이해도를 저하시킨다. 이 점은 특히 응답자 혼자서 질문을 읽어야 하는 이메일 설문조사에서 더 중요하다. 질문의 난이도도 중요하게 고려해야 할 점이다. 질문의 난이도는 응답자의 교육 수준에 맞추어야 하며, 보통 조사자가 배석하지 않는 이메일 설문조사의 경우에는 더 쉽고 단순하게 표현해야 한다. 질문은 또한 구체적이고 특수해야 한다.

예를 들어 성이나 나이를 묻는 질문은 특수하며, 어떤 역사적 사실에 대한 질문은 구체적이다. 행복이나 사랑과 같은 추상적 개념에 대한 질문은 응답하기가 어려우며 응답의 신뢰도도 낮아지기 쉽다. 또한 질문은 중립적이어야 한다. 이는 응답자의 답변을 특정한 방향으로 유도하는 것을 방지하기 위함이다.

질문의 민감성 정도도 고려해야 할 사항이다. 성행태와 같은 민감한 주제를 다루는 질문을 받을 경우 사람들은 자신이 일탈자로 비춰지는 것을 원치 않으므로 자신은 그렇게 생각하지 않더라도 사회규범에 동조하는 대답을 하기 쉽다. 이 경우 사회규범에 어긋나는 바람직하지 못한 것일지라도 응답자로 하여금 솔직한 답을 하도록 유도해야 한다. 이를 위해서는 응답자가 비규범적인 행동을 한다고 가정하는 식의 질문을 하거나(예를 들어 담배를 종종 길거리에 버리십니까?) 규범에 대한 합의가 없음을 전제하고 묻거나(예를 들어 '어떤 의사들은 음주가 해롭다고 하고 다른 의사들은 이롭다고 합니다. 당신은 어떻게 생각하십니까?'라고 묻는다), 그 행동이 일탈이 아니고 널리 행해진다고 말하는 방법 등을 사용할 수 있다. 민감하거나 응답자에게 위협적인 질문은 친근한 단어를 사용하고 개방식 질문 형식을 취하고 질문지의 후반부에 삽입하는 것이 좋다.

(5) 질문지의 체제

질문지의 첫 장에는 보통 질문지에 부여될 일련번호, 조사구 이름, 조사 일자, 조사원 이름, 조사표 완료 여부, 미완료 시 이유 등을 표시하기 위한 공간을 마련한다. 질문지를 구성할 때 또 한 가지 고려해야 할 점은 외관적 측면이다. 질문지의 크기와 길이, 용지의 종류와 색깔, 글자체의 종류와 크기, 질문지의 형태 등을 결정해야 한다. 조사 시의 편리성이나 조사 후 보존성 등을 고려해서 책자형이나 평면형 등 질문지의 형태를 결정한다.

질문지에는 인사장이 첨부되거나 서두에 인사말을 삽입한다. 인사말에는 조사기관이나 연구자명을 밝히고, 조사의 목적과 필요성, 응답의 중요성을 설명하며, 조사에 협조해 줄 것을 요청하고, 옳고 그른 답이 있는 것이 아니라는 것을 설명하며, 익명성이 보장된다는 것 등을 기재한다.

5) 유의 사항

응답자가 그릇된 답변을 하거나 아예 응답하지 않는 경우가 있다. 이러한 일이 일어나는 이유와 그에 대한 대책은 다음과 같다(Bailey, 1982: 111-112).

첫째, 응답자가 조사의 목적이 순수하지 않고 예를 들어 물건을 판매하기 위한 전술이라고 느끼는 경우이다. 이를 방지하기 위해서는 조사를 합법화하는 잘 쓰여진 인사말을 이용한다.

둘째, 응답자가 자신이 제공하는 정보가 자신에게 불리하게 이용되거나 사생활을 침해하는 것이라고 느끼는 경우이다. 이 문제는 불필요하게 민감한 질문은 피함으로써 방지할 수 있으며, 민감한 질문이 사용되는 경우에는 질문지의 마지막에 삽입한다. 그리고 응답자에게 익명성의 보장을 확신시킨다.

셋째, 응답자가 이전의 조사에 응함으로써 할 일을 다했다고 생각해 협조를 거부하거나, 그 사회의 특수한 소수집단으로서 많은 관심의 대상이 되어 조사받는 것에 염증을 느끼거나, 질문지를 많이 받아서 연구자가 어떤 정보를 원하는지 아는 경우 등이다. 조사를 많이 받음으로써 발생하는 이러한 문제는 오늘날 많이 제기되는 문제이다. 이에 대한 처방으로 조사자는 동일한 응답자가 표집되지 않도록 표본을 추출한다든가 동일한 응답자를 조사해야만 할 경우에는 응답자에게 표본이 과학적이므로 다른 응답자로 대체할 수 없음을 설득하거나 조사의 필요성을 확신시킨다.

넷째, 응답자가 규범적으로 대답하는 경우이다. 즉, 어떻게 응답해야 하는지를 생각해서 이에 따라 응답하는 것이다. 이러한 문제는 민감한 질문을 피함으로써 방지할 수도 있다.

다섯째, 응답자가 자신의 대답이 교육 정도가 낮거나 어리석음을 나타낼까 봐 두려워하는 경우이다. 이때에는 옳고 그른 답이 없음을 강조하고 익명성을 확신시킨다.

여섯째, 응답자가 시간이 소중해 조사에 소비할 수 없다고 하는 경우이다. 이때에는 조사의 필요성을 강조하고 조사 대상자가 대체 불가능하다는 것을 설명한다.

일곱째, 응답자가 질문이 너무 모호하고 일반적이거나 생각해 본 적이 없어 대답할 수 없다고 하는 경우이다. 이러한 경우에는 특수한 예를 들어서 질문하는 것이 도움이 된다.

질문지를 구성할 때 중요하게 고려해야 할 것 중 하나는 적절성 문제이다. 여기서 세 가지 측면의 적절성을 지적할 수 있다.

첫째, 연구 목적의 적절성이다. 곧 연구의 목적이 응답자에게 적절한 것이어야 한다. 이를 위해서는 연구 목적을 명료화하고 응답자에게 이를 정당화시키고 설명해야 한다. 이는 곧 인사말 또는 인사장(cover letter)의 주요 목적이기도 하다. 연구를 적절하고 가치 있고 합법적인 것으로 보이게 하는 것은 매우 중요하다. 응답자는 대개의 경우 무료로 조사에 응한다는 점을 명심해야 한다. 대부분의 사람은 가치 있다고 느끼는 연구를 기꺼이 돕는다. 응답하는 것에 대해 대가를 지불하는 것보다 연구가 가치 있는 것이라고 믿게 하는 것이 더 효과적일 수 있다.

둘째, 연구 목적에 대한 질문의 적절성이다. 응답자가 모든 질문이 연구 목적에 적절하다는 것을 확신해야 한다. 실제로 보면 대부분의 질문지에는 쓸데없는 질문이 포함되어 있다. 연구자가 두 사람 이상인 경우에는 특히 질문이 어떻게 궁극적으로 쓰일지에 대해 깊이 생각하지 않고 중요해 보이는 질문을 포함시키기 쉽다. 이러한 문제를 방지하는 방법으로는 질문 항목을 삽입하기 전에 어떻게 분석할 것인지, 어떤 통계 방법을 사용할 것인지, 자료를 어떻게 발표할 것인지를 정하는 것이다. 자료를 어떻게 사용할지를 미리 정할 수 없으면 질문하지 않는다. 연구자의 입장에서는 같은 비용을 들여서 조사할 바에야 이왕이면 이것저것 질문을 집어넣고 싶을 수도 있다. 그러나 응답자는 쓸데없는 질문에 시간을 허비하기를 원하지 않으며 나름대로 질문지를 평가한다는 사실을 염두에 두어야 한다.

셋째, 응답자에 대한 질문의 적절성이다. 서로 다른 모집단으로부터 추출된 표본이 같은 질문지에 의해 조사되는 경우에는 각각의 질문이 개개의 응답자에게 적절한 것인지가 중요한 문제로 된다. 응답자에게 적용되지 않는 질문을 묻지 않도록 확인하는 방법으로는, 첫째, 각각의 표본에 다른 질문지를 사용한다. 예를 들어 남자용과 여자용 질문지를 따로 만드는 방법인데, 이는 비용이 많이 드는 단점이 있다. 둘째, 여러 방식으로 질문을 언어화해서 피조사자가 적절한 단어나 어구를 선택할 수 있게 하든 방법인데, 이는 피조사자를 혼란시키고 잘못을 유도할 수 있다. 셋째, 해당되지 않는 질문은 응답하지 않도록 하는 방법이다. 예를 들어 해당되지 않는 경우에는 다음 질문으로 넘어가라고 지시하는 것으로서 가장 흔히 사용되는 방법이다.

한편 질문지를 완전히 확정하기 전에 사전검사(pretest)를 하는 것이 바람직하다. 사전검사는 질문지 초안을 만든 후 이를 가지고 소규모의 사람을 대상으로 조사를 실시해 질문 내용이나 질문 어구, 질문 배열 등에 문제점이 있는지를 파악해서 이를 수정, 보완하기 위해 실시된다. 동료나 가족, 친지, 친구 등이 조사 대상자가 될 수도 있으나 본조사의 표본과 유사한 특성을 지닌 사람들을 대상으로 하는 것이 좋다. 세심하게 작성된 질문지라 할지라도 실제로 사용하는 경우에 미처 생각하지 못한 문제나 결함을 발견하는 경우가 많이 있으므로 사전검사를 해야 한다.

사전검사를 통해 질문지를 완료하는 데 소요되는 시간을 파악하고, 응답이 어느 한 방향으로 편향되는지의 여부를 검토하고, 의미가 불명확한 질문이나 응답자의 곡해 여부를 검토한다. 또한 질문의 표현과 배열에 문제가 있는지, 내용상의 문제로 인해 응답을 기피하게 되는 질문이 있는지 등을 검토하고, 새로운 항목을 추가할지 또는 기존 항목을 삭제할지를 결정한다. 사전조사는 조사 대상자의 수가 적다는 점 이외에는 가능하면 모든 절차를 본조사와 동일하게 하는 것이 좋다. 사전조사 자료를 미리 분석해서 그 결과가 연구자의 생각과 일치하는지를 알아볼 수도 있으며, 응답자에게 질문지에 대한 전반적인 의견, 비판 사항 등을 적어달라고 요청해 이를 참고하는 것도 도움이 된다.

6) 이메일 설문법

응답자 본인이 직접 답을 기입하는 자기식 질문지법의 대표적인 형태로서 이메일 설문법(e-mailed questionnaires)이 있다. 이메일 설문법은 특히 근자에 그 편리성으로 인해 많이 사용되는 방법이다. 이메일 설문법의 장점에는 다음과 같은 것이 있다.

첫째, 시간과 비용을 절감할 수 있다. 면접법 같은 조사방법에 비해 훨씬 더 적은 비용으로 같은 크기의 표본을 조사할 수 있으며, 질문지를 모든 조사 대상자에게 동시에 배포해 짧은 기간 내에 반송받는다.

둘째, 광범위한 지역을 조사할 수 있다.

셋째, 많은 사람을 대상으로 조사할 수 있다.

넷째, 면접자의 편견이 개입될 염려가 없다.

다섯째, 응답자가 한가하고 편리한 시간을 택해서 응답할 수 있으므로 시간적 여유를 가지고 답할 수 있다.

여섯째, 접근하기 어려운 사람을 조사할 수 있다.

일곱째, 익명성이 잘 보장되어 응답자의 솔직한 답변을 얻을 수 있다. 그러므로 면접법 같은 방법보다 민감하거나 사회적으로 바람직하지 않은 주제에 관한 정보를 얻는 데 좋다.

여덟째, 더 정확히 답변하기 위해 기록을 뒤져 보거나 주위의 의견을 들을 수 있다.

아홉째, 응답 시 응답자가 주위 상황을 통제할 수 있다. 예를 들어 주위 사람들의 방해를 받지 않고 조사에 임할 수 있다.

반면 단점은 다음과 같다.

첫째, 질문지 회수율이 일반적으로 낮다·보통 회수율이 10~20%대에 불과한 경우가 많으며, 50%를 넘기 어려울 때도 적지 않다.

둘째, 조사자가 없으므로 응답자의 답변이 모호하거나 너무 일반적일지라도 보충 질문을 할 수 없으며, 질문 내용을 오해하더라도 고쳐 줄 수 없다.

셋째, 언어로 표현된 것만을 조사할 수 있다.

넷째, 선정된 조사 대상자 대신 다른 사람이 응답하더라도 이를 확인할 수 없다.

다섯째, 응답자의 주위 사람들이 답변하는 데 관여하고 간섭할 수 있다.

여섯째, 답을 기재하지 않은 질문이 많이 생길 수 있으며, 이 경우 누락된 답을 보충할 수 없다.

일곱째, 응답자의 진심이 반영된 즉각적인 응답을 얻기 어렵다.

여덟째, 조사 대상자의 이메일이 폐기되거나 잘못된 주소로 배달되는 수가 있다.

아홉째, 응답하는 시기를 통제할 수 없다. 따라서 가령 질문의 대상이 된 어떤 사건이 조사기간 중에 일어난 경우에는 그 사건이 발생하기 전과 후의 응답이 차이가 날 수 있으므로 문제가 된다.

열째, 응답자 스스로 질문지를 해독해야 하므로 복잡한 질문지 형식을 사용할 수 없다. 가령 연계 질문 또는 부수 질문(contingency question)이 많은 경우에 응답자가 질문 순서를 제대로 따라가지 못해 혼란을 초래할 수 있다. 따라서 이메일 설문조사의 질문은 일반적으로 간단한 것이 좋다.

열한째, 응답자와 무응답자는 보통 어떤 일정한 특징을 보유하는 경우가 많으므로 표본이 편향될 수 있다. 일반적으로 무응답자는 교육 수준이 낮거나 이

동성이 높은 경향이 있다. 논쟁적이거나 감정적인 쟁점에 대한 질문인 경우에는 강력한 반대나 찬성 의견을 가진 사람들의 응답률이 높고 중립적 입장에 있는 사람들의 응답률이 낮음으로써 응답의 분포가 양 극단에 편중될 수 있다.

이메일 설문법은 응답자에게 모든 것을 위임하므로 대체로 높은 정확도가 요구되지 않고 대략적인 경향만을 파악하려는 여론조사 등에서 많이 사용된다. 이메일 설문조사의 가장 큰 문제점은 질문지의 회수율이 낮다는 것이다. 따라서 회수율을 높일 수 있는 방법에 대해 많은 연구가 이루어졌다. 어느 정도의 회수율을 얻어낼 것인지는 부분적으로 조사비용과 소요 가능한 시간에 달려 있다. 회수율에 영향을 미치는 요인으로는 다음과 같은 것을 들 수 있다.

첫째, 조사 주체의 성격이다. 조사를 실시하는 기관이나 사람의 권위나 사회적 지위 등이 조사의 합법성과 가치에 영향을 줌으로써 회수율에 영향을 미친다. 합법적인 연구기관이나 정부기관, 대학, 유명한 비영리기구 등에 의해 실시되는 조사에는 합법성이 부여되고 좀 더 가치 있는 것으로 간주됨으로써 회수율이 제고된다. 만약 정부가 실시하는 조사인 경우에 조사 대상자가 응답해야 할 의무나 압력을 느낄 수 있다.

둘째, 질문지의 외관이다. 질문지의 형태, 색깔 용량 등 매력 정도에 따라서 회수율이 달라질 수 있다.

셋째, 질문지의 길이이다. 질문지가 너무 길면 처음부터 응답할 마음이 없어지기 쉬우므로 바람직하지 않다. 보통 질문지의 장수는 10장 내외가 좋다.

넷째, 협조문 또는 인사말의 성격이다. 협조문에는 조사의 목적, 필요성 등과 조사 대상자의 협조를 구하는 내용이 담겨 있어야 한다. 협조문이 질문지와 분리된 편지 형식인지 아니면 질문지 속에 함께 포함되어 있는지, 연구자의 친필 서명이 들어 있는지 등이 회수율에 영향을 줄 수 있다.

다섯째, 기입과 반송의 용이성이다. 응답하기 편한 질문지는 회수율을 높일 것이며 질문지 반송도 편해야 할 것이다. 따라서 회수율을 높이는 방법으로서 보통 수신자의 주소를 쉽게 알아보기 좋게 적어야 한다.

여섯째, 조사 대상자의 특성이다. 가령 특별한 집단에 소속된 성원인 경우에는 자신이 속해 있는 단체에서 실시하는 조사인 경우 응답률이 높을 것이다. 일반적으로 교육 수준이 낮은 사람들이 더 낮은 응답률을 나타내는 경향이 있다. 조사 대상자의 혼인 여부나 나이 등도 회수율에 영향을 줄 수 있다. 이메일 조사는 노인에게 높은 응답률을 기대하기 어렵다.

일곱째, 응답에의 유인(incentive) 여부이다. 가장 좋은 유인은 연구의 가치와 조사 대상자의 협조의 중요성을 확신시키는 것이다. 조사 대상자의 도움이 반드시 필요함을 호소하는 방법도 있다. 때로는 질문지를 반송하는 대가로 돈이나 상품 등을 제공할 수도 있다. 그러나 그 액수가 너무 작은 경우에는 오히려 조사 대상자의 기분을 상하게 할 수도 있으므로 주의해야 한다. 질문지의 반송 마감일을 명기하는 것도 도움이 될 수 있다.

여덟째, 연구의 목적과 내용에 대한 조사 대상자의 관심 정도이다. 일반적으로 조사 내용에 대해 가장 높은 관심을 가진 사람들이 가장 신속하고 잘 응답하는 것으로 나타난다.

아홉째, 독촉장(follow-up letter)이나 독촉 전화 여부이다. 독촉장을 발송하거나 독촉 전화를 함으로써 회수율이 증가된다는 것이 연구 결과 입증되었다.

경우에 따라서는 이메일을 상당 기간 안 열어 보거나 열어 보더라도 자세히 확인하지 않는 사람도 많은 관계로 이메일로 독촉장을 발송하거나 혹은 전화번호를 아는 경우 전화로 직접 독촉한 경우와 그렇게 하지 않은 경우를 비교해 보면 회수율이 상당히 차이가 날 수 있다.

2 면접법

1) 정의

면접(interview)은 면접자(interviewer)가 피면접자(interviewee) 또는 응답자를 직접 대면해 질문에 대한 답변을 받는 방법이다. 면접의 과정은 조사자인 면접자와 피조사자인 피면접자가 대면적 상태에서 질문하고 응답하는 문답 방식을 통해 피면접자의 답변을 면접자가 기록하는 형식을 취한다. 면접은 면접자와 피면접자 간의 상호작용을 포함하며, 두 사람 사이에 이루어지는 사회적 상호작용의 한 특수한 형태라 할 수 있다. 따라서 이는 사회적 상호작용이 갖는 여러 가지 특성과 제한점을 지닌다. 면접이 진행되면서 면접자와 피면접자 간에는 일시적인 2차적 관계가 형성된다. 2차적 관계는 일차적 관계와 달리 특정 목적을 위해 인위적으로 이루어진 관계이며, 면접의 양당사자는 서로 잘 알지 못하는 가운데 상당한 거리감을 느끼게 된다.

면접법은 피면접자의 사적 의견이나 태도, 가치관 같은 내면적 상태와 미묘하거나 복합적인 측면을 파악하기에 좋은 방법이다. 다른 조사방법과 달리 조사자와 피조사자 간에 일시적이나마 인간관계가 형성되고 심리적 상호작용이 존재하게 되므로 양자의 관계가 조사 결과에 영향을 미친다. 면접자가 면접의 성패를 좌우하는 주요 요인으로 작용하며, 피면접자의 면접에 응하는 태도도 중요하다. 강요된 응답보다는 응답자의 자발적인 참여 정도가 성공적인 면접의 기준이 된다.

2) 종류

면접의 종류는 조사 내용의 통제 여부에 따라 다음과 같이 구분할 수 있다.

(1) 표준화면접(standardized interview)

구조화 면접 또는 통제적 면접이라고도 하며 가장 흔히 사용되는 유형이다. 미리 마련된 면접조사표(interview schedule)를 가지고 이에 의거해서 면접하는 방식으로 면접 내용이 통제되고 표준화된 것이다. 모든 응답자에게 똑같은 내용과 순서대로 질문함으로써 응답의 차이를 비교한다. 여기서는 면접자가 자의로 말을 바꾸거나 면접 상황에 따라 적합한 질문할 자유가 없다.

표준화면접의 장점으로는 우선 비표준화면접보다 자료의 신뢰도가 더 높다는 점이다. 조사 내용이 통제되고 표준화되어 있으므로 자료의 정확성과 체계성이 높아진다. 면접자의 행동에 일관성이 유지되고 언어 구성상의 오류가 적으며, 응답자의 곡해를 감소시킬 수 있고, 조사 결과를 좀 더 잘 비교할 수 있다. 반면 단점으로는 정해진 내용만을 조사하므로 새로운 사실을 발견하기 어렵고 면접 상황에 따라 면접자가 융통성을 발휘하지 못한다. 딱딱한 면접 상황이 이루어지는 경우 응답자로 하여금 방어의식을 갖게 하고 양자 간의 친근감(라포, rapport)을 깨뜨릴 수 있다.

(2) 비표준화면접(unstandardized interview)

비구조화면접, 비통제적 면접, 비지시적 면접이라고도 한다. 조사해야 할 주제만 주어지고 사전에 준비된 구체적인 질문 없이 진행되는 면접이다. 면접자가 많은 재량권과 융통성을 지니고 말이나 질문 순서 등에 구애받지 않고 상황에 따라 자유로운 상태에서 면접이 진행된다. 이는 원래 심리치료에서 유래된 방법으로서 응답자의 가장 깊고 주관적인 느낌을 알아내기 위한 것이다.

비표준화면접의 장점은 융통성이 있어 면접 상황에 대한 적응도가 높고 면접자와 피면접자 간에 친근감이 쉽게 형성될 수 있으며, 새로운 사실을 발견할 수 있다는 점이다. 응답자의 생각의 흐름에 따라 자연스럽게 진술이 이루어지므로 좀 더 생생하고 정확한 정보를 얻을 수 있어 타당도가 높은 자료를 구할 수 있다. 특히 응답자가 기억을 못하는 상황에서 비표준화면접이 표준화면접보다 더 타당한 방법이 될 수 있는데, 왜냐하면 이 경우 응답자로 하여금 자연스럽게 자유연상을 하게 함으로써 더 타당한 응답을 얻을 수 있기 때문이다. 비구조화되고 융통성 있는 비표준화면접은 표준화면접에 비해 응답자에게 스트레스를 덜 주고 좀 더 여유 있는 분위기를 제공할 수 있으므로 응답자의 기억을 돕는다. 면접 상황과 피면접자의 특성에 포착할 수 있다. 무의식적 경험이나 지각, 동기와 같은 내면 상태에 대해 알고자 할 때 좋은 방법이다. 반면 단점은 조사결과가 면접자의 능력에 좌우되고 숙련된 면접 기술이 필요하며, 어떤 내용은 깊이 다루어지고 다른 부분은 소홀히 다루어질 수 있으며, 자료의 신뢰도가 낮고 조사 결과의 비교가능성이 감소되고 결과의 분석, 처리가 어렵다는 점 등이다.

(3) 준표준화면접(semistandardized interview)

준구조화면접이라고도 하며 표준화면접과 비표준화면접을 혼합한 방법이다. 이 방법에서는 중요한 질문은 표준화하고 그 밖의 질문은 비표준화해서 면접자가 자유로이 질문하거나, 질문에 대한 응답자의 반응에 따라 적합한 부차적 질문을 준비해 두고서 면접자가 필요에 따라 사용할 수도 있다.

준표준화면접에 속하는 것으로서 집중면접(focused interview)이 있다. 이는 초점면접이라고도 하는데, 특정한 구체적인 상황에 접한 사람들을 대상으로 하여 이러한 상황에 대한 태도나 심리적 반응과 같은 주관적인 경험을 집중적으로 묻는 방법이다. 이를 통해 피면접자의 진실한 감정이나 동기, 특정 자극에 대한 반응과 그 영향 등에 대해 중점적으로 파악한다.

집중면접의 순서를 보면 우선 피면접자가 특수한 상황에 개입되어야 한다. 즉, 피면접자는 어떤 영화를 보았거나 라디오를 들었거나 어떤 논설이나 책을 읽었거나 폭동, 시위, 의식 등에 참여한 사람이다. 그 다음 이러한 상황의 주요 요소, 유형, 과정, 그리고 구조 등이 연구자에 의해 분석된다. 연구자는 이러한 상황분석을 통해 그 상황의 결정적 측면의 결과에 관한 일련의 가설을 도출한다. 이러한 분석에 기반해 면접 가이드를 개발하고, 면접에서 수집된 자료가 적절한 것인지 기준을 제공하는 질문과 가설의 주요 영역을 결정한다. 그 후 면접을 실시하는데, 면접은 피면접자의 상황 정의를 확인하기 위한 노력으로서 미리 분석되었던 상황에 노출된 피면접자의 주관적 경험에 초점을 둔다. 마지막으로 피면접자의 응답에 의거해 가설을 검증한다. 이렇듯 집중면접에서 면접자는 미리 피면접자가 접한 사건 자체를 연구해 그것의 어떤 측면을 탐구할 것인지를 결정하고 가설을 구성한다. 질문이 미리 언어로 표현되지는 않으나 질문 내용은 면접 전에 미리 결정된다. 집중면접에서 사용되는 질문은 개방식이면서 매우 융통적이어서 연구가설이나 주제에 적절한 정보를 탐색하는 데 효과적이다.

이 밖에도 면접의 종류를 구분할 때 피면접자의 수에 따라 개인면접과 집단면접으로 나누기도 한다. 개인면접은 한 명의 면접자가 한 명의 피면접자를 면접하는 것이다. 두 사람 간에는 일시적이나마 인간관계가 성립된다. 대면적 면접은 통찰력이 요구되는 하나의 사회적 과정이며 면접자와 피면접자 간에는 환류적 상호작용이 이루어진다. 개인면접은 질문에 대한 면접자의 보충 설명으로써 정확한 자료를 얻을 수 있으며, 응답자의 감정을 해칠 수 있는 질문에 대한 답을 조심스럽게 얻어 낼 수 있는 반면 조사인력, 시간, 비용 등이 많이 소요되고 면접자의 개인적 편견이 작용할 수 있다. 집단면접은 한 명의 면접자가 여러 사람을 동시에 만나 정보를 얻는 것을 말한다. 많은 양의 정보를 일시에 적은 경비로 얻을 수 있다. 또한 응답자의 입장에서는 타인의 존재로 인해 좀 더 신중히 진술하게 되고 서로 의견을 교환함으로써 일치된 자료를 얻을 수 있다. 면접자와 피면접자 간의 인간관계의 영향력이 감소되는 반면 면접자는 집단에 대한 이해와 이를 조정하는 기술을 보유할 필요가 있다.

면접 횟수에 따라서 반복면접과 일회면접으로 나눌 수도 있다. 일회면접은 면접이 한번으로 그치는 것을 말하며, 반복면접은 주로 주기적으로 필요로 하는 자료의 수집을 위해 특정 대상을 반복적으로 면접하는 것을 말한다. 예를 들어 텔레비전 프로그램에 대한 시청자의 반응조사를 주기적으로 하는 경우이다. 행위나 사건의 진행 상황이나 이에 대한 태도의 형성에 대한 연구를 할 때 유용하다. 이것의 장점은 반복되는 면접을 통해 피면접자의 자기표현력이 증대되어 추후 면접에 도움이 될 수 있고, 상이한 조사 대상에서 얻은 자료보다 신뢰도가 높으며, 시간을 두고 발생하는 사건에 대한 의견이나 태도조사를 위해 적절하고, 비용을 절감할 수 있다는 점 등이다.

이 밖에도 면접이 갖는 기능에 따라서 진단적 또는 처방적 면접과 면접조사로 나눌 수도 있다. 전자는 일상생활에서 흔히 볼 수 있는 면접 형태로서, 예를 들어 의사나 변호사, 신문기자, 목사, 사회사업가가 임상적 진단이나 상담을 하는 것이고, 후자는 조사연구를 목적으로 한 면접을 말한다.

3) 특성

면접법의 장점으로는 다음과 같은 것이 있다.
① 응답자의 복합적·내면적인 측면을 잘 파악할 수 있다.
② 면접자가 응답자에 따라 질문을 조절하면서 조사할 수 있는 융통성이 있다.
③ 조사 가능한 대상의 범위가 넓다. 글을 읽을 줄 모르는 어린아이나 문맹자 등을 비롯해 거의 모든 인구층에 대해 사용할 수 있다.
④ 각 질문에 대한 무응답의 비율이 낮다. 모든 질문이 대답되었는지를 검토할 수 있어 질문의 완성도가 높다.
⑤ 질문 내용에 대해 면접자가 부연 설명함으로써 응답자의 이해를 도와 자

료의 정확도를 높일 수 있다.
⑥ 면접자의 도움으로 복잡한 질문지를 사용할 수 있다.
⑦ 응답자의 과거의 사실이나 미래의 계획 등을 알아낼 수 있다.
⑧ 조사 항목과 관련되어 있는 기타 다른 사실들에 대한 진술을 얻을 수 있다.
⑨ 응답자의 비언어적 행동을 관찰할 수 있으므로 표정이나 긴장 상태, 암시적 행동 등을 통해 답변의 진위를 어느 정도 추측할 수 있다.
⑩ 면접자는 면접이 프라이버시가 보장되고 조용한 곳에서 행해지도록 면접환경을 통제할 수 있다.
⑪ 면접자는 질문 순서를 통제해 응답자가 무질서하게 대답하지 않도록 할 수 있다.
⑫ 더 많은 정보를 제공하고 덜 규범적일 수 있는 즉흥적(spontaneous) 응답을 기록할 수 있다.
⑬ 응답자 혼자서 대답하므로 대리응답이나 타인으로부터의 영향을 방지한다.
⑭ 면접한 날짜, 시간, 장소를 기록할 수 있어 연구기간 중 응답자의 답변에 변화를 초래할 수 있는 중요한 사건이 발생한 경우 연구자가 사건 발생 전후의 답을 비교할 수 있다.
⑮ 응답자와 관련된 다른 사람에 대한 정보를 얻을 수 있다.

반면 단점은 다음과 같다.
① 조사비용과 시간이 많이 든다.
② 면접자의 선발, 훈련, 감독 등에 신경 써야 한다.
③ 면접자의 편견이 개입될 수 있다. 면접자가 응답자의 답변을 오해하거나 잘못 기록할 수 있고, 면접자의 성, 나이 등 특성에 의해 대답이 영향받을 수 있다.
④ 면접자의 존재로 인해 응답자가 솔직한 답을 회피할 가능성이 있다.

⑤ 면접자와 응답자의 관계에 따라 조사의 원만한 진행 여부가 영향받는다.
⑥ 면접자와 응답자의 상이한 사고방식이나 배경 등에서 오는 사물에 대한 상이한 시각으로 인해 질문 내용을 서로 달리 해석해서 혼란을 초래할 수 있다.
⑦ 답변을 위한 기록을 검토나 주위 사람에게 사실에 대해 물을 기회가 없다.
⑧ 응답자에게 불편한 시간에 면접자가 도착해서 조사받을 수 있다.
⑨ 익명성이 덜 보장된다.
⑩ 덜 표준화된 질문의 언어화로 인한 문제이다. 한 면접자가 다른 응답자에게 같은 질문을 달리 표현하거나 상이한 면접자가 질문을 달리 말함으로써 답의 비교를 어렵게 만들 수 있다.
⑪ 조사 대상자에게 접근하기 어렵고, 때로는 접근 불가능한 경우가 있다.

4) 유의 사항

피면접자를 선정할 때 우선 누구를 면접해야 얻고자 원하는 신뢰성 있는 자료를 얻을 수 있을지를 결정해야 한다. 피면접자를 실제로 접촉하는 데는 소재지의 불명, 피면접자의 부재나 기타 사유로 인한 면접 불능, 면접의 거부 등 여러 가지 현실적인 어려움이 따른다. 조사 대상자가 면접에 불응하는 데는 여러 가지 다양한 이유가 있을 수 있다. 단순히 관심이 없는 경우, 정부나 기업 등에 대해 반감을 갖는 경우, 조사가 무가치하거나 의미가 없다고 느끼는 경우, 면접자에 대해 적대감을 갖는 경우, 시간이 없는 경우, 할 일이 많은 경우 등이 그 예이다. 따라서 면접자는 면접을 거부하는 이유가 무엇인지 잘 파악해서 이를 제거하도록 해야 한다.

면접자는 면접이 진행되는 물리적 환경을 고려해야 한다. 면접 장소는 응답자가 차분히 안정된 심리 상태에서 면접에 응할 수 있는 조용한 곳이어야 하며,

면접자와 피면접자 이외의 다른 사람이 주위에 있는 것은 피해야 한다. 면접 시간은 너무 이른 아침이나 늦은 밤은 피하고 피면접자의 편의를 고려하며 불필요한 시간이 소요되지 않게 해야 한다.

면접 과정은 초기 접촉 단계와 면접의 실시, 면접의 종결 등으로 나눌 수 있다. 초기 접촉 단계에서는 무엇보다 면접자와 피면접자 간에 인간적이고 '친근한 느낌(rapport)'을 발전시키는 것이 중요하다. 면접자와 피면접자 간의 친밀한 관계는 면접의 성패를 좌우하는 중요한 요인으로서 서서히 발전하게 된다. 면접자가 피면접자를 대면했을 때 가장 먼저 해야 할 일은 자신의 신분과 소속기관을 밝히는 것이다. 이를 위해 신분증을 제시하고 관계 기관의 협조의뢰서나 소개장, 추천장 등을 보여 준다. 초기 단계에서는 또한 조사의 목적과 필요성 등을 요령 있고 간략하게 설명한다. 그리고 피면접자의 응답이 소중한 자료가 되며 가치 있는 일을 한다는 점을 주지시킴으로써 면접에 응하도록 유도한다. 때로는 면접에 응하도록 하기 위해 선물을 제공하기도 한다. 피면접자에 대해 어느 정도 정보를 가지고 있는 경우에는 그의 관심사나 취미 등에 대한 이야기를 나눔으로써 관심과 호감을 이끌고 면접에 응하도록 유인할 수도 있다. 면접자는 반드시 응답의 비밀이 보장된다는 점을 주지시켜야 하며, 피면접자가 어떻게 응답자로 선정되었는지를 설명한다.

면접자는 첫인상이 매우 중요하므로 몸가짐이나 복장, 말투 등에 신경써야 하며, 이러한 것들을 면접 장소나 피면접자의 교육 수준, 신분 등에 맞추어 적절하게 바꾸면서 접근해야 한다. 가정을 방문해 면접하는 경우에는 그 집의 관습이나 분위기를 파악해 이를 존중하고 고려하는 태도가 필요하다. 대화를 처음 시작할 때는 일상적인 잡담이나 흥미를 끌 수 있는 이야기를 꺼내어 피면접자의 긴장을 풀고 부드러운 분위기를 유도한 후 차츰 본론으로 들어가는 것이 좋다. 면접자는 피면접자가 반문할지도 모르는 모든 질문에 응답할 수 있는 준비가 되어 있어야 한다.

　면접의 실시 단계에서 면접자는 관찰하고 질문하며 대답을 경청하고 답을 확인하며 대화를 인도하고 면접 내용을 기록하는 일을 한다. 면접은 대담 형식을 취하므로 질문과 대답은 면접의 핵심이다. 면접자는 응답자로 하여금 시험을 치르고 있다는 느낌을 들게 해서는 안 된다. 면접자는 질문 내용을 숙지하는 것은 물론 질문하는 태도나 음성, 어조 등에도 신경 써야 한다. 질문은 솔직하고 객관적이며 쉽게 이해할 수 있도록 하고 답을 암시하는 것과 같은 표현은 삼간다. 표준화된 면접인 경우 질문지에 쓰여진 그대로 질문하고 질문 순서를 지킨다. 면접자는 피면접자가 질문을 올바르게 이해했는지 확인하고 곡해한 경우에는 이를 수정해 주어야 한다. 때로는 응답자가 면접자의 의견을 알려 하고 그것에 동조하는 답변을 하려 하기도 한다. 그러나 면접자는 응답자를 특정 방향으로 유도해서는 안 된다. 피면접자의 진술이 산만하고 중복되더라도 도중에 중단시키기보다 끈기 있게 청취해야 한다. 피면접자가 진술할 때는 기록하는 순간을 제외하고는 눈을 마주 보며 경청한다. 무표정하거나 명령, 지시, 금지하는 것과 같은 행동은 삼가야 한다. 피면접자가 말하고자 하는 모든 것에 대해 관심을 보이며 적절하게 대화의 보조를 맞춘다. 응답자의 관심사를 파악하고 그가 가지고 있는 호기심이나 관심에 동조하는 태도를 보인다. 주제를 벗어난 진술을 할 때는 응답자의 기분이 상하지 않게 유념하면서 올바른 방향으로 대화를 유도해야 하며, 응답자의 진술 내용의 불일치나 대화의 변화, 반복적인 표현 등에 유의한다. 면접 도중에 응답자의 답변이 진실한 것인지 그 진위 여부를 가려내야 하는데, 이는 응답자의 표정이나 진술 내용의 일치 여부, 또는 응답자와의 대화를 통한 확인 등을 통해 가릴 수 있다. 응답자가 모른다고 말하는 경우에도 다시 물어보아서 답을 유도해야 하지만 응답자의 의지에 반해 얻으려 해서는 안 된다.

　피면접자가 부적합하거나 불명료하거나 미완의 답변을 할 경우 추가 질문을 통해 답변을 다시 확인해 정확한 답을 알아내는 것을 '프로빙(probing)'이라고 한다. 프로빙의 주요 기능은 응답자가 더 정확하고 완전하게 대답하도록 유도하고, 모든 문제가 다루어졌는지 확인하며, 부적절한 자료를 줄이는 것이다. 면접 도중이나 면접 종료 후 프로빙을 함으로써 답변의 완성도와 정확성을 제고한다. 면접 종료 후에 하는 프로빙은 주로 응답자에게 답에 대한 예를 들게 하고, 이를 이용해 나중에 부호화를 통해 답의 정확도를 검토한다. 면접 도중에 이루어지는 프로빙은 예상 가능한 특정한 대답에 대한 특수한 프로빙용 질문을 미리 작성하거나 면접자에게 일반적인 프로빙 방법을 교육시킴으로써 이루어진다.

일반적인 프로빙은 다음과 같은 방법을 통해 이루어진다. 첫째, 질문을 반복하는데, 이는 응답자가 망설이거나 질문을 이해하지 못할 때 사용한다. 둘째, 답변을 반복하는 데, 이는 면접자가 응답자의 답을 정확히 이해하지 못했을 때 사용한다. 셋째, 응답자에게 이해와 관심을 표시한다. 즉, 면접자가 대답을 듣고 시인했음을 나타냄으로써 응답자가 계속하도록 격려한다. 넷째, 답이 불완전한 경우 아무 말 없이 잠시 쉰다. 다섯째, 더 말해 달라고 하는 등 답을 요구하는 중립적인 질문을 한다.

면접 과정에서 발생할 수 있는 여러 가지 오류로서, 면접자 측에서 일어날 수 있는 오류로는 면접자의 특성이나 태도로 인한 것, 질문의 언어화에 의한 것, 확인 질문에서 오는 것, 기록에서 오는 오류 등이 있고, 피면접자 측의 오류로는 면접자로부터 오는 여러 가지 영향에 의한 그릇된 진술, 질문 내용에 대한 곡해, 불완전한 기억, 의식적인 응답의 회피나 허위 진술, 선다식 질문이 적합지 않을 경우의 적당한 답의 선택 등이 있다. 이러한 오류를 가능한 줄임으로써 조사의 정확도와 신뢰도를 높여야 한다.

면접 내용을 정확히 기록하는 것도 중요한 일이다. 기록은 즉시 하는 것이 바람직하며, 답변하는 속도에 기록이 따라가지 못할 때는 반복해서 말하도록 요청한다. 약어나 기호를 사용하거나 녹음기의 도움을 받을 수도 있다. 기록할 때는 남이 읽을 수 있게 기록하고 답 이외의 의견 등도 기록하며 기록하는 도중에도 계속 말하게 하는 것이 좋다. 표준화면접인 경우는 조사표에, 비표준화면접인 경우에는 공책에 기록하는 것이 보통이다. 피면접자의 인적 사항, 면접 일시, 면접 장소 등은 기본적으로 기록한다. 비표준화면접에서는 보통 진술 내용이 요약되어서 기록된다. 면접자는 기록한 내용을 응답의 일관성 여부, 응답자의 편견 여부 등과 관련해서 검토해야 한다.

면접의 종결 단계에서 유의해야 할 점으로는 응답자가 면접에 싫증내기 전에 종결하는 것이다. 면접은 좋은 인간관계 속에서 종결되어야 한다. 면접을 종결할 때에는 응답자에게 아직 하고 싶은 이야기가 있는지 물어 보며, 최종적으로 면접자는 면접의 성패 여부를 검토한다.

면접의 성패를 좌우하는 주요 요인으로서 면접자를 들 수 있다. 면접자의 특성은 피면접자에게 영향을 미쳐 궁극적으로 조사 결과에 영향을 주므로 이러한 특성을 고려해서 선발해야 한다. 주요 특성으로는 성, 사회계층, 나이, 용모 등이 있다. 일반적으로 면접자와 피면접자 간에 여러 특성 면에서 유사성이 클수록 친밀한 관계(rapport)가 잘 형성되므로 더 좋고, 특히 민감한 문제를 조사하는 경우에 유사성이 더욱 중요해진다고 알려져 있다. 피면접자와 면접자 간의 성의 차이에 따라서 다른 응답을 보인다는 연구들이 있다. 조사 주제에 따라서 그에 적절한 면접자의 성을 선택할 수도 있다. 예를 들어 성행태에 관한 문제를 조사할 때는 피면접자와 같은 성의 면접자를 사용하는 것이 좋다. 면접자의 사회계층도 영향을 줄 수 있는데, 면접자와 피면접자 간의 계층적 차이로 인한 라포의 결여가 응답에 편견을 초래한다는 연구 결과도 있다. 일반적으로 양자 간의 사회적 거리가 가까울수록 좋다. 면접자의 나이도 중요하다. 면접자와 피면접자 간의 나이 차이가 양자 모두에게 영향을 줄 수 있다. 옷차림은 면접자로서의 인상을 풍길 수 있어야 한다. 일반적으로 단정하고 깨끗하고 보수적이며 단순한 옷차림이 좋다.

적합한 면접자를 선정해서 훈련·교육시키고 감독·통제하는 일은 매우 중요하다. 면접자는 조사 내용에 대해 충분한 지식을 가져야 하며, 면접 기술에 능해야 한다. 면접자를 선정할 때는 조사할 내용, 피면접자의 특성, 조사지역 등을 고려한다. 피면접자에 대한 접근성을 고려해서 피면접자의 특성이나 조사 내용에 따라 면접자의 성, 연령 등을 결정한다. 특히 면접자의 성은 주요한 요인이며, 조사지역 면에서는 그 지역 사정에 밝은 사람이 도움이 된다. 면접자의 훈련, 교육은 매우 중요하다. 이를 통해 조사의 배경, 목적과 중요성, 개념의 의미와 이론적 배경, 면접 기술과 문답 요령, 기록 방법 등을 배워야 한다.

면접자는 기본적으로 객관적·중립적 입장을 견지해야 하며, 일상적이고 우호적인 태도를 지니고 성실성과 정직성을 갖추어야 한다. 면접에 임해서는 응답자를 존중하고 체면을 세워 주며 문화적 배경을 이해하도록 노력해야 한다. 면접 시 다른 사람을 동반해서는 안 되며, 조사 대상자 이외의 사람을 면접하지 말고 남에게 대신 면접을 의뢰하지 말아야 한다. 면접을 통해 알게 된 정보를 남에게 알려서는 안 되며, 조사할 내용에 대해 나름대로 연구해야 하고, 면접한 내용을 자의적으로 수정해서는 안 된다. 면접지침을 성실히 따라야 하며, 응답자가 면접자를 속이거나 이용하려는 기회를 주지 말아야 한다.

면접조사의 정확도를 높이기 위해서는 면접지침을 만들어 교육시키고 조사 시 항상 휴대하게 하는 것이 바람직하다. 면접지침에는 보통 조사의 목적과 필요성, 조사 내용과 범위, 설문의 요점, 개념 정의, 면접 요령 등을 명시하며, 실제 면접 시 야기될 수 있는 문제나 상황에 대한 적절한 지시나 충고를 제시해 줌으로써 예상치 않은 일의 발생에 대비해 대처할 수 있게 도와 준다. 면접지침서는 면접 내용이 많고 정확도가 요구되는 조사일 경우 특히 긴요하다.

면접 시 투사적 방법(projective method)을 사용하는 경우도 있다. 인형놀이나 특정한 그림을 보여 주고 해석하게 하는 방법, 미완성된 문장이나 이야기를 완성시키게 하는 방법 등이 투사적 방법의 예로서 성인과 아동 모두에게 사용할 수 있다. 이 밖에 로르샤흐 검사(Rorschach Test)나 TAT(Thematic Apperception Test)도 흔히 사용된다. 투사적 방법은 원래 임상심리학과 정신분석학 분야에서 응답자의 내적 감정을 알아내기 위한 수단으로 사용한 것으로서 직접적 질문이 부적절하거나 연구의 진짜 목적을 숨겨야 하는 경우에 유용하다. 관심 주제에 관한 직접적인 질문을 피하므로 간접적 자료 수집 방법으로 간주된다. 따라서 직접적으로 질문하기 곤란한 주제, 예를 들어 성(性)에 대한 태도 같은 것을 연구할 때 사용하면 좋다. 투사법을 사용할 때 면접자는 최소한으로 구조화된 자극을 응답자에게 제시한다. 이에 대한 응답자의 반응은 자신이 의식하지 못했거나 인정하기 두려웠던 진정한 내적 감정으로부터 나온 자발적인 산물로 간주된다.

5) 전화면접법

오늘날에는 스마트폰 등의 전화 보급률이 매우 높으므로 전화를 이용해서 면접하는 전화면접법(telephone interview)을 많이 사용하기도 한다. 우리나라에서도 현재 여론조사나 시장조사 등을 할 때 자주 사용된다. 이 방법은 특히 전화의 속성상 시사성 있는 문제에 대해 긴급히 여론조사를 하고자 할 때 매우 유용한 방법이다. 최근에는 컴퓨터를 이용해 더욱 편리하게 전화면접을 할 수 있게 됨으로써 앞으로 더욱 널리 사용하는 방법이 될 것으로 전망된다.

전화면접법의 장점은 첫째, 조사 과정이 간단하고 빠른 시간에 완료된다는 점, 둘째, 앞서 살펴본 일반적인 면접법에 비해 비용이 적게 든다는 점, 셋째, 접근하기 어려운 사람을 조사할 수 있다는 점, 넷째, 무작위로 조사 대상을 추출하기 용이하다는 점, 다섯째, 개인적 면접에 비해 익명성이 더 보장된다는 점, 여섯째, 지역적으로 분산된 표본을 조사하기 용이하다는 점, 일곱째, 처음에는 조사에 응하기를 꺼리더라도 다시 전화해서 응답하도록 설득할 수 있다는 점, 여덟째, 이메일조사 같은 방법보다 높은 응답률을 확보할 수 있다는 점, 아홉째, 조사자에 대한 감독이 용이해 문제가 생긴 경우 감독자가 즉시 이에 대처할 수 있다는 점 등이다.

반면 단점은 첫째, 전화 보유자만이 피조사자가 되므로 전화가 없는 저소득층은 상대적으로 적게 선정되는 등 표본의 대표성에 문제가 있는 점, 둘째, 복잡하거나 지나치게 민감하거나 사적인 질문은 하기 곤란하다는 점, 셋째, 장시간 통화는 곤란하므로 질문의 양을 제한받는다는 점, 넷째, 지방을 조사할 때에는 비용이 많이 든다는 점, 다섯째, 전화를 받는 사람을 확인할 수 없으므로 피조사자가 바뀌어도 확인할 방법이 없다는 점, 여섯째, 피조사자와 그 환경을 통제할 수 없고 피조사자는 언제든지 면접을 중단할 수 있다는 점, 일곱째, 면접자가 숨은 동기를 가졌거나 장난하는 것으로 믿고 의심하는 경우가 생긴다는 점, 여덟째, 시각적 자료가 사용될 수 없다는 점, 아홉째, 응답자를 관찰할 수 없어 비언어적 자료를 수집할 수 없다는 점, 열 번째, 일반적으로 전화라는 수단은 조사에 응하게 만드는 데 피조사자를 덜 동기화시킨다는 점 등이다.

3 관찰법

1) 정의

관찰법(observation)은 관찰자가 조사 대상을 놓고 보거나 듣거나 만지거나 냄새 맡는 등 감각기관을 사용해서 자료를 수집하는 방법이다. 관찰은 우리 생활 주변에서 일어나는 현상에 대한 정보를 얻는 가장 기초적인 방법이다. 우리는 일상생활을 통해 항상 주위의 사물이나 현상을 관찰하며 살아간다. 즉, 우리는 늘 생활 속에서 일상적인 관찰을 하게 되는데, 이러한 일상적인 관찰과 조사방법으로서의 과학적인 관찰의 차이점은 과학적 관찰은 일정한 목적에 따라 이루어지고, 체계적으로 계획되고 무엇을 관찰할 것인지가 연구가설과 연관되어 규정되며, 관찰 내용이 체계적으로 기록되고 관찰 결과의 타당도와 신뢰도에 대한 검토와 통제가 가해진다는 점 등이다.

관찰법은 연구자가 어떤 특수한 상황에서 일어나는 행동을 자세히 연구하고자 할 때 선호하는 방법이다. 이는 신념이나 가치, 태도, 의견보다 인간 행위에 대한 자료를 수집하고자 할 때 질문지법이나 면접법보다 더 타당한 조사방법이다. 관찰법은 주된 자료 수집 방법으로서 단독으로 사용되기도 하나 때로는 다른 조사방법을 보완해서 보완적 자료를 수집할 목적으로 사용되기도 한다. 또한 연구할 문제를 알아내기 위한 탐색적 목적의 예비적 연구에서 흔히 쓰인다. 보완적 방법으로 쓰이는 예로는 사례연구 시 흔히 관찰을 병행한다.

관찰의 주요 단계는 우선 연구 목적을 정하고 관찰 대상을 정한다. 이후 관찰 대상집단에 들어가며 관찰 대상자와 친근감을 형성한다. 관찰하고 기록하며 위기 발생 시 이를 해결하고 마지막으로 관찰을 종료한다. 대부분의 관찰은 자연적 환경에서 일어나는 현상을 대상으로 하나 때로는 실험실에서 인위적으로 조성된 환경 속에서의 행동을 관찰하기도 한다.

2) 종류

(1) 관찰자의 참여 여부에 따른 분류

관찰 대상집단에 대한 관찰자의 참여 여부에 따라서 참여관찰(participant observation)과 비참여관찰(non-participant observation)로 나눌 수 있다.

① 참여관찰

관찰자가 일시적으로 관찰 대상이 되는 집단의 성원이 되어, 즉, 조사 대상 집단에 직접 참여하여 그 집단의 생활을 함께 나누면서 관찰하는 방법이다. 관찰자는 집단의 한 성원으로서 여러 가지 활동에 참여하고 이를 통해 그 집단의 주된 문제가 무엇인지를 파악하고 중요한 변화 등을 발견한다. 대부분의 참여관찰은 실험실이 아닌 일상세계에서 이루어지나 모든 참여관찰이 그런 것은 아니고 실험실에서도 참여관찰을 할 수는 있다.

이 방법은 보통 관찰자가 누구인지 밝히지 않으므로 피관찰자가 관찰당한다는 사실을 모르므로 있는 그대로의 상태에서 왜곡되지 않은 정확한 자료를 얻을 수 있다는 장점이 있다. 관찰 대상자의 활동에 직접 참여함으로써 연구 대상을 좀 더 자세하고 객관적으로 파악할 수 있다. 관찰자는 함께 참여하는 것을 통해 피관찰자와 일체감을 느낌으로써 겉으로 드러나지 않는 피관찰자의 주관적 가치나 태도, 피관찰자가 자신의 행위에 부여하는 내면적 의미 등을 파악할 수 있으므로 조사 대상의 내적 특성을 파악하고 이해하는 데 적합한 방법이다. 이러한 장점으로 인해 인류학에서는 참여관찰법을 가장 많이 사용한다. 원시사회를 연구할 때 인류학자들은 보통 수개월 내지 일년 이상 장기간 현지에 체류하면서 부족과 함께 생활하며 그들의 일상세계를 자세히 관찰, 조사한다. 그러나 한편으로는 공동생활로 인한 관찰자의 심리적 일체감과 동조 현상으로 인해 객관적인 관찰을 저해할 위험성도 존재한다.

② 비참여관찰

관찰 대상에 대해 개입하지 않고 관찰한다는 것을 알리고서 관찰자가 제3자의 입장에서 피관찰자의 행동을 관찰하는 방법이다. 비참여관찰 시에는 관찰 대상의 행위를 통제하지 않고 가능한 관찰하는 상황을 자유롭게 방치해야 한다.

이 방법을 사용할 때에는 무엇보다 피관찰자가 관찰당하고 있다는 사실을 알면서 비롯되는 자료의 왜곡가능성 문제에 신경을 써야 하며, 따라서 관찰을 할 때 세심한 주의를 요한다. 어린이를 대상으로 관찰 시에는 어린이들은 보통 관찰자의 존재에 주의를 기울이지 않으므로 비참여관찰법을 사용하는 데에 문제가 적으나, 어른을 대상으로 하는 경우에는 관찰자의 존재가 노출되므로 피관찰자에게 심리적인 긴장감이나 부담 등을 주게 되고 이것이 그들의 행동에 영향을 미쳐 부자연스럽고 의식적, 의도적인 행동을 유발할 수 있으므로 특별히 주의해야 한다. 이러한 문제를 해결하기 위한 방법으로서 관찰이 실험실에서 이루어질 때는 때로는 엿보는 창(peep window)과 같은 특수한 장치를 이용해서 관찰하기도 한다.

(2) 상황의 구조화 정도에 따른 분류

관찰자의 참여 여부를 기준으로 하는 것 이외에 관찰의 종류를 구분하는 또 다른 기준으로서 두 종류의 구조를 들 수 있다. 하나는 관찰환경의 구조화 정도로서 자연적 환경과 인위적 또는 실험실 환경으로 나눌 수 있다. 다른 하나는 연구자에 의해 관찰 상황에 부과된 구조화 정도로서, 이에 따라서 어떤 특정 행동이 일어난 빈도를 세는 것과 같은 구조적 관찰과 어떤 특별한 행동을 찾지 않고 일어나는 것은 뭐든지 단순히 관찰하고 기록하는 비구조적 관찰로 나눌 수 있다.

① 구조적 관찰

구조적 관찰(structured observation)은 체계적, 통제적, 조직적 관찰이라고도 하며, 관찰할 내용이 표준화되어 있고 통제된 상태에서 관찰이 이루어지는 것이다. 관찰자는 정해진 가설을 검증하기 위해 관찰할 내용과 방법을 미리 계획해서 관찰한다. 이 방법은 관찰자로 하여금 특정한 부분에 주의를 집중하게 함으로써 조사 대상의 특정 측면에 관찰의 초점을 둘 수 있게 함으로써 비구조화된 관찰 시 간과하기 쉬운 면을 파악하게 해 준다. 이 방법을 사용할 때는 관찰한 것을 체계적으로 기록해 놓는 관찰조사표(observation schedule)를 작성해서 이에 따라 관찰 내용을 기록한다. 관찰조사표는 관찰 내용과 기록 방법을 통제하고 표준화하는 도구로서, 이를 사용함으로써 관찰자는 관찰 내용을 자의적으로 선택하지 않고 일관된 내용을 기록하게 된다.

구조적 관찰이 효과적으로 되기 위해서는 관찰할 단위시간의 설정, 관찰 대상행위의 결정, 기록 형식, 행위 유형의 보존 등을 고려해야 한다. 단위시간의 관찰에 소요되는 시간으로 짧게는 수초에서 길게는 수시간에 이를 수 있는데, 단위시간은 심리적으로 유의미해야 한다. 관찰 대상이 되는 행위를 결정하는 일도 단순한 것은 아니다. 왜냐하면 행위는 보통 연속적으로 이루어지므로 한 행위를 다른 행위와 명확히 구분하기 어렵기 때문이다. 따라서 관찰조사표에 기재되어 있는 행위 유형별로 분명히 분류하기 어려운 문제에 대비해서 각각의 대상행위에 대해 명확한 정의를 내려야 한다. 관찰한 것을 기록하는 형식으로는 양분법이나 척도를 이용한 평정법 등이 있는데, 기록할 때는 피관찰자가 한 행동의 원형을 보존하는 것이 중요하다. 체계적 관찰법은 관찰조사표를 사용함으로써 관찰 내용의 통제성, 구조화, 표준화로 인해 신뢰도가 높은 자료를 얻을 수 있다. 그러나 관찰자의 숙련도나 관찰될 개념에 대한 이해도, 관찰자의 편견으로 인한 기록 내용의 편향성 등이 자료의 신뢰도에 큰 영향을 주므로 관찰자의 개인적 편견이 개입되지 않도록 주의해야 한다.

완전히 구조화된 관찰에서는 관찰되는 항목을 열거해 놓은 점검목록을 도구로 사용한다. 이러한 관찰은 자연적 환경에서보다는 실험실에서 수행된다. 이러한 관찰의 대표적인 예로는 집단에서 일어나는 상호작용을 연구한 베일스(Robert F. Bales)의 연구가 있다. 그는 많은 예비적인 관찰연구를 통해 의사결정이나 문제 해결에 관여하는 집단은 성원 간의 상호작용 면에서 예측 가능할 정도로 지속적인 공통 요소를 보인다고 가정했다. 상호작용에서 어떤 공통 요소를 찾아야 하는지를 미리 예측하고서 이 공통 요소에 따라서 12개의 관찰 카테고리를 만들어서 집단 속에서의 피관찰자 각각의 행동을 이 카테고리에 따라 분류했다. 이것에 따르면, 집단 성원의 집단 속에서의 상호작용 행동은 크게 집단의 문제를 해결하기 위한 도구적 성격의 것과 집단의 통합을 위한 표현적 성격의 것으로 나뉜다는 것이다. 이러한 관찰법에서는 자료를 따로이 부호화할 필요도 없고 자료가 쉽게 양화(量化)된다.

② 비구조적 관찰

비구조적 관찰(unstructured observation)은 비체계적, 비통제적, 비조직적, 또는 단순관찰이라고도 한다. 관찰할 내용이 표준화되어 있지 않고 관찰자가 미리 정해진 기준에 의거해서 관찰하지 않는 방법이다. 이런 관찰은 주로 탐색적 목적을 지닌 연구에서 사용된다. 특히 관찰의 목적과 배경, 관찰자와 피관찰자의 관계, 피관찰자의 특성 등이 중요하다. 참여관찰은 보통 이 형태를 띤다. 비체계적 관찰을 할 때에는 관찰자는 자신의 편견이나 선택적 지각 등에 대한 이해를 통해 객관적 태도를 유지해야 한다.

앞서 말한 두 가지 구조를 기준으로 할 때 자연적 환경과 인위적 환경 간의 구분은 명확하지만 구조적 관찰과 비구조적 관찰 간의 구분은 덜 분명하며 상대적인 것이다. 이 두 기준에 따라 관찰의 종류를 구분하면 [그림 6-1]과 같다. 여기서 유형 3, 즉 구조화된 현지관찰은 자연적 환경에서 구조화된 관찰 도구를 사용해 관찰하는 것으로서 혼합적 성격을 지닌 일종의 준(準)구조화(semistructured) 관찰이라고도 할 수 있다.

	관찰환경의 구조화 정도	
	자연적 환경	인위적 환경
관찰자에 의해 상황에 부과된 구조화 정도 — 비구조적	유형 1: 완전히 비구조화된 현지관찰	유형 2: 비구조적 실험실관찰
관찰자에 의해 상황에 부과된 구조화 정도 — 구조적	유형 3: 구조적 현지관찰	유형 4: 완전히 구조화된 실험실관찰

출처: Bailey(1982: 253).

[그림 6-1] 관찰법의 유형

    이론상으로는 네 유형 각각이 참여관찰이나 비참여관찰로 이루어질 수 있으나 여러 가지 다른 요인으로 인해 둘 중 어느 한 형태를 취하게 된다. 관찰은 관찰 대상자가 관찰되고 있다는 것을 모르는 경우와 아는 경우가 있다. 관찰된다는 것을 아는 경우 피관찰자가 평소와 달리 행동할 수 있다는 점이 문제이다. 자연적 환경에서는 피관찰자가 관찰 사실을 모르기를 원하는 연구자는 참여관찰을 하지 않는다는 것이 어렵다. 만약 관찰자가 참여하지 않는다면 피관찰자에게 분명하게 인식되는 자신의 존재를 설명할 수 없다. 구조적 관찰에서는 일반적으로 행동의 빈도를 기록하기 위해 점검목록을 사용하는데 행동이 이루어지는 즉시 기록해야 한다. 이러한 기록행위는 참여관찰인 경우에는 하기 어렵다. 따라서 자연적 환경에서의 구조적 관찰은 비참여관찰 형태를 띠는 경향이 있다. 일반적으로 자연적 환경에서 이루어지는 대부분의 관찰은 비구조적인 현지참여관찰이며, 자연적 환경에서의 구조적 관찰은 보통 비참여관찰이 되지만 이러한 형태는 현지참여관찰보다 훨씬 적게 나타난다.

    실험실 관찰인 경우에는 피관찰자가 비참여관찰자를 더 쉽게 받아들일 수 있으며, 비참여관찰자가 피관찰자에게 인식되지 않기가 더 쉽다. 보통 실험실에는 도시창이 있어서 비참여관찰자가 들키지 않고 관찰할 수 있으며, 비디오테이

프 같은 장비를 사용하는 것이 가능하다. 따라서 대부분의 실험실관찰은 구조적인 비참여관찰 형태를 띤다.

이제까지 살펴본 관찰은 모두 직접관찰이라고 할 수 있다. 그러나 관찰 대상자를 직접 관찰할 수 없는 경우도 있으며 연구자 자신이 관찰 대상으로부터의 반작용을 우려해 직접관찰법을 사용하지 않을 수도 있다. 이 경우 간접관찰법을 사용할 수 있는데, 간접관찰(indirect observation)은 행동이 일어날 때 관찰자가 그 자리에 없으며 따라서 피관찰자로부터의 반작용도 없다. 간접관찰로는 물리적 흔적을 관찰한다거나 직접적으로 관찰할 수 없는 과거 행동의 실마리를 관찰하는 것이 있다. 그 예로는 경찰이 범인의 과거 행위를 추적해서 범행을 조사하는 것이다.

물리적 흔적을 조사하는 방법에는 두 가지가 있다. 하나는 어떤 물질의 닳아 없어진 정도를 측정하는 것(erosion measures)이고, 다른 하나는 축적된 정도를 측정하는 것(accretion measures)이다. 전자의 예로는 어떤 전시품이 가장 인기 있는지를 알아보기 위해 전시장 주위의 마룻바닥의 닳은 정도를 조사한다거나, 도서관의 어떤 책이 가장 잘 읽히는지 알기 위해 책이 닳은 정도를 조사하는 것 등이다. 후자의 예로는 식습관을 알기 위해 쓰레기 내용물을 조사한다거나 경찰이 범인을 찾기 위해 신발에 묻은 흙을 분석하는 것 등이다.

3) 특성

관찰법이 지니는 장점으로는 다음과 같은 것이 있다.

① 비언어적 행동에 관한 자료를 수집하기에 좋은 방법이다. 질문지를 통해 행동에 대해 물을 때는 고의적으로 행동을 부인하거나 기억하지 못하는 등의 문제가 있으나 관찰자는 진행되는 행동 그대로를 파악할 수 있다.

② 피조사자가 자연적인 환경에서 행동하므로 다른 방법보다 피조사자로부터의 반작용을 덜 야기한다. 실험법이나 질문지법 같이 인위적이거나 제

한적이지 않다.
③ 피조사자가 행위하는 순간을 포착해 기록할 수 있으므로 자료의 정확도와 실재성이 제고된다.
④ 유아와 같이 언어 표현이 미숙한 사람을 조사하거나, 피조사자가 의도적으로 피하거나 말로 표현하기를 꺼리거나 미처 의식하지 못하는 현상을 연구할 때 적절한 방법이다.
⑤ 특정 부분이 아닌 개인 전체에 대한 심층적 연구를 가능하게 한다.
⑥ 피조사자에게 조사에 소요되는 별도의 시간을 할애하도록 요구하지 않아도 되므로 피조사자의 입장에서 편리하다.
⑦ 통시적 연구가 가능하다. 자연스러운 환경 속에서 피조사자를 연구할 수 있으므로 일반적으로 질문지법이나 실험법보다 더 장기간에 걸쳐 조사할 수 있다.
⑧ 비구조적 관찰은 특히 관찰자로 하여금 중요한 것으로 나타난 어떤 변수에도 집중할 수 있게 하는 융통성을 지닌다.
⑨ 일정 기간 관찰자가 피관찰자와 함께 생활하는 경우 친밀하고 비공식적인 관계를 가지므로 좀 더 세밀하게 피관찰자의 참모습을 발견할 기회를 제공한다.

반면 관찰법의 단점은 다음과 같다.
① 관찰하려는 현상이나 행동이 나타날 때까지 기다려야 한다.
② 조사 결과에 영향을 줄 수 있는 외생변수를 통제할 수 없다.
③ 일정 시간에 기록할 수 있는 양이 제한되어 일련의 행동이나 사건을 일시에 자세히 기록할 수 없으므로 기록상의 잘못이 야기될 수 있다.
④ 관찰 상황에 따라 관찰자의 신체적·정신적 인내와 강인성이 요구된다.
⑤ 관찰자의 편견이나 선입견으로 인해 특정 측면만이 강조되거나 선택될

수 있고 관찰된 것의 의미가 왜곡될 수 있다. 이는 자료의 신뢰도와 타당도에 부정적인 영향을 준다.

⑥ 피조사자의 익명성이 결여된다. 따라서 사적이거나 민감한 문제를 연구하기 어렵다.
⑦ 관찰자는 관찰 대상을 양적으로 측정하기보다 단순히 이를 관찰해 기록하므로 수집된 자료를 양화하기가 어렵다. 따라서 자료의 양화는 보통 빈도나 백분율 정도로 제한된다. 관찰을 통해 보통 많은 양의 자료가 생산되나 이러한 자료는 흔히 부호화하거나 체계적으로 분류하기 곤란하다.
⑧ 표본 크기가 대체로 작다. 관찰법은 질문지법보다는 더 작고 실험법보다는 더 큰 표본을 사용하는 경향이 있다.
⑨ 관찰하려는 환경에 들어가기가 어렵다. 많은 경우 관찰자는 조사하는 것을 허락받는 데 어려움을 겪는다.
⑩ 관찰자와 피관찰자 간의 친밀한 관계로 인해 관찰자의 객관성이 상실될 수 있다.
⑪ 관찰은 일반적으로 주관적이고 양화하기 어려운 자료를 가지고 심층적으로 이루어지므로 2인 이상의 관찰자에 의해 수집된 자료를 쉽게 비교할 수 없으며, 비구조적 관찰에서는 신뢰도를 쉽게 점검할 수 없다.
⑫ 관찰의 심층적 성격으로 인해 보통 질문지법이나 실험법보다 더 장시간을 요한다. 이는 관찰자를 고용할 경우 비용의 증가를 가져온다.

4) 유의 사항

관찰하기 전에 해야 할 가장 기본적인 일은 관찰 대상을 정하고 관찰할 내용이 무엇인가를 명확히 규정하고 관찰 절차를 정하는 것이다. 연구 주제와 가설의 검증에 적합한 자료를 찾기 위해서는 어떠한 것을 관찰해야 할 것인지 관찰의 초점을 분명히 해야 한다. 이를 위해서는 관찰할 내용을 세분화하는 것이 도움이 된다. 관찰할 내용을 정한 후에는 개개의 행동을 단위로 관찰할 것인지 또는 연속적인 일련의 행동을 단위로 관찰할 것인지의 관찰 단위를 정해야 한다.

관찰자는 피관찰자의 행위를 유발하는 사건이나 자극, 행위의 목적, 행위가 지향하는 대상과 방향, 행위의 구체적인 표현 형태, 행위의 질적 성격, 행위의 결과, 행위의 발생 시기와 지속 기간, 발생 빈도 등을 주시해야 한다. 관찰은 관찰 대상의 수나 복잡성 등에 따라 1인 또는 2인 이상에 의해 이루어진다. 유념해야 할 점은 관찰자의 관찰행위가 피관찰자의 태도나 행동에 영향을 주지 않도록 하는 것이다. 피관찰자가 자신이 관찰되고 있다는 사실을 알게 되면 부자연스럽고 평소와 다른 행동을 하기 쉽고, 이는 궁극적으로 조사 결과에 영향을 미치게 되므로 관찰행위로 인한 영향이 최소화되도록 해야 한다.

관찰법을 사용할 때 조사의 성패를 좌우하는 주요 요인 중 하나로 관찰자를 들 수 있다. 관찰을 할 때에는 관찰자의 주관이 많이 개입되므로 관찰자의 역할은 매우 중요하다. 특히 체계적 관찰이 아닌 단순 관찰 시에는 관찰자의 개인적 능력과 자질에 더욱 의존하게 되므로 관찰자의 역할이 더욱 중요해진다.

관찰자는 무엇보다 객관성을 유지해야 한다. 관찰자는 실제 일어난 사건과 이에 대한 자신의 해석을 분명히 구분해야 한다. 관찰자의 객관성 유지는 수집된 자료의 신뢰성 문제와 연관된다. 관찰자가 관찰 내용을 기록할 때 지나치게 주관적 해석이 부여되면 자료의 타당도와 신뢰도가 저해된다. 참여관찰 시에는 관찰자가 자신을 피관찰자와 동일시함으로써 객관성을 잃게 되는 경우가 발생하지 않도록 주의해야 하고, 피관찰자의 행위에 너무 익숙해짐으로써 통찰력이 감소될 수 있으므로 유념해야 한다. 자료의 객관성을 확보하고 신뢰도를 높이기 위해서는 2인 이상의 관찰자를 동시에 활용해 관찰 결과를 비교하거나 기록한 내용을 외부인에게 보여 검토받게 하는 것도 한 방법이 될 수 있다.

자료의 신뢰도와 관련된 것으로서 특정 개념이 관찰자에 따라 달리 해석되고 인지될 수 있으므로 개념에 대한 명확한 정의와 이에 대한 관찰자의 철저한 교육과 훈련이 필요하다. 관찰자의 선입견이나 개인차에 따라 동일한 현상에 대해서도 평가하는 정도가 다를 수 있으므로 이에 대한 철저한 훈련이 요구된다. 관찰자는 기술적으로는 유용하고 풍부한 관찰 기술을 가지고 있어야 하며, 자질적으로는 인내심과 지구력, 섬세함, 조심성, 자기통찰력 등을 갖추어야 한다. 연구자 자신이 관찰자가 되지 않는 경우 연구자는 관찰자의 선발과 훈련에 만전을 기함으로써 관찰자로 인해 제기되는 문제가 최소화되도록 해야 한다.

관찰자와 피관찰자의 관계 또한 조사 결과에 영향을 미치는 중요한 요인이다. 양자의 관계가 원만히 설정될 때 순조로운 관찰이 이루어질 수 있다. 관찰행위로 인해 관찰자와 피관찰자 간에 심리적 반응이 유발되고, 이러한 심리적 반응은 궁극적으로 조사 결과에 영향을 미치므로 양자의 관계가 중요하다. 관찰조사를 시작하는 초기부터 피관찰자에게 잘못 접근하면 조사를 거부하는 결과를 초래할 수 있다. 관찰자는 우선 관찰 대상에 접근하기 전에 자신의 신분을 노출할 것인지에 대해 결정해야 한다. 때로는 관찰자의 신분 은폐로 인해 본의 아니게 피관찰자에게 피해를 줄 수도 있으므로 관찰 전에 미리 신분을 밝히는 것은 피관찰자의 의구심을 덜고 필요한 자료를 요구하는 기회를 증대시키는 등의 장점이 있다.

현지관찰에서는 연구자가 피관찰자 본인이나 그 집단의 책임자로부터 조사해도 된다는 허락을 얻는 것이 쉬운 일은 아니다. 관찰을 승인받기 위해서 연구자는 자신의 존재와 연구를 정당화시켜야 한다. 다양한 사회집단은 외부인에 대한 폐쇄성의 측면에서 차이가 있다. 독특한 하위문화를 이루고 있는 폐쇄적인 집단에 접근하는 것은 쉬운 일이 아니다. 때로는 연구자를 소개시켜 주고 집단의 문화에 익숙해지도록 도와 주는 정보제공자(informant)나 내부인을 이용할 수도 있다. 처음에 허락을 받을 때는 상대적으로 작은 규모의 단기간에 걸친 연구를 할 것이라고 말하고서 현지에 들어간 후에 조사를 연장하는 방법도 있다. 연구자는 집단의 지도자나 행정가의 입장에서 보면 조사를 허락함으로써 잃을 것은 많고 얻을 것은 없다는 것을 인식해야 한다.

피관찰자와 친근감, 즉 친밀한 관계(rapport)를 형성하는 일도 중요하다. 이는 현지관찰에서 가장 어렵고도 시간이 걸리는 일이다. 여기서 한 가지 중요한 문제는 관찰자가 적어도 처음에는 피관찰자의 언어, 관습, 습관 등을 충분히 이해하지 못한다는 점이다. 특히 다른 문화권에 있는 대상을 연구할 때는 더욱 큰 어려움이 있다. 현지 관찰자는 그 문화에 적당히 사회화될 필요가 있으며, 이러한 사회화의 선행 조건으로 관찰자와 피관찰자 간에 호혜적인 믿음의 관계가 발달되어야 한다.

관찰 내용을 기록하는 일도 관찰자의 중요한 임무이다. 관찰에 들어가기 전에 미리 언제, 어떠한 방법으로 기록할 것인지를 결정해야 한다. 현장에서 관찰한 내용을 적은 것을 현지기록(field notes)이라고 한다. 현지기록을 할 때의 가장 기본적인 원칙은 관찰자의 존재가 알려진 경우일지라도 눈에 띄게 해서는 안 된다는 것이다. 자료의 정확성을 위해서는 관찰할 상황이 발생하는 즉시 그 자리에서 기록하는 것이 좋으나, 기록하는 속도가 관찰을 따르지 못하고 관찰자의 신분을 노출하지 않은 경우에는 피관찰자의 의심을 유발하며 기록행위로 인해 관찰 내용에 대한 관찰자의 주의력이 분산되는 등의 문제가 있다. 대부분의 관찰자는 가능하면 낮에는 간단히 기록하고 밤시간을 이용해 완전한 현지기록을 하는 것을 선호한다. 간단한 기록은 핵심 단어나 중요한 인용구, 기억을 촉진시키는 단서 등으로 이루어진다. 관찰이 종료된 후에 기록하는 것은 관찰자의 기억에 의존하므로 내용이 부정확할 수 있고 주관적 해석이 개입될 여지가 더 많다. 그 자리에서 즉시 기록하는 방법과 관찰이 완전히 끝난 후 기록하는 방법 중 어느 것이 더 좋은지는 상황에 따라 달라질 수 있으므로 관찰자의 참여 여부, 피관찰자의 특성, 행위의 상황적 배경, 사용 가능한 기록 도구 등에 따라 적절한 기록 방법을 선택해야 한다.

완전한 현지기록을 작성하기 위해서는 빨리 쓰는 연습을 해야 하며, 관찰이 끝난 후에 기록하려면 가능한 빨리 기록해야 한다. 실제 관찰에 소요된 시간만큼 기록하는 데도 시간이 걸릴 수 있다는 사실을 인식해야 하며, 손으로 쓰는 것보다는 타이핑하는 것이 더 좋다. 현지기록은 매일 무엇이, 언제, 누구에게 일어났으며 누가, 무엇을, 누구에게 말했고, 물리적 환경에 어떤 변화가 발생했는지 등의 내용을 포함해야 하며, 이 밖에도 분석적 생각과 추론, 개인적 인상과 느낌 등을 적는다. 피관찰자를 묘사할 때는 추상적 수식어를 사용하기보다 구체적이어야 하며 관찰자의 용어가 아니라 피관찰자가 사용한 용어를 그대로 사용해서 표현하는 것이 좋다. 분석적 생각과 추론이란 연구의 주제, 관찰된 가장 중요한 것, 자료의 조직과 분류 같은 것에 대한 연구자의 생각이다. 즉, 조사 도중에 관찰자에게 일어난 자료의 분석에 관한 아이디어를 말한다. 이러한 생각을 현지기록해 둠으로써 후에 자료를 분석할 때 도움이 될 수 있다. 참여관찰에서는 관찰자와 피관찰자 간에 감정적 관계가 성립되는데, 이 경우 피관찰자의 감정은 물론 관찰자 자신의 감정도 기록해야 한다. 이는 참여관찰에서는 관찰자 자신도 연구 대상집단의 일원이기 때문만 아니라 관찰자가 갖는 편견의 근원으로서 자신의 감정을 분석할 수 있게 해 주기 때문이다.

바람직한 기록 방법의 하나는 대상 행위를 체계적으로 점검하고 기호화할 수 있는 점검목록을 가진 관찰조사표를 이용하는 것이며, 경우에 따라서 녹음기, 사진기, 비디오카메라, 촬영기 등을 사용할 수 있다. 이 밖에 기록에 사용되는 보조기구로서 일기나 메모철, 공책, 지도 등이 활용된다. 이러한 보조기구의 사용은 관찰 내용의 정확도와 신뢰도를 높이는 데 도움을 준다. 녹음기나 비디오카메라, 촬영기 등은 특히 정확성이 강조되는 조사에 도움이 된다. 관찰 결과 수집된 자료가 얼마나 신뢰할 수 있는 것인지가 중요한데, 자료의 신뢰도를 제고하기 위한 방법으로는 서로 다른 도구를 사용해서 기록된 동일한 관찰 내용을 비교 검토하거나, 둘 이상의 관찰자가 동일 내용을 각기 독립적으로 기록하게 한 후 그 결과를 비교하는 방법도 있다. 이러한 방법을 통해 기록의 누락이나 내용의 차이 등을 발견함으로써 기록 내용을 수정, 보완할 수 있다.

4 실험법

1) 정의

실험법(experimentation)이 다른 자료 수집 방법과 기본적으로 차이나는 점은 조사자가 어떠한 가상적인 상태를 임의로 만들고 의도적으로 일정한 자극을 가해 이러한 상황에서 발생하는 피조사자의 행동 변화를 관찰한다는 점이다. 즉, 이는 조사자가 인위적으로 특정 변수를 조작해 그 영향이 어떻게 나타나는가를 파악하는 점이 특징적이다.

실험자는 실험이 실시되는 환경을 통제하고, 실험 대상이 되는 집단의 구성을 통제하며, 독립변수, 즉 실험적 자극을 통제한다. 이렇듯 전반적인 실험 과정에 대한 통제가 가능함으로써 실험자는 변수 간의 단순한 상관관계보다 인과관계를 밝힐 수 있게 된다. 따라서 다른 방법과 달리 실험법의 일반적인 목적은 인과관계의 정립이라고 할 수 있다. 인간의 행위나 사회적 현상을 유발하는 요인은 지극히 복잡하고 다양하므로 실험법을 이러한 것의 연구에 적용하는 것은 매우 어렵고 많은 제한이 따른다. 그러나 잘 시행되면 확실하고 정확히 결과를 보여 주고 변수 간의 인과관계를 밝혀 주므로 심리학과 같은 미시적 연구에서 많이 사용된다. 실험법은 다른 자료 수집 방법처럼 과거에 일어난 사실을 사후조사하는 것이 아니라는 점이 또 하나의 특징이라 할 수 있다.

실험의 기본 논리는 단순하다. 다음에 살펴보듯이 실험설계의 유형에 따라 차이는 있으나 기본적인 절차는 다음과 같다. 우선 실험자는 특정한 독립변수가 특정한 종속변수에 변화를 야기시킨다고 하는 인과적 가설을 세운다. 그 다음 종속변수를 측정한다(pretest). 그리고 독립변수를 개입시킨다. 즉, 종속변수에 실험적 자극 또는 조작을 가한다. 마지막으로 실험적 자극으로 인해 종속변수에 변화가 있는지를 보기 위해 종속변수를 다시 측정한다(posttest). 실험법에 사용되는 집단은 실험 대상이 되는 실험적 자극이 주어지는 실험집단(experimental group)과 실험적 자극을 받지 않는 비교의 기준이 되는 비교집단 또는 통제집단(control group)으로 나뉜다. 실험집단에서의 전체 변화로부터 통제집단의 변화를 제한 것이 실험적 자극으로 인한 변화의 양이 된다.

2) 종류

(1) 실험실실험(laboratory experiment)

자연적으로 존재하는 현실 상황이 아닌 실험자가 원하는 조건을 갖춘 실험 상황을 인위적으로 만들어 그 속에서 변수의 조작과 통제를 통해 실험하는 방법이다. 일정하게 제한된 실험 장소에서 실험이 이루어지므로 조작 가능한 변수의 범위가 제한되는 반면 실험 결과에 영향을 줄 수 있는 여타 변수가 개입할 가능성이 줄어들므로 좀 더 확실하고 정밀한 결론의 도출이 가능하다. 현지실험에 비해 실험공간이 인위적이고 협소하며 변수의 조작과 통제의 정도가 높다. 이러한 변수의 엄밀한 조작과 통제로 정확한 실험적 효과를 얻을 수 있으나, 독립변수의 조작이 뚜렷하게 차이나는 결과를 가져오기 위해서는 강한 조작이 필요하므로 어려움이 있다. 실험실 실험에서 무엇보다 중요한 점은 인위적인 실험 상황을 가능한 현실성을 띠게끔 조성해 피험자로 하여금 실험당하고 있다는 생각을 갖지 않게 하고, 자연스러운 행동을 유발하도록 해야 한다는 것이다.

실험을 실시하기에 앞서 어떠한 사람을 피험자로 선정할 것인지의 문제, 실험집단과 통제집단의 인적 구성과 크기 문제, 실험 기간 문제, 효과적인 실험적 조작 방법 등을 생각해야 한다. 실험집단과 통제집단의 인적 구성은 실험의 목적에 따라 무작위추출법이나 배합법 등을 통해 동질화시켜야 한다. 실험집단의 크기를 정할 때는 예정된 실험 대상자 수보다 조금 더 여유 있게 확보해 두어야 실험 도중에 발생할 수 있는 피험자 상실에 대처할 수 있다. 실험 조작상의 기술로는 필요한 경우 허위 자료를 사용하거나 실험 협조자(confederate)를 이용하거나 피험자의 행동을 제한하는 방법 등이 있다. 실험 협조자의 사용이란 필요한 경우 의도적으로 실제 피험자가 모르게 가짜 피험자를 투입시켜 미리 계획된 각본에 따라 행동하게 함으로써 다른 피험자에게 영향을 주는 방법이다.

실험실실험은 실험 결과에 영향을 줄 수 있는 외적 변수가 개입되지 않도록 실험 상황을 통제하는 정도가 높고 여러 개의 독립변수를 조작할 수 있으며, 실험 목적에 부합되는 실험 대상을 비교적 자유로이 추출할 수 있는 장점이 있는 반면, 실험적 조작의 영향력을 크게 하는 것이 어렵고 실험 상황의 인위성으로 인해 실험 결과를 일반화시키는 데 문제가 있다. 실험실실험을 설계할 때는 관련 변수를 명확히 정의하고, 파악하고자 하는 문제를 구체적으로 표현해야 하며, 독립변수를 조작하고 측정하는 기술과 방법을 결정해서 익혀야 한다. 본실험에 들어가기 전에 예비실험을 통해 의도된 실험적 조작의 효과를 발생시키는 데 독립변수의 조작이 적합한지를 미리 확인하고 실험 중에 발생 가능한 문제를 사전에 파악해 제거하는 것이 바람직하다.

실험실실험법을 이용한 대표적인 연구로서 레빈(Kurt Lewin)과 그의 동료들에 의해 실시되었던 리더십(leadership) 유형의 효과에 관한 연구를 예로 들어보자(Lewin et al., 1939). 레빈 등은 집단에서 서로 다른 리더십 유형에 따라 어떠한 효과가 있는지를 실험하기 위해 10세의 소년들로 집단을 구성해 6주 동안 만나게 했다. 소년집단에게는 공동작업을 수행하도록 했는데, 그 기간 동안 특정한 리더십 유형을 보이는 성인 지도자에 의해 지도되었다. 리더십 유형은 권위적, 민주적, 자유방임적 유형으로서 각 유형의 지도자로 하여금 서로 다른 집단을 지도하게 한 결과 리더십 유형이 집단의 생산성뿐 아니라 성원들의 상호 개인적 관계에도 영향을 미친다는 것을 발견했다.

또 다른 예로 사회심리학 분야에서 유명한 실험으로서 사람이 얼마나 타인에게 동조하는지에 대한 애쉬(Solomon Asch)의 동조실험이 있다(Asch, 1955). 이 실험에서는 7~9명의 대학생이 한 집단으로 참여했는데, 이들 중 한 사람만이 진짜 피험자이고 나머지는 실험 협조자였다. 실험자는 우선 피험자들에게 이 실험이 인지에 관한 실험이라고 설명한 후 두 개의 흰 카드를 보여 주었다. 한 카드에는 한 개의 수직선이 그려져 있고 다른 한 카드에는 서로 길이가 다른 3개의 수직선이 그려져 있다. 실험자는 피험자에게 첫 카드에 있는 선과 같은 길이의 선을 다른 카드에 있는 3개의 선 중에서 고르도록 요구했다.

실제로는 3개의 선 중 하나만이 같은 길이이다. 피험자들은 앉은 순서대로 대답을 했는데 첫 번째와 두 번째 응답 시에는 모든 사람이 옳은 답을 선택했다. 그러나 세 번째 답을 말할 때 실험 협조자들은 일부러 틀린 답을 골랐다. 실험 결과 피험자의 총 대답 중 37%가 틀린 대답이었고, 피험자의 75%가 적어도 한 번은 다수인 실험 협조자들이 제시한 틀린 답에 동조했음을 발견했다.

(2) 현지실험(field experiment)

실제로 존재하는 현실적인 상황 속에서 독립변수를 조작해 실험하는 방법이다. 이는 현지에서 변수를 조작, 통제해야 하는 어려움이 있다. 현지실험에서 실험설계법을 선정할 때에는 연구가설의 내용, 현지 적용가능성, 경비문제 등을 고려해야 한다. 변수의 통제는 예비실험을 통해 미리 실험적 조작가능성을 타진하거나 어떠한 변수가 관련되어 있고 어떤 것이 무관한지에 대한 예비지식을 얻거나 실험 상황 내에 존재하는 불필요한 조건을 제거하는 방법 등을 통해 이루어진다.

현지실험은 실제 상황에서 이루어지므로 독립변수의 영향력이 실험실실험에서보다 일반적으로 더 강하고, 실험실실험보다 현실성을 지니므로 연구 결과를 일반화시킬 수 있는 가능성이 더 높고, 실험실실험에서는 다루기 어려운 복합적인 현상을 연구할 수 있다는 장점이 있는 반면, 실험 상황을 엄격히 조작, 통제하기가 어렵고, 따라서 실험의 정확도가 떨어질 수 있으며, 독립변수를 조작할 수 없는 경우가 많은 것 등이 단점이라 할 수 있다.

실험이라고 해서 너무 복잡하고 어려운 것으로 생각할 필요는 없다. 간단한 현지실험의 예를 들어 보면, 사회심리학 분야에서 타인에 대한 동조 현상의 실험으로서 밀그램(Stanley Milgram)은 실험 협조자의 수를 1인, 2인, 3인, 5인, 10인, 15인 등으로 각기 달리해서 이들이 복잡한 뉴욕 거리에 멈춰서서 길 건너편에 있는 한 빌딩을 올려다 보았을 때 보행자 중 멈춰서거나 빌딩을 쳐다보는 비율을 측정해 보았다. 그 결과 빌딩을 쳐다보는 사람의 비율은 실험 협조자의 수가 5인이 될 때까지는 계속 증가했으나 그 후에는 조금씩만 증가했고, 멈춰 서는 사람의 비율은 실험 협조자의 수가 1인일 때는 4%, 5인일 때는 16%, 10인일 때는 22%, 15인일 때는 40%로서 빌딩을 쳐다보는 경우와 비교했을 때 실험 협조자의 수에 따라 그 행동에 동조하는 사람의 증가율이 더 컸다(Milgram et al., 1969).

3) 실험설계의 유형

실험설계(experimental design)란 변수를 일정한 방식으로 관련짓는 실험의 계획이며 전략이다. 이는 연구문제를 해결하기 위해 고안된 구조와 계획을 의미하며, 두 가지 주요 목적을 지닌다. 첫째, 연구문제에 대한 해답을 제공하기 위한 것이며, 둘째, 실험분산 및 오차분산을 통제하기 위한 것이다. 실험분산이란 독립변수에 의해 영향받는 종속변수의 분산으로서 이를 극대화해야 하며, 개인적 차이로 인한 분산과 측정오차 등의 오차분산을 극소화해야 한다.

실험설계의 적절성을 평가하는 기준은 첫째, 실험설계가 연구문제에 대한 해답을 제공해 줄 수 있는가, 즉 연구가설을 검증해 줄 수 있는가, 둘째, 독립변수의 영향을 얼마나 통제할 수 있는가, 셋째, 다른 표본에도 연구 결과를 일반화할 수 있는가 등이다. 첫째와 둘째 기준은 내적 타당도(internal validity)를 평가하는 기준이며, 세 번째 기준은 외적 타당도(external validity)와 관계되는 기준이다.

실험설계의 유형을 나누어 보면 종속변수가 측정되는 시기를 기준으로 후측정 실험설계와 전후측정 실험설계로 나눌 수 있다. 후측정 실험설계로는 실험집단 사후설계 또는 단일사례연구(one-shot case study), 단일통제집단 사후측정 실험설계(after-only control group design) 등이 있으며, 전후측정 실험설계로는 단일통제집단 전후측정 실험설계(before-after with one control group design), 복수통제집단 전후측정 실험설계 등이 있다.

(1) 실험집단 사후설계

단일사례연구라고도 한다. 가장 단순한 실험설계로서 한 실험집단을 대상으로 해서 변화를 가져오리라고 기대되는 실험적 자극을 가한 후 이를 측정하는 방법이다. 예를 들어 어떤 집단에게 영화를 보여 준 후 태도조사를 통해서 영화 감상의 영향을 알아보는 것이다. 난선화(randomization)가 되어 있지 않고 비교집단이 없어 실험적 자극의 효과를 검증할 수가 없다. 따라서 과학적인 실험설계법으로 사용하기에는 문제가 있다.

(2) 실험집단 전후설계

하나의 실험집단에 대해 실험적 처리 전과 후의 상태를 각기 측정해서 두 관찰값 간의 차이를 다른 요인에 의한 것이 아닌 오로지 실험적 자극의 효과라고 간주하는 방법이다. 실험집단 전후설계(one group before—after design) 방법은 비교의 기준이 되는 통제집단이 없으므로 역사적 요인이나 성장 요인, 사전검사로 인한 영향 등 실험 외적 요인이 실험 결과에 미치는 영향을 파악할 수 없다. 이는 실험 전 측정이 실험적 처리와 실험후 측정에 아무런 영향을 주지 않고, 실험 기간 동안 실험적 처리 외의 다른 요인에 의해 종속변수가 영향받지 않을 것임이 확실한 경우에만 타당한 방법이다. 그러나 실제로는 여러 가지 외적 요인이 통제되지 않으므로 실험적 자극만이 전후 측정값 간의 차이를 초래했다고 단정하기가 어렵다. 실험 단계는 다음과 같다. 첫째, 실험 대상을 선정한다. 둘째, 실험환경을 선정한다. 셋째, 실험집단을 사전검사한다. 넷째, 실험집단에 실험적 자극, 즉 독립변수를 부여한다. 다섯째, 실험집단을 사후측정한다.

(3) 단일통제집단 사후측정 실험설계

하나의 실험집단과 하나의 통제집단을 사용하는 경우로서 양 집단 모두 사전측정은 하지 않는 방법이다. 실험적 자극, 즉 독립변수가 실험집단에만 주어진 후 실험집단과 통제집단의 종속변수에 대해 측정해 양 측정값의 차이를 독립변수의 효과로 간주한다. 사전측정을 하지 않으므로 실험자의 영향이나 사전측정 행위로 인한 영향을 제거할 수 있다. 그러나 실험 대상이 실험적 처리 후 처리 전과 비교해 얼마나 변했는지는 정확히 파악할 수 없고 통제집단과의 비교를 통해 비교할 수 있을 뿐이다. 실험집단과 통제집단의 구성원을 모두 무작위 추출(randomization) 방법에 의해 선정함으로써 실험적 자극 이외의 외적·내적 요인의 영향에 대해서는 두 집단이 모두 동일하게 받는다는 가정 하에 두 집단의 종속변수 간의 차이를 실험적 처리 효과로 간주한다.

(4) 단일통제집단 전후측정 실험설계

무작위 추출된 하나의 실험집단과 하나의 통제집단을 사용해 두 집단 모두 실험 전과 후에 측정하는 방법이다. 실험집단에 대한 실험적 조작 전에 실험집단과 통제집단 모두에 사전측정을 실시한 후 실험집단에는 실험적 조작을 하지만 통제집단에는 하지 않고, 실험적 조작이 끝난 후 두 집단에 대해 모두 사후측정을 한다. 사전측정을 함으로써 실험집단의 본래 상태의 파악이 가능하며, 두 집단의 사전측정치를 비교함으로써 실험적 조작 전의 두 집단의 특성의 차이를 파악할 수 있고, 전측정치와 후측정치의 비교를 통해 실험집단과 통제집단 각각의 실험 전후의 차이를 구하며, 실험집단의 실험적 조작 전후 차이와 통제집단의 전후 차이를 비교함으로써 독립변수의 효과를 측정할 수 있다. 문제점으로는 사전측정의 영향이 지속되는 경우 독립변수인 실험적 조작의 효과를 변화시키는 방향으로 작용할 수 있다는 것이다. 일반적인 실험 단계는 〈표 6-1〉과 같다.

〈표 6-1〉 단일통제집단 전후측정 실험설계의 실험 단계

실험집단	통제집단
1. 대상을 선정한다.	1. 대상을 선정한다.
2. 실험환경을 선정한다.	2. 실험환경을 선정한다.
3. 사전검사를 한다.	3. 사전검사를 한다.
4. 실험적 자극을 부여한다.	4. 사후검사를 한다.
5. 사후검사를 한다.	

(5) 복수통제집단 실험설계

둘 이상의 통제집단을 사용하는 방법은 솔로몬(Richard Solomon)이 고안한 것으로 보통 2개 또는 3개의 통제집단을 사용한다. 2개 통제집단 전후측정실험설계(before-after with two control groups design)는 두 개의 통제 집단을 사용하고, 이들 집단과 실험집단과의 비교를 통해 사전측정의 영향과 이것과 실험적 조작과의 상호작용의 정도를 밝힐 수 있다는 점이 특징이다. 하나의 통제집단은 사전측정과 사후측정만 하고 실험 처리는 하지 않으며, 또 하나의 통제집단에 대해서는 사전측정 없이 실험집단과 동일한 실험적 처리를 한 후 사후측정만을 한다. 실험집단은 사전검사와 사후검사를 모두 한다. 사전검사와 실험적 자극의 상호작용 효과는 실험집단의 변화, 즉 실험집단의 전후 측정값의 차에서 제1통제집단의 사전검사 효과, 즉 이 집단의 전후 측정값의 차와 제2통제집단의 변화, 즉 실험적 자극 효과의 합을 뺀 것이다. 여기서 제2통제집단은 사전검사를 하지 않았으므로 이 집단의 사전 측정값은 실험집단과 제1통제집단의 사전 검삿값을 평균한 것으로 해서 계산한다.

이 방법은 제2통제집단의 변화는 오직 실험적 자극에 의해서, 제1통제집단의 변화는 오직 사전검사에 의해서 일어난 것이며, 만일 실험집단의 변홧값이 2개의 통제집단의 변홧값의 합과 상이하다면 이는 곧 사전검사와 실험적 자극 간의 상호작용을 반영하는 것이라고 간주한다. 이 설계는 상호작용의 효과를 파악할 수 있는 정밀한 방법으로서 매우 유효하나 시행 절차가 복잡한 것이 문제이다. 이 실험의 단계를 요약하면 다음 〈표 6-2〉와 같다.

3개 통제집단 전후실험설계는 역사적 요인이나 성장 요인 같은 내외적 요인이 실험 결과에 줄지도 모를 영향을 고려해 2개 통제집단 전후실험설계에 사전측정과 실험적 처리가 없이 사후측정만 하는 제3의 통제집단을 결합시켜 측정과 실험적 처리 간에 제기되는 상호작용의 문제와 내외적 요인에 의해 일어나는 실

⟨표 6-2⟩ 복수통제집단 실험설계의 실험 단계

실험집단	제1통제집단	제2통제집단
1. 실험 대상을 선정한다.	1. 실험 대상을 선정한다.	1. 실험 대상을 선정한다.
2. 실험환경을 선정한다.	2. 실험환경을 선정한다.	2. 실험환경을 선정한다.
3. 사전검사를 한다.	3. 사전검사를 한다.	3. 사전검사가 없다.
4. 실험적 자극을 부여한다.	4. 실험적 자극이 없다.	4. 실험적 자극을 부여한다.
5. 사후검사를 한다.	5. 사후검사를 한다.	5. 사후검사를 한다.

험 결과에 대한 영향 등의 문제점을 해결하기 위해 고안된 것이다. 여기서 실험집단과 제1통제집단은 사전측정을 하고, 제2통제집단과 제3통제집단은 사전측정을 하지 않으며, 실험변수는 실험집단과 제2통제집단에만 적용하고 제1통제집단과 제3통제집단에는 실험변수를 적용하지 않는다. 4개의 집단에 대해 모두 사후검사를 하며, 이들이 내적·외적인 비통제 요인에 노출되어 있는 것으로 가정한다.

    이 방법의 특징은 2개 통제집단 전후비교 실험설계에서 해결하지 못한 내외적 요인의 영향을, 사전측정과 실험적 처리가 되지 않고 실험 기간 동안 내외적 요인에 노출된 제3의 통제집단을 설정해 사후측정만을 실시함으로써 측정하는 데 있다. 내외적 비통제 요인의 영향에 의한 변화는 제3통제집단의 사후 측정값에서 사전 측정값의 평균값을 뺀 것이다. 실험집단에 대한 전후 측정값의 차에는 실험적 조작 효과 이외에 비통제 요인과 사전측정 요인 효과가 들어 있으며, 제1통제집단의 전후 측정값의 차에는 비통제 요인과 사전측정 요인이 들어 있고, 제2통제집단의 측정값의 차에는 비통제 요인과 실험 요인이 들어 있고, 제3통제집단의 차에는 비통제 요인만이 들어 있으므로 상호작용의 정도는 실험집단의 전후 측정값의 차에서 제1통제집단의 차와 제2통제집단의 차의 합에서부터

제3통제집단의 차를 뺀 것을 제함으로써 측정된다.

(6) 중다실험집단 실험설계

중다실험집단 실험설계(multiple experimental group design)란 실험집단이 둘 이상인 경우를 말한다. 이러한 설계로서 하나의 통제집단과 두 개의 실험집단으로 이루어진 실험설계를 둘 수 있는데, 이는 독립변수의 값을 변화시키는 데 따른 효과를 보려 할 때 사용될 수 있다. 예를 들어 흡연의 효과를 보려 할 때 비흡연가집단을 통제집단으로 하고 실험집단을 중증 흡연가집단과 경증 흡연가집단으로 나누는 방법이다.

이와 같이 하나의 독립변수의 값을 변화시키는 것뿐 아니라 둘 이상의 독립변수를 사용하는 설계도 있는데, 이를 요인배치법(factorial design)이라고 한다. 예를 들어 독립변수가 두 개인 경우 두 변수 값의 조합은 4개이며, 이에 따라 4개의 실험집단을 만들 수 있다. 독립변수가 3개라면 8개의 실험집단이 만들어진다. 이러한 설계에서는 모든 집단이 무작위 추출에 의해 구성되었다면 보통 사전검사를 실시하지 않는다.

이 밖에도 중다실험집단 실험설계의 일종으로서 라틴 정방(Latin square) 설계가 있다. 이는 실험 대상을 세분해서 각각의 대상에 대해 동일한 독립변수를 순서를 각기 달리해 제시함으로써 순서의 차이에서 오는 효과를 보려는 방법이다. 여기서 독립변수, 즉 실험 조건의 수는 실험 대상자의 수만큼 많아진다. 〈표 6-3〉은 4명의 실험 대상자를 위한 설계의 예이다. 여기서 보듯이 1, 2, 3, 4라는 각각의 실험 조건은 각 행과 각 열에서 오직 한 번씩만 나타난다. 각각의 실험 대상자는 4개의 독립변수 모두에 노출되지만 각 실험 대상자에 대해 독립변수들이 제시되는 순서는 각기 다르다. 이러한 설계를 통해 독립변수가 제시되는 순서가 종속변수에 어떤 다른 효과를 가져오는지를 찾아낼 수 있다.

⟨표 6-3⟩ 라틴 정방 설계의 예

대상	독립변수			
갑	1	4	2	3
을	4	3	1	2
병	2	1	3	4
정	3	2	4	1

4) 특성

현지실험법과 실험실실험법의 장단점에 대해서는 앞서 설명했으므로 여기서는 실험법의 일반적인 장단점을 정리해 본다. 실험법의 장점으로는 다음과 같은 것이 있다.

① 변수 간의 인과관계를 파악할 수 있게 해 준다. 다른 자료 수집 방법을 통해서는 상관관계만을 밝힐 수 있으나 실험법은 실험 상황과 독립변수를 조작하면서 얻고자 하는 결과를 유도할 수 있게 하고 인과적 연관성을 알 수 있게 한다.

② 통제가 가능하다는 점이다. 이로 인해 외생변수에 의해 야기되는 오차가 발생할 가능성이 감소됨으로써 덜 통제된 연구에서보다 더 작은 표본 크기를 사용할 수 있으며, 연구 결과에 대해 더 확신할 수 있다.

③ 비교적 비용이 적게 든다.

④ 같은 실험을 반복할 수 있어 이를 통해 결과의 일반성과 보편성을 높일 수 있다.

⑤ 통시적(longitudinal) 분석을 할 수 있다. 실험은 시간에 따른 변화를 조사할 수 있는 기회를 제공해 준다.

반면 실험법의 주요 단점은 다음과 같다.

① 실험 상황의 조작성, 인위성으로 인해 현실성이 부족해 연구 결과를 일반화하는 데 문제가 있다.
② 실험의 윤리성 문제이다. 때로는 실험적 조작이 비윤리적일 수 있다. 인간을 실험 대상으로 한다는 사실 자체가 논쟁점이 된다.
③ 표본의 대표성 문제이다. 실험집단이나 통제집단이 모집단을 대표한다고 보기 곤란한 경우가 많이 있으며, 이들 집단의 크기가 일반적으로 크지 않다는 점, 즉 대체로 표본 크기가 작다는 점 등이 표본의 대표성에 문제를 야기한다.
④ 실험을 통해 조작할 수 없는 변수가 많다.
⑤ 많은 변수를 동시에 조작하기 어렵다.
⑥ 복합적이고 복잡한 현상은 실험을 통해 밝히기 어렵다.
⑦ 실험에 영향을 줄 수 있는 모든 외생변수를 통제하는 것이 불가능하다.
⑧ 실험자로 인한 영향 문제이다. 실험자가 가지고 있는 실험 결과에 대한 기대나 가설이 피험자에게 영향을 주어 궁극적으로는 실험 결과에 영향을 줄 수 있다. 어떤 연구에 따르면, 실험에서 기대하는 결과를 알고 있는 실험자가 실시한 실험이 그것을 모르는 실험자에 의한 실험에서보다 더 연구가설에 동조하는 결과를 나타냈다고 한다. 이는 아마도 실험자가 실험 대상에게 은연중에 암시를 주거나, 실험자가 실험 결과를 가설에 더 들어맞는 것으로 잘못 해석하기 때문일 것이다.
⑨ 표본 크기가 클수록 실험실에서 연구하기 어렵고 외생변수를 통제하기 곤란하다.

5) 유의 사항

실험을 하기 위해서는 우선 연구문제를 정확히 파악하고 문제와 관련된 주요 변수를 선정해야 한다. 입증하고자 하는 연구가설을 검증하기 위해 어떤 변수를 사용해야 하는지를 결정한 후 이들 변수를 측정 가능하게 만든다. 독립변수, 즉 실험변수를 구체적으로 어떻게 조작할지 그 조작 방법과 측정 방법을 결정한다. 변수의 통제는 매우 중요하고도 어려운 기법상의 문제를 지닌다. 실험 목적에 따라서 실험 대상이 될 실험집단과 통제집단을 구성할 사람들을 어떤 종류의 사람으로 할 것인지, 몇 명으로 할 것인지 등을 정해야 하는데, 대부분의 실험은 그 통제적 성격상 많은 사람을 대상으로 할 수 없다. 이후 실험을 구체적으로 어떻게 진행할 것인지를 계획하고 결정한다. 무작위 추출 등을 통해 통제집단과 실험집단을 구성하며, 다음에 살펴볼 여러 가지 실험설계 유형 중에서 어떤 것을 택할지 결정한다. 실험법을 사용할 때는 본실험에서 발생할 수 있는 오류와 문제를 사전에 발견해 제거하기 위해서 예비실험을 실시하는 것이 좋다. 실험이 종료된 후에는 반드시 피험자를 대상으로 실험의 주제가 무엇이었는지, 어떤 조작이 사용되었는지를 설명하는 과정(debriefing)을 거쳐야 한다. 이러한 과정에서 어떤 고의적인 속임수가 사용된 경우에는 반드시 이에 대해 해명하고 양해를 구해야 한다. 특히 실험은 인위적 성격이 강하므로 실험 도중 예상치 않은 문제가 발생하는 것을 방지하기 위해 세심한 주의와 계획이 필요하다.

실험법은 인위적인 변수 조작에 따른 피실험자의 반응을 측정하는 것이므로 이러한 인위적 절차를 시행하는 과정에서 윤리적 문제가 제기된다. 인간을 실험 대상으로 했을 때 제기되는 윤리적 문제의 대표적인 예로서 밀그램의 권위에 대한 복종에 관한 실험이 있는데, 이 실험은 실험 방법의 윤리적 측면에 대해 많은 논쟁을 불러일으켰다(Milgram, 1963).

예일대학교에서 실시된 이 실험은 우선 신문광고를 통해 실험 참여자를 모집했다. 피험자는 두 명이 한 쌍을 이루어 실험에 참여했는데 실제로는 그중 한 명은 실험 협조자였다. 실험자는 피험자에게 이 실험이 학습에 대한 처벌의 효과에 관한 연구라고 설명했다. 두 명 중 한 사람에게는 학습자, 또 다른 사람에게는 선생의 역할을 부여하는데, 피험자로 하여금 우연에 의해 학습자나 선생의 역할을 맡는 것으로 믿게 하기 위해 동전을 던져 어느 역할을 할지를 결정했다. 그러나 실제로는 실험 협조자는 늘 학습자가 되게 해서 짝으로 되어 있는 단어를 배우는 일을 담당하고, 진짜 피험자는 늘 선생이 되게 해서 단어의 짝을 읽어 주는 일을 하게 했다.

선생 역할의 피험자는 15볼트 간격으로 15~450 볼트까지 표시되어 있는 쇼크 기계 앞에 앉혀졌다. 450볼트에는 '위험: 극심한 충격'이라고 쓰여 있다. 실험자는 피험자에게 학습자가 틀린 단어를 말할 때마다 전기 쇼크를 주라고 지시했다. 학습자는 피험자가 있는 옆방의 의자에 앉혀 팔이 의자에 묶이고 전극이 붙여졌다. 피험자는 학습자를 볼 수 없으며 연락 장치로만 의사전달이 되었다. 실험자는 피험자에게 충격이 매우 고통스러울 수 있으나 영구적인 피부 손상은 일으키지 않을 것이라고 설명했다. 실험이 진행되는 동안 학습자는 일부러 착오를 범했다. 실험자는 피험자에게 15볼트에서 시작해 학습자가 새로운 실수를 할 때마다 한 단계씩 전기 강도를 높이라고 지시했다. 볼트 수가 증가함에 따라 학습자는 거짓으로 고함을 더 크게 지르고 전기 쇼크를 중지해 달라고 말하며 책상과 벽을 쳤다. 피험자가 도중에 전기 쇼크를 주는 것을 주저하면 실험자는 옆에서 계속할 것을 요구했다. 그리고 전기 충격으로 인한 결과에 대한 책임은 실험자에게 있다고 말했다. 실험 결과 2/3 정도의 피험자가 마지막 450볼트까지 충격을 주었으며, 모든 피험자가 300볼트까지 충격을 주었다.

밀그램은 이 실험이 인간이 어떤 합법적인 권위로부터 강한 상황적 압력을 받았을 때 파괴적인 행위까지도 하게끔 유도될 수 있음을 보여 주는 것이라고 했다. 물론 연구자는 실험이 종료된 후 피험자들에게 실험에 대해 자세한 설명을 했으나 그럼에도 불구하고 이 실험이 윤리적 측면에서 문제가 있다는 비판이 많이 제기되었다.

실험에 들어가기 전에 실험집단과 통제집단을 구성할 실험 대상자를 각 집단에 적절히 배치해 모든 집단의 구성을 동일하게 만드는 일이 필요하다. 실험 대상자를 집단에 배당하는 방법으로는 보통 정밀통제(precision control) 또는 단순배합(simple matching), 빈도배합 또는 도수분포통제(frequency distribution control), 무작위 추출(randomization) 등이 사용된다.

이 중 가장 많이 사용되는 방법은 무작위 추출이다. 이는 하나의 모집단에서 부분집단을 구성할 사람들을 무작위로 추출하면 한 부분집단을 구성하고 있는 사람들과 동일한 특성을 가진 사람들이 다른 부분집단도 구성할 것이라는 가정에 기반한 것으로 한 요인만을 통제하는 것이 아니라 모든 요인을 동시에 통제하는 것이다. 모든 자격 있는 실험 대상자의 목록으로부터 난수표와 같은 무작위 추출 과정을 통해 집단의 구성원을 선정한다. 이 방법은 정밀통제법이나 빈도배합법에서 일어날 수 있는 선정 기준에서 제외된 주요 특성이 조사에 영향을 줄 수 있다는 문제점을 보완해 줄 수 있다.

정밀통제란 성, 연령, 교육 정도 등 특성들이 동일한 짝을 찾아 한 명은 실험집단에, 다른 한 명은 통제집단에 배치하는 것이다. 이러한 짝은 한 가지 특성에서뿐 아니라 독립변수나 종속변수와 연관된 실험에 적절한 모든 특성 면에서 동일해야 한다. 이 방법의 단점은 적절한 모든 특성이 일치하는 짝이 없는 사람은 실험에서 제외된다는 것이다. 따라서 예비실험 대상자의 규모가 매우 커야 원하는 수의 대상을 추출할 수 있다.

빈도배합이란 두 집단이 갖는 주요 특성의 구성 비율, 즉 도수분포를 동일하게 하는 방법이다. 예를 들어 두 집단 성원의 성별 또는 연령별 구성을 같게 하는 것으로서 모든 변수를 통제하는 것이 아니라 하나의 변수에 집중해 양 집단에서 이 변수의 평균값과 분포를 동일하거나 유사하게 만든다. 이 방법의 장점은 정밀통제보다 더 적은 수의 실험 대상자가 요구되며, 사용할 수 없는 많은 여분의 대상자를 만들지 않는다는 것이다. 반면 단점은 한 번에 하나의 변수만을 통제한다는 점이다.

앞서 실험법은 다른 자료 수집 방법과 달리 변수 간의 인과관계를 밝힐 수 있는 방법이라고 했으나 자연과학과 달리 사회과학에서는 인과관계를 명확히 밝히는 것이 매우 어렵다. 사회과학에서는 어떤 변수가 다른 변수의 원인이라고 말하는 것이 간단한 문제가 아니며, 많은 경우에 인과관계는 불명료하고 확인하기 어렵다. 따라서 사회과학을 연구하는 학자들은 원인이라는 개념을 신중하게 사용하며, 인과관계라는 말 대신 어떤 변수는 어떤 특정한 조건 하에서는 항상 다른 어떤 변수를 수반한다는 식으로 기술하기도 한다.

5 문서연구법

1) 정의

앞서 소개된 자료 수집 방법들은 모두 연구할 대상자를 직접적으로 조사하는 것이다. 이와 달리 또 하나 자료의 주요 원천이지만 상대적으로 경시되고 있는 것이 문서의 분석이다. 문서연구(document study)란 연구하고자 하는 대상에 대한 정보를 포함하고 있는 글로 쓰여진 자료를 연구, 분석하는 것이다.

분석자료가 되는 문서에는 여러 종류가 있다. 특별한 사건이나 행동을 직접 경험했던 사람에 의해 쓰여진 것을 1차적 문서(primary documents)라 하고, 현장에는 없었으나 현장을 목격한 증인을 면접하거나 일차적 문서를 읽음으로써 문서 작성에 필요한 정보를 얻은 사람에 의해 쓰여진 것을 2차적 문서(secondary documents)라고 한다. 예를 들어 자서전이 1차적 문서라면 타인에 의해 쓰여진 전기는 2차적 문서이다.

이러한 종류 외에도 문서는 구조의 정도와 원래 쓰여진 목적 면에서 다양하다. 대부분의 문서는 연구가 아닌 다른 목적을 위해 쓰여진 것이며, 이러한 원래의 목적은 매우 다양하다. 일기나 친구에게 보내는 편지, 자살 노트, 자서전, 고백 편지 등과 같은 개인적·1차적인 문서는 개인적 목적을 위해 쓰여진 것이다. 많은 비개인적 문서가 기업이나 조직에 의해 작성되는데, 이러한 문서는 개인적 문서보다 더 구조화된 경향이 있다.

이러한 문서의 예로는 회의록, 사무실 간 메모, 재무 기록, 각종 서류 등이 있다. 이 밖에 또 한 가지 주요한 문서 종류로서 신문이나 잡지, 책, 뉴스레터 등 인쇄된 대중매체가 있다.

2) 특성

문서연구법의 장점은 다음과 같다.

① 접근 불가능해 다른 방법으로써는 조사할 수 없는 대상을 연구할 수 있다. 예를 들어 이미 죽은 사람이나 역사적 사실을 연구할 때 문서연구가 유일한 방법이다.

② 문서를 작성하는 사람으로부터의 반작용이 없다. 즉, 문서연구를 한다고 해서 자료의 내용이 변하지는 않는다.

③ 장기간에 걸친 추세를 연구하고자 할 때 적절한 방법이다.

④ 큰 표본을 사용할 수 있다. 연구자가 원하면 많은 양의 문서를 표본으로 선택할 수 있다. 표본 크기가 클수록 조사 결과를 더 믿을 수 있고 통계적으로 유의미한 결과를 더 쉽게 얻을 수 있으며, 결과를 더 잘 일반화할 수 있다.

⑤ 즉각적인 행동을 기록하거나 감정이 일어난 순간에 기록한 문서인 경우 정확하고 생생한 자료를 제공한다. 예를 들어 조사 대상자가 일기를 계속 쓴다면 자신의 즉각적인 느낌을 언제든지 기록할 수 있다.
⑥ 사람은 면접이나 질문지를 통해서보다 문서를 통해서 더 잘 고백할 수 있다. 따라서 일기나 사후에 출판된 자서전, 자살 노트 같은 문서의 연구는 비밀스러운 정보를 얻어 내는 유일한 방법이 될 수 있다.
⑦ 문서연구의 비용은 문서의 종류, 문서의 확산 정도 등에 따라 달라질 수 있으나 대규모 조사에 비해 상대적으로 비용이 적게 든다.
⑧ 문서의 질적 수준은 매우 다양하나 신문 사설과 같이 전문가에 의해 쓰여진 문서인 경우 질문지에 대한 응답보다 질이 높고 훨씬 더 가치 있는 자료를 제공할 수 있다.

반면 문서연구법의 단점은 다음과 같다.

① 대부분의 문서는 연구 목적으로 쓰여진 것이 아닌데 원래의 목적으로 인해 문서 내용이 편향될 수 있다. 예를 들어 고백적 기사나 자서전 같은 개인적 문서는 흔히 유명인이나 특별한 경험을 한 사람에 의해 쓰여지는데, 이는 독특하고 가치 있는 연구자료를 제공하지만 보통 돈을 벌기 위한 목적으로 쓰여지므로 이야기를 과장하거나 꾸미고 저자를 나쁘게 보이게 만드는 사건을 제외시키는 경향이 있다.
② 문서는 보통 종이에 쓰여지므로 보존하기 위해 잘 관리하지 않는 한 변하기 쉽다. 유명인에 의해 쓰여진 문서는 보존되기 쉬우나 보통 사람이 쓴 편지나 일기 같은 일상적인 문서는 버려지거나 창고에 보관되어 접근 불가능하게 된다. 연구자에게 즉각적인 관심거리가 되는 사건이나 유명한 사건에 대한 것이 아닌 보통 문서가 연구자가 접근 가능한 공공보관소에 보관되는 일은 드물다.

③ 많은 문서가 관련 사건이나 행동에 대한 지식이나 사전 경험이 없는 연구자에게 불완전한 설명을 제공한다. 편지나 일기 같은 개인적 문서가 갖는 문제는 이것이 연구 목적을 위해 쓰여지지 않고 사적이거나 비밀스러운 것으로 쓰여졌다는 점이다. 이러한 문서는 흔히 연구자가 특별한 관련 지식을 갖고 있다는 것을 가정한다. 일기의 경우는 특히 저자에 의해서만 읽혀지도록 쓰여진 것이므로 더욱 그렇다.
④ 문서의 이용가능성 문제이다. 문서를 이용할 수 없는 연구 분야가 많이 있다. 많은 경우에 정보가 기록되지 않거나, 기록은 되었으나 비밀이거나 후에 폐기된다.
⑤ 교육 수준에 의한 자료의 편중이 생긴다. 교육 정도가 낮은 사람은 높은 사람보다 문서를 덜 쓰고 덜 읽기 쉽다. 따라서 대중매체는 이들을 겨냥하지 않으며, 이들의 관점이 잘 반영되지 않는 경향이 있다.
⑥ 문서는 오직 대상자의 언어적 행동에 관한 정보만을 제공하고 비언어적 행동에 관한 직접적인 정보는 제공하지 않는다.
⑦ 신문 같은 문서는 흔히 표준 형식을 갖는데, 이러한 표준화는 신문 간의 비교를 쉽게 만든다. 그러나 많은 다른 문서의 경우, 개인적 문서는 표준화된 형식이 없어서 어느 한 시점에 작성된 문서에는 포함되었던 가치 있는 정보가 다른 시점에 작성된 문서에는 없으므로 비교하는 것을 어렵거나 불가능하게 한다.
⑧ 작성 목적의 차이, 내용이나 주제의 차이, 표준화의 결여, 길이와 형식의 차이 등으로 인해 부호화하는 것이 매우 어렵다. 문서는 보통 숫자보다 단어로 쓰여지며 양화(量化)시키기 매우 어렵다. 따라서 문서의 분석은 관찰법에서의 현지 노트나 개방식 질문의 분석과 유사하다.
⑨ 장기간 동안의 내용 비교가 가능하기 위해서는 자료를 수정해야 하는 경

우가 발생한다. 문서가 쓰여진 기간 동안 매우 큰 변화가 일어난 경우 공통된 분석 단위를 사용하더라도 이 단위의 가치가 너무 많이 변해 수정하지 않으면 잘못된 비교가 되는 수가 있다.

3) 종류

문서연구법의 종류를 나누는 한 가지 방법으로서 상대적으로 비구조화되고 비양적인 사례연구법과 양적 자료를 생산하는 구조화된 내용 분석법으로 나누는 방법이 있다(Bailey, 1982: 309). 이러한 구분은 문서 자체의 구조가 아니라 분석적 방법의 구조에 기반해서 나누는 방법인데, 이렇게 나누는 이유는 문서에 따라 구조화의 정도에 차이는 있으나 실제로 모든 문서가 연구 목적으로 쓰여진 것이 아니므로 일반적으로 연구에 적합하게 조직화된 것이 아니기 때문이다. 비구조화된 방법은 개인적 문서의 분석에 더 많이 사용되고 구조화된 방법은 비개인적 문서에 더 사용되므로 이 두 종류를 각각 비구조적/개인적 방법과 구조적/비개인적 방법이라고 부를 수도 있다. 대표적인 문서연구법인 내용분석법은 후자에 속하는 방법으로서 널리 사용되고 있다.

4) 유의 사항

문서연구에서 두 가지 주요한 문제는 문서에 접근하는 것과 문서를 부호화하고 분석하는 것이다. 특히 개인적 문서인 경우에는 접근가능성이 문제된다. 개인적 문서는 사적 소유물이 대부분이고 비밀에 부쳐진 것이 많다. 때로는 오직 하나의 흥미로운 문서를 확보하기도 어렵고 많이 수집한다는 것은 매우 어렵다. 이러한 이유 때문에 개인적 문서를 분석하는 연구자는 많은 문서를 피상적으로 연구하는 대신 하나 또는 몇 개의 엄선된 문서를 심층적·집중적으로 사례 연구하는 것을 선호하는 경향이 있다. 그러나 어떤 특별한 정치적 이슈에 대해 신문사에 보내온 편지들과 같이 한 출처로부터 많은 개인적 문서를 확보할 수 있는 경우도 있다. 자살노트 같은 특별히 흥미 있는 편지들은 특별 수집 장소나 기록보관소에 모여져 연구자가 많은 양을 이용할 수도 있다. 그러나 어떤 경우이건 문서에 접근하기 위해서는 연구자는 문서의 책임자에게 자신이 합법적인 목적을 가진 정당성 있는 연구자임을 확신시켜야 한다. 이는 권위 있는 기관으로부터의 소개장, 정부로부터의 재정 지원, 연구 목적의 설명, 과거에 출판된 연구의 요약 설명, 연구 결과를 알려 주겠다는 약속 등을 통해 이루어진다. 아울러 연구자는 비밀의 보장과 자료를 윤리적으로 사용할 것을 약속해야 한다.

연구자가 2차적 분석을 하는 경우도 많이 있다. 2차적 분석이란 연구자 자신이 아닌 다른 사람에 의해 수집되거나 쓰여진 문서를 분석하는 것이다. 2차적 분석자는 보통 첫 번째 연구자와는 다른 연구 목적을 지닌다. 장점은 원래의 자료를 수집하기보다 이미 있는 자료를 이용함으로써 시간과 비용이 절약되고 프라이버시를 덜 침범하며 비교 연구하기가 더 쉽다는 점이다. 그러나 연구자가 필요로 하는 자료가 이용 가능하지 않을 수 있고, 원래의 자료가 2차적 연구자가 알아낼 수 없는 잘못을 포함하고 있을지도 모른다는 단점이 있다(Hyman, 1972).

개인적 문서를 연구하는 것은 참여관찰을 하는 것과 유사한 점이 있으며, 비개인적 문서를 연구하는 것은 질문지법과 유사하다. 질문지법처럼 비개인적 문서의 연구에서는 비교적 큰 표본을 얻는 것이 상대적으로 쉽다. 예를 들어 신문연구에 관심 있는 연구자는 표본을 추출할 수 있는 많은 신문을 확보할 수 있다. 개인적 문서의 연구는 질문지법이나 비개인적 문서 연구가 갖고 있지 않은 서술의 즉각성과 친밀감과 내적 감정의 깊이를 지니는 반면 매우 큰 표본은 제공하지 않는다는 점에서 관찰법과 유사하다. 따라서 개인적 문서를 연구하는 많은 연구자는 일반적으로 심층적으로 연구할 수 있는 작은 표본을 사용하거나 사례연구를 택한다. 사례연구는 연구자로 하여금 원하는 요점을 예시해 주는 사례를 선정할 수 있게 하며 양적 분석보다는 질적 분석이 된다. 개인적 문서의 분석자는 관심 주제를 우선 일반화하고 개인적 문서로부터 이에 관한 사례를 뽑아 설명한다. 다음에서는 문서연구법의 일종인 내용분석법에 대해 자세히 알아본다.

5) 내용분석법

(1) 정의

내용분석(content analysis)이란 메시지, 즉 전달할 내용의 특징을 객관적이고 체계적으로 확인함으로써 그 진의를 추정하는 기법이다(Holsti, 1969: 14). 이것은 말이나 글로써 표현된 의사소통의 내용을 객관적, 체계적, 양적으로 기술하기 위한 연구기법(Berelson, 1954: 489)으로서, 그 기본적 목적은 언어적, 비양적(非量的) 문서를 양적 자료로 변형시키는 것이다. 내용분석의 결과는 보통 빈도나 백분율을 포함한 도표로 나타낼 수 있다. 내용분석에서는 가설, 규모가 큰 표본, 컴퓨터와 통계기법으로써 분석할 수 있는 양적 자료를 사용할 수 있다. 이는 저자가 불분명한 문서의 저자가 누구인지를 결정하는 것과 같은 특별한 목적으로도 쓰인다.

홀스티(Ole R. Holsti)는 내용분석의 목적으로서 과학적 가설검증 이외에 다음의 일곱 가지를 지적하고 있다(Holsti, 1969: 43). 첫째, 의사소통 내용의 경향을 묘사하는 것, 둘째, 메시지 출처의 특성과 메시지를 연관시키는 것, 셋째, 의사소통 내용을 기준에 근거해 검사하는 것, 넷째, 설득 기술을 분석하는 것, 다섯째, 양식(style)을 분석하는 것, 여섯째, 청중의 속성과 메시지를 연관시키는 것, 일곱째, 의사소통의 유형을 묘사하는 것 등이다. 내용분석은 우선 문서를 분석하는 데 사용되는 상호 배타적이고 망라적인 일련의 카테고리를 구성한 후 연구되는 문서에서 각 카테고리가 관찰되는 빈도를 기록하는 구조화된 문서연구기법이다.

인간은 늘 타인과 의사소통을 하면서 살아간다. 그러나 이러한 의사소통의 내용은 말하거나 글을 쓴 사람, 즉 발신자와 이를 전달받은 수신자 간의 상이한 문화적 배경과 준거틀, 사용 언어, 시간적 차이 등으로 인해 그 의미가 달리 해석될 수 있다. 내용분석은 언어를 사용한 인간의 의사소통이 갖는 이러한 특성으로 인해 야기되는 문제를 해결하기 위해 객관적이며 양적인 방법을 사용해 전달 내용을 명료하게 분석하기 위한 것이다. 대부분의 내용분석은 양적 분석이지만 질적 분석도 있으며, 메시지의 현재적 내용뿐 아니라 그 이면에 숨어 있는 잠재적 내용도 분석의 대상으로 한다. 이는 의사소통의 속성을 기술하고 그 원인과 효과 등을 추론하기 위해 사용된다.

내용분석에서 분석의 대상이 되는 것은 언어나 언어에 의해 표현되는 주제 등이다. 내용분석은 다른 조사방법에 의해 파악하기 어렵거나 불가능한 것을 알고자 할 때 사용할 수 있는 방법으로서, 예를 들어 역사적 사실이나 이미 죽었거나 접근 불가능한 인물 등에 관한 정보를 얻을 수 있다. 내용 분석에 사용되는 자료는 신문, 잡지, 전기, 사설, 연설문, 편지, 공식문서, 텔레비전이나 라디오 프로그램 등으로부터 추출된다. 내용분석법은 특히 현대 사회에서의 매스컴의 발달로 인해 새로운 조사방법으로 발달하게 되었다. 초기에는 전달 내용이 무엇인지에만 관심을 가졌으나 오늘날에는 누가(발신자), 왜, 어떻게(전달 경로), 무엇을(메시지), 어떤 효과를, 누구에게(수신자) 등 커뮤니케이션과 정상의 모든 요소에 대해 분석한다.

(2) 종류

내용분석은 앞서 지적한 바와 같이 의사소통의 속성을 밝히거나 그 원인이나 효과를 추론하는 데 사용되는데, 이에 따라 그 종류를 속성분석, 원인분석,

효과분석으로 나눌 수 있다.

속성분석은 의사소통의 특성을 기술하는 방법으로서 무엇(메시지), 왜(이유), 누구에게(수신자) 등의 질문을 분석한다. 커뮤니케이션의 속성을 시간, 상황, 수신자, 출처 등에 초점을 두어 분석한다. 즉, 시간의 경과에 따라서 전달 내용의 경향이 어떻게 변화했는지, 상황의 차이에 따라서 전달 내용의 효과가 어떻게 변화하는지, 수신자의 차이에 따라서 전달 내용의 효과가 어떻게 다른지를 분석하거나 동일한 출처에서 나온 두 변수 상호간의 관계를 비교, 분석한다.

원인분석은 의사소통의 원인에 관해 추론하는 것으로서 누가, 왜 등의 질문을 다룬다. 이를 통해 발신자의 의도나 가치, 태도, 동기 등을 연구할 수 있다. 언어로 표현된 메시지의 내용을 분석할 뿐 아니라 겉으로 나타난 행동 같은 행태 변수를 동시에 분석해 양자를 비교한다. 예를 들어 한 기업의 주요 경영 목표를 알기 위해 공식문서를 분석하는 동시에 구체적인 경영행위를 분석한다.

효과분석은 메시지가 수신자에게 미친 효과를 분석하는 것으로서 어떤 효과가 누구에게 등의 질문이 분석되며 의사소통의 흐름이나 이에 대한 반응 등을 분석할 수 있다. 이를 위해 서로 다른 출처로부터 나온 서로 다른 수신자에 대한 발신자의 메시지 효과를 비교하는 방법과, 발신자의 메시지를 수신하기 전과 후의 수신자의 행태를 비교하는 방법이 있다.

(3) 절차

내용분석은 연구의 목적과 이론적 배경에 따라 카테고리와 분석 단위, 분석 방법 등을 결정하여 분석한다. 내용분석에서의 다섯 가지 주요 작업은 다음과 같다.

첫째, 문서의 표본을 추출한다.

둘째, 카테고리의 내용을 정한다. 이 내용은 연구 목적에 따라 달라진다.

셋째, 기록 단위를 정한다.

넷째, 문맥 단위를 정한다.

다섯째, 계산 체계(system of enumeration)를 정한다.

① 문서의 표본추출

어디서 어떻게 분석될 자료를 표본추출하는가는 자료의 대표성과 결과의 일반화와 연관되므로 중요한 문제이다. 내용분석의 표본추출 절차는 조사연구에서의 일반적인 표본추출 절차와 같다. 분석 대상이 될 수 있는 수많은 자료로부터 표본이 되는 자료를 추출하기 위해서는 우선 표본이 추출될 모집단이 되는 모든 문서의 목록을 작성해야 한다. 그리고 연구될 자료의 출처를 결정한다. 즉 신문, 잡지, 책 등 모든 이용 가능한 출처 중에서 어느 하나를 선정한다. 신문을 표본으로 추출할 때는 신문마다 발행 부수나 배포 지역, 영향력 등이 다르므로 이러한 요인을 고려해서 어떤 신문을 표본으로 할지 정해야 한다. 이때 무작위 표본추출이나 층화표본추출, 군집표본추출 등 여러 가지 표본추출 방법을 이용해 표본이 될 자료를 추출한다. 발행 부수에 따라 신문을 여러 층으로 나누어 각 층에서 무작위로 추출하거나 인기도에 따라 특정 신문을 주관적으로 선택할 수도 있다. 언제 나온 자료를 표본추출할 것인지 추출될 기간도 정해야 한다. 예를 들어 어느 기간 동안에 발간된 신문을 자료로 할 것인가를 정하는데, 기간은 계절적 영향 등을 고려해 결정한다. 그리고 신문 전체를 분석할 것인지 어느 특정 면만 분석할 것인지를 결정해야 한다.

② 카테고리의 설정

카테고리(category)란 전달 내용을 분류하고 기술하는 체제를 말한다. 카테고리를 정하는 일은 내용분석의 성패를 좌우하는 중요한 작업이다. 카테고리는 다른 연구자가 동일 내용에 대해 같은 카테고리를 적용해 연구 결과를 검증할 수 있도록 명백히 규정되어야 한다. 홀스터(Holsti, 1969)에 따르면, 카테고리는 연구 목적을 반영하고 망라적이며 상호배타적이고 독립적이어야 한다. 카테고리가 망라적이어야 한다는 것은 카테고리가 분석될 내용을 모두 포함해야 한다는 뜻이며, 상호 배타적이어야 한다는 것은 각 분석 항목이 하나의 카테고리에만 속해야 한다는 뜻이다. 카테고리가 독립적이어야 한다는 것은 한 카테고리의 값이 다른 카테고리의 값을 결정하지 않는다는 뜻이다. 카테고리는 단일 원칙에 따라 분류됨으로써 개념적으로 상이한 수준의 항목이 혼합되어서는 안 된다.

연구자는 연구 목적을 규정한 후에 연구 목적에 적절한 일련의 카테고리를 구성해야 한다. 망라적이고 상호 배타적인 카테고리를 사용하는 것은 연구 결과의 신뢰도를 제고한다. 카테고리는 일반적으로 이론으로부터 도출되는 것이 아니라 연구될 문서를 검토해 어떤 공통적 요소가 있는지를 확인함으로써 만들어진다. 이렇게 카테고리를 분석될 문서로부터 끌어냄으로써만이 상호 배타적이고 망라적인 카테고리가 될 수 있다. 문서의 사전 검토 없이 구성된 카테고리는 많은 중요한 카테고리를 제외시키고 피상적이거나 불필요한 카테고리를 포함시키게 된다. 카테고리에서 취급되는 변수의 개념은 분명하게 정의되어야 하며, 조작화를 통해 지표가 구체화되어야 한다. 카테고리의 신뢰도를 높이는 기본적인 방법은 주어진 카테고리에 들어갈 내용의 특성을 분명히 규정하고 분석될 자료로부터 많은 예들을 도출해 어떤 내용이 그 카테고리에 속하게 될 것인지를 분명히 예시하는 것이다.

내용분석에 사용된 카테고리의 예를 들어 보자. 모트(Mott, 1942)는 신문 내용의 경향을 알아보기 위한 카테고리를 구성하기 위해 단순히 신문을 각 부문의 내용에 따라서 여러 개의 부문으로 나누었다. 모트(Frank Mott)가 신문 내용을 분류하기 위해 구성한 12개의 카테고리는 외국 뉴스와 인물, 워싱턴뉴스, 공공문제를 다루는 칼럼, 사설, 기업과 재정, 스포츠, 사회, 여성의 관심사, 영화와 연극과 책과 미술, 라디오 프로그램 소개, 만화, 만화를 제외한 만평 등이다. 베렐슨과 솔터(Berelson & Salter, 1946)는 인기 있는 소설 속에 나타난 가치에는 어떤 것이 있는지를 연구하면서 가치를 크게 감정 지향적인 것과 이성 지향적인 것 두 부류로 나누고, 이를 다시 각각 8개와 5개의 카테고리로 분류했다. 이들이 분류한 감정 지향적인 가치 카테고리는 감상적 사랑, 정착된 결혼 상태, 이상주의, 애정과 정서적 안정, 애국심, 모험, 정의, 독립 등이고, 이성 지향적인 가치 카테고리는 시급한 구체적인 문제의 해결, 자기 발전, 돈과 물질, 경제적이고 사회적인 안정, 권력과 지배 등이다.

카테고리의 종류는 여러 가지로 나뉠 수 있다. 주된 종류에는 주제 카테고리, 방향 카테고리, 가치 카테고리, 기준 카테고리, 속성 카테고리, 행위자 카테고리, 권위 카테고리, 기원 카테고리, 표적 카테고리, 형식 카테고리 등이 있다. 주제 카테고리는 내용분석에서 가장 많이 사용되는 것으로서 커뮤니케이션의 내용이 무엇에 관한 것인지를 밝히는 것이 그 목적이다. 예를 들어 신문기사의 주제를 공공문제, 사설, 해외 소식, 경제, 스포츠, 사회, 만평, 연예와 오락 등의 카테고리로 분류하는 것이다. 방향 카테고리는 전달 내용에 포함되어 있는 방향성, 가치, 태도 등을 분석할 때 사용되는 것으로서 예를 들어 긍정적/부정적, 적극적/소극적과 같은 태도를 측정하는 척도를 사용해 내용을 분석하는 것이다. 기준 카테고리는 내용이 어떤 기준에 의해 평가되고 있는지를 밝히기 위한 것으로서 예를 들어 강함/약함, 도덕성/비도덕성과 같이 양분법적인 카테고리가 흔히 사용된다. 가치 카테고리는 사람이 추구하는 가치를 분석하기 위한 것으로서, 예를 들어 권력, 존경, 사랑, 부, 명예, 안녕 등으로 분류하는 것이다. 방법 카테고리는 행위의 목적을 실현하기 위한 수단을 파악하기 위한 것으로서 어떠한 방법을 사용해 목표에 도달했는지를 밝힌다. 속성 카테고리는 어떤 인물이나 제도, 정책 등의 특성을 밝히기 위한 것으로서, 예를 들어 소설이나 영화 속의 등장인물을 성, 나이, 직업, 계층과 같은 특성별로 분류하는 것이다.

    이 밖에도 행위자 카테고리는 어떤 사회적 행동을 주도하는 개인이나 집단을 밝히기 위한 것이며, 기원 카테고리는 메시지가 온 장소를 밝히는 데 사용되며, 표적 카테고리는 메시지가 누구에게 향하고 있는지를 밝히기 위한 것이다. 형식 또는 형태 카테고리는 형태상의 분류를 다루는 것으로서 예를 들어 라디오 프로그램을 고전음악, 가요, 연속극, 뉴스 등으로 분류하는 것이다. 진술 카테고리는 내용을 구성하는 문법적인 구문 형식을 밝히기 위한 것으로서 라스웰(Harold D. Lasswell) 등은 진술 형식을 사실진술, 선호진술, 동일시진술 등으로 분류한다. 강도 카테고리는 내용이 갖는 강도를 알아보기 위한 것이다.

③ 기록 단위의 결정

    카테고리를 정한 후에는 직접적인 분석 대상이 되는 분석 단위를 결정해야 한다. 분석 단위에는 기록 단위와 문맥 단위가 있는데, 기록 단위만이 분석되거나 경우에 따라서 두 단위가 같이 분석되기도 한다. 기록 단위(recording unit)에는 단어나 상징, 주제, 인물, 문장이나 문단, 항목 등이 있다. 내용분석은 이들 중 하나를 통해서 이루어지는데 어떤 기록 단위를 사용할 것인지는 연구의 목적과 분석될 내용 등에 의해 결정된다. 연구자는 기록 단위로 선정된 특정 단어나 상징이 분석할 문서에서 나타나는 빈도를 측정한다.

    하나의 단어나 상징은 기록 단위로 많이 사용되는 가장 작은 단위로서 여기에는 구(句)와 같은 복합어도 포함된다. 한 단어를 기록 단위로 사용할 때의 문제점은 만일 표본이 긴 문서들을 많이 포함하면 너무 많은 단어가 포함되어 있어서 연구자가 다루기 곤란하다는 것이다. 이러한 이유로 인해 대중매체의 내용분석에서 보통 이보다 더 큰 단위를 선호한다. 단어나 상징을 기록 단위로 사용하는 것의 장점은 명확하고 객관적인 경계를 갖지 않는 주제 같은 기록 단위와는 대조적으로 하나의 단어는 분명하고 명확한 경계를 가지며 상대적으로 알아내기 쉽다는 점이다.

주제(theme)란 문서의 도덕적 의도나 목적을 말한다. 주제를 기록 단위로 택하는 경우는 보통 내용에 포함된 주장이나 제안, 가치나 신념, 태도, 이슈, 사상 등을 연구할 때이다. 가치나 태도 등은 메시지에 내포된 주제를 분석해야 잘 파악될 수 있기 때문이다. 주제를 완전히 파악하는 것은 몇 개의 단어만 가지고 될 수도 있고, 문장의 일부나 여러 문단, 때로는 여러 장이나 책 전체를 필요로 할 수도 있다. 주제의 경계를 결정하는 것은 단어와 같은 다른 기록 단위의 경계를 결정하는 것보다 훨씬 더 어렵고 주관적이다. 주제는 단어나 문장, 문단에서와 같은 공간적 경계가 없으므로 한 주제가 어디에서 시작해 어디에서 끝나는지에 대해서 동의하는 정도가 낮다. 따라서 주제를 단위로 분석하는 것은 단어나 항목의 경우보다 더 어렵고 시간도 더 많이 소요된다.

인물(character)을 기록 단위로 할 때는 소설이나 연극, 드라마, 영화, 기타 등장인물을 가진 문서를 분석하는 경우이다. 등장인물의 속성을 파악함으로써 작가의 성품, 작품 경향 등을 유추하는 연구를 할 때 사용한다. 인물에 사용되는 카테고리는 보통 사회경제적 치위나 인종적 지위 같은 것을 포함한다. 여기서 기록 단위는 특정한 사람으로서 각 카테고리에 맞는 사람 수가 기록된다. 인물을 기록 단위로 할 때의 장점은 각 개인은 구체적이고 분명하므로 주제처럼 경계가 불분명한 문제가 없으며, 또 단어를 단위로 했을 때와 같이 너무 많은 수로 인한 곤란을 겪지 않아도 된다는 점이다. 그러나 이는 특별한 문서 종류에만 사용될 수 있다는 제한성이 있다.

문장이나 문단(paragraph)을 기록 단위로 사용하는 것은 그 경계를 쉽게 파악할 수 있는 장점이 있으나 단어와는 달리 흔히 둘 이상의 주제를 포함하고 있다는 것이 단점이다. 따라서 한 문장이나 문단이 하나의 카테고리에 속하지 않고 여러 카테고리에 해당할 수 있으므로 매우 만족스러운 기록단위는 되지 못한다.

항목(item)은 많은 수의 문서를 비교할 때 문장이나 문단은 너무 작은 단위이므로 이런 경우에 쓰일 수 있는 기록 단위이다. 이는 전체 논문이나 영화, 책, 라디오 프로그램 등의 특징을 연구할 때 사용된다. 한 가지 문제는 항목은 문서 전체를 언급할 때 사용되고 주제는 문서의 일부분만을 언급할 때 사용되는 경향이 있다는 점 이외에는 항목과 주제를 명확히 구분하기 어렵다는 점이다. 이것은 대부분의 연구에 사용하기에는 너무 자세하지 않고 조잡한 면이 있다. 전쟁 또는 코미디로 분류되는 코믹한 주제를 가진 전쟁영화처럼 항목이 두 카테고리 사이에 해당하는 경우 문제가 된다.

④ 문맥 단위의 결정

문맥 단위(context unit)는 기록 단위만으로는 분석을 정확히 할 수 없는 경우에 사용된다. 예를 들어 만약 연구자가 권력의 존재뿐 아니라 남편 또는 부인 중 누가 권력을 갖고 있는지에 대해 관심이 있다면 우선 권력이라는 단어를 기록 단위로 해서 이 단어를 찾는다. 그러나 이 한 단어만 가지고는 권력이 남편에게 속한 것인지 부인의 것인지는 알지 못하므로 이 경우 단어는 문맥 속에서 읽혀져야 하며, 따라서 연구자는 권력이라는 기록 단위를 포함하는 더 큰 단위인 문맥 단위를 선정할 필요가 있다. 만약 기록 단위가 단어라면 문맥 단위는 한 문장이나 구절, 장, 또는 책 전체가 될 수도 있다. 문맥 단위를 사용하는 것이 필요하지 않은 경우도 있으나 이것이 필요한 경우에는 연구자에 의해 주관적으로 선정된다. 문맥 단위를 분석하는 것은 기록 단위를 분석하는 것보다 시간이 더 많이 소요된다.

⑤ 계산 체계(분석 방법)의 결정

카테고리와 기록 단위, 문맥 단위를 정한 후에는 자료를 양화(量化)하는 방법을 결정해야 한다. 자료의 분석 방법을 크게 질적 분석과 양적 분석으로 구분하기도 하는데, 질적 분식은 주제의 성격에 따라서 양석으로 분석할 수 없는 내용을 분석하는 것이나 실제로는 별로 사용되지 않고 대부분의 내용분석은 양적 분석이다.

양적 분석은 객관적이고 명확한 연구 결과를 원하고 자료가 대표성을 지니며, 카테고리가 나타나는 빈도가 많은 경우 등에 사용한다. 양적 분석에서는 주로 분석 단위가 나타나는 빈도를 측정하며, 이 밖에도 활자로 된 자료인 경우에는 차지하고 있는 공간의 크기라든지 방송 프로그램인 경우에는 방송 시간 등을 측정하기도 한다. 시간과 공간을 측정하는 것은 계산하기 쉽다는 장점이 있으나 태도나 가치 같은 것을 분석하기에는 부족한 면이 있다.

자료를 양화하는 주된 방법에는 네 가지가 있다.

첫째, 카테고리가 문서에 나타나는지 아닌지만을 표시하는 단순한 이분법적 구분이다.

둘째, 카테고리가 문서에 나타나는 빈도를 세는 빈도 계산(frequency counts)으로서 가장 기본적인 방법이자 가장 많이 사용되는 방법이다. 문서의 저자가 불분명해 저자를 알려 할 때 가장 흔히 사용되는 방법은 문서에 어떤 특정한 단어가 나타나는 빈도를 세는 것이다. 이 방법의 문제점은 모든 카테고리가 동일하며 특정한 카테고리나 기록 단위가 동일한 가중값을 갖는다는 것을 가정한다는 것인데 이러한 가정은 경우에 따라서 맞을 수도 있고 틀릴 수도 있다. 이는 빈도가 강도나 중요도 등을 대표한다고 간주하므로 문제가 있다. 반면 사용하기에 편리하고 간단한 것이 장점이다. 예를 들면 갑이라는 연설자와 을이라는 연설자의 연설 내용을 비교 분석하고자 할 때 갑과 을이 한 각각의 연설에서 각 주제를 몇 번

언급했는지 그 발생 빈도를 계산하고, 또 각자의 총 연설 횟수에서 각 주제를 언급한 연설 횟수가 몇번인지를 계산해서 두 연설자에 의해 주제가 다루어진 상대적 빈도를 관찰하는 것이다.

셋째, 카테고리에 할당된 공간의 크기를 측정하거나, 라디오나 텔레비전 프로그램인 경우에 방송 시간을 측정하는 방법으로서 대중매체의 분석에서 가장 널리 쓰이는 방법이다. 예를 들어 연구의 목적이 서로 다른 두 신문에서 강조하는 것이 무엇인지를 비교하는 것일 때 주제에 할애된 칼럼의 길이나 주제를 논하는 데 사용된 머릿기사의 크기를 측정하는 방법을 흔히 사용한다. 공간의 측정에서는 기사가 실린 위치에 따라서 가중값을 부여할 수도 있다. 1면에 실린 짧은 기사가 마지막 면에 실린 긴 기사만큼 중요할 수 있다. 그러나 공간 측정은 내용을 측정하지는 않으므로 대중매체를 기술하는 데는 적합하지만 태도나 가치 등을 분석하기에는 조잡한 방법이라고 할 수 있다.

넷째, 카테고리가 표현되는 강도를 측정하는 강도분석(intensity analysis)이다. 발생 빈도가 높다고 해서 반드시 그것에 강조점이 있는 것은 아니므로 빈도 계산만으로는 부족하고 표현의 강도를 측정함으로써 내용을 더 잘 파악할 수 있다. 특히 가치나 태도의 강도를 알기 위해서는 빈도 계산이 적합하지 않다. 강도 측정 방법에는 조합비교법, 원자접근법, Q 분류척도법, 평가적 주장분석법 등이 있다. 조합비교법(paired comparisons)은 평가자가 여러 진술의 강도를 서로 조합해서 평가하는 방법으로 내용이 갖는 각 단위의 강도를 판단한다. 예를 들어 어떤 문제에 관한 여러 개의 진술 중 어떤 진술이 더 강한지를 파악하기 위해 진술을 둘씩 짝지어서 비교, 평가해 평가자 간의 판단이 일치할 때 정확한 분석으로 간주할 수 있다. 원자접근법(atomic approach)과 평가적 주장분석법(evaluative assertion analysis)은 메시지를 태도 객체/동사 연결어/일반적 의미 용어나 태도 객체 1/동사 연결어/태도 객체 2등과 같은 주제적 구조로 나누어 분석하는 방법이다. 평가적 주장분석법은 나뉜 동사 연결어와 일반적 의미 용어 각각에 대해 방향과 강도에 따라서 +1, +2, +3 또는 −1, −2, −3 등의 값을 부여하고 이 값들의 합계를 일정 방식에 따라 계산해 최종 점수를 내는 것이다.

이 밖에도 자료의 계산 방법으로서 분할분석, 원자분석 등이 있다. 분할분석(contingency analysis)은 어떤 단어나 상징, 주제와 관련해 부수적으로 나타나는 다른 상징적 단위를 분석하는 것이다. 즉, 어떤 주어진 상징이나 주제와 연관되어 다른 상징이나 주제가 얼마나 자주 나타나는지를 알아보는 것이다. 단 하나의 기록 단위만을 분석하는 것보다 이와 관련된 여러 기록 단위를 분석함으로써 좀 더 확실한 추론을 할 수 있다. 원자분석(valence analysis)은 상징적 단위와 문맥 간에 존재하는 관계와 그 연관 정도를 알아내는 방법이다. 문장에 나타나는 찬반이나 좋고 나쁨, 가깝고 멈 등의 카테고리에 따라 연관성을 파악할 수 있다. 이러한 분석 방법 중 어느 것을 사용할지는 부분적으로 연구의 목적에 좌우된다.

(4) 특성

내용분석의 장점으로는 다음과 같은 것이 있다.

첫째, 실제 조사로 불가능한 자료의 수집을 가능하게 한다.

둘째, 다른 조사방법의 타당성 여부를 가려 주고 개방식 질문의 답을 분석하는 데 유용하다.

셋째, 심리적 변수를 효과적으로 측정할 수 있다.

반면 단점은 다음과 같다.

첫째, 분석 결과의 신뢰도가 문제가 된다.

둘째, 노력과 시간이 많이 든다.

셋째, 부호화가 분석의 성패에 중요하므로 유능한 부호화 요원을 필요로 한다.

내용분석이 객관적이기 위해서는 분석 절차와 측정에 신뢰성이 있어야 한다. 동일한 도구에 의해 반복된 측정이 동일한 결과를 나타내야 신뢰성 있는 분석이라 할 수 있다. 이를 위해 분석자의 주관적 개입이 최소한으로 억제되어야 한다. 내용분석 결과의 신뢰도는 부호화하는 사람의 기술과 경험, 통찰력 등 개인적 자질, 카테고리의 명확도, 부호화 규칙, 자료의 명확도 등에 따라 달라진다.

부호화하는 사람은 부호화할 때 개인적인 편견을 배제함으로써 동일하고 일관성 있는 자료가 생산되도록 해야 한다. 부호화의 편견을 배제하기 위해 둘 이상의 부호화 요원을 사용하는 것도 좋다. 부호화하는 사람의 개인적 신뢰도를 측정하는 방법으로는 복합신뢰도계수, 신뢰도계수, 스콧(Scott) 공식 등이 있다. 카테고리가 얼마나 잘 구성되었는지도 신뢰도에 영향을 주는 요인이다. 이를 위해서는 연구자의 카테고리 형성 능력이 중요하며, 상호 배타적이고 망라적이며 구분이 명확한 카테고리를 형성하는 것이 신뢰도를 높이는 길이다.

6 사례연구법

1) 정의

사례연구(case study)는 질적 조사방법의 하나로서, 개별적 사례(개인, 집단, 지역사회, 기타 사회적 현상이나 사건 등)의 특성에 대해 집중적으로 탐색해 연구하는 방법이다. 조사 대상을 좀 더 자세하고 종합적으로 연구하기 위한 방법이며, 조사 결과를 양화시키기 어려운 대상을 연구하는 데 좋다. 사례연구법은 주된 조사방법으로 사용될 수도 있고 보완적 방법으로 사용되기도 하며, 연구의 탐색적 단계에서 문제를 파악하기 위해 사용되기도 한다.

사례연구법은 통계를 사용하는 양적 조사방법과 대조적인 성격을 가지나 이 둘은 상호 보완적으로 사용될 수 있다. 예를 들어 사례를 선정할 때 대표성을 위해 통계조사 결과에 의거해 선정하고 사례연구에서 도출된 연구가설을 통계조사를 통해 검증할 수 있다. 통계조사 결과에 사례연구에서 얻은 개별적·세부적 내용을 첨가함으로써 더욱 풍부한 연구 결과를 얻을 수 있다. 통계조사가 보편적·공통적·비개별적인 측면을 관찰하는 것이라면 사례연구는 특정적·개별적인 측면을 관찰하는 것이므로 현상에 대한 종합적인 이해는 이 두 방법을 병행함으로써 얻을 수 있다.

최근에는 사례연구로 얻은 자료를 양화시켜 통계분석을 시도하는 경향이 증가하고 있다. 사례연구를 할 때에는 관찰법이나 면접법을 사용하는 경우가 많다. 사례연구는 보통 문제의 해결에 기여하지만 직접 문제 해결 방안을 제시해주지는 않는다. 사례연구를 통해 사실에 대한 정태적 분석과 아울러 시간의 흐름에 따른 변화 과정을 파악하는 동태적 분석이 가능하다. 사례연구는 한정된 사례를 대상으로 하므로 연구 결과의 일반화를 목적으로 하는 것은 아니나 다른 유사한 사례와의 비교를 통해 결과를 보편화시킬 수도 있다.

사례연구법을 가장 많이 사용하는 분야는 인류학이라 할 수 있다. 문화인류학자들은 초창기부터 미개사회를 연구하는 데 이 방법을 주로 사용하고 있으며, 이는 사례연구를 통해 미개사회 전체의 특징적인 모습을 조명할 수 있기 때문이다. 따라서 인류학자들은 사례연구법의 발전에 기여했다.

2) 종류

사례연구법의 종류를 나누는 방법에는 여러 가지가 있다. 내용에 따라 사례를 구분해 문제를 확인하고 구분하는 방법을 개발하는 사례, 문제가 확인되고 해결되는 방법을 훈련하는 사례, 문제를 해결하기 위한 구체적 계획이 진행될 수 있는 방법을 훈련하는 사례 등으로 나누기도 하고, 교육의 본질에 따라 사례를 구분해 평가형, 문제만 나열하는 문제형, 문제의 주원인을 밝히는 진단형, 정책이 실현될 수 있는 방향으로 유도하는 행동형, 특정한 수단과 절차, 정책을 기술하는 표준형 등으로 나누기도 한다(김광웅, 1989: 331). 연구 대상에 따라서 개인에 관한 사례연구, 집단이나 지역사회에 관한 사례연구로 나누기도 하며, 접근 방법에 따라서 생활사적(역사적) 방법과 임상적 방법으로 나누기도 한다. 생활사적 접근법은 개인이나 집단의 생활사적 기록이나 역사적 사실의 수집을 통해서 연구 대상을 간접적으로 조사하는 방법으로서 과거의 사례를 재구성하는 데 중점을 두며, 임상적 접근법은 연구 대상의 실태에 대해 직접적으로 조사하는 방법이다. 실제로는 이 두 방법이 함께 사용되는 경우가 많다(윤종주, 1980).

개인을 대상으로 한 생활사적 사례연구에서는 생활사적 자료에 의거한 시계열적 분석을 통해 개인의 내면적 특성과 현 상황을 과거 사실에 비추어 설명하고자 한다. 개인의 특정한 생활양식을 초래한 사회문화적 요인을 밝히는 데 관심을 둔다. 숙련된 조사자는 질문을 통해 조사 대상자가 자신의 생활을 상세히 진술하도록 하며, 생활에서 일어난 여러 사실의 의미와 영향을 밝힌다. 과거와 현재에 관한 생활사적 자료는 한 개인의 전 생애를 통해 연속적으로 이루어진 적응 과정을 기술하고 있기 때문에 풍부한 정보의 공급원이 되며, 연구할 가치가 있는 가설을 시사해 주고, 현재 행위의 원인을 밝혀 준다. 이 자료에 담겨진 일련의 특정하고 연관된 경험이 개인의 행위를 동기짓는 요인으로 강조된다. 개인의 과거지사는 그의 인격과 특성 연구에 기초가 된다. 생활사적 자료는 생생하고 풍부하며 구체적인 개인 경험과 사회적 상황에 대한 다양한 반응 양식을 보여 주는 장점이 있는 반면 대표성이나 신빙성에 문제가 있고 개인의 기억이나 지각에 오류가 많을 수 있으며, 특정 사건이 강조되고 계량적으로 접근하기 어려운 것이 단점이라 할 수 있다.

개인을 대상으로 한 임상적 연구에서는 인간 행위의 결정 요인으로서 사회적 환경을 중시하면서 조사자가 직접 조사 대상자나 그와 관련된 사람과의 면접 등을 통해 개인의 생활 양태, 행위, 태도 등을 연구한다. 특히 심리학, 사회학, 사회사업학 등에서 널리 사용되는데, 그 예로는 개별사회사업에서 클라이언트(client)를 대상으로 한 조사를 들 수 있다. 연구 대상이 되는 개인뿐 아니라 그 가족이나 지인 등도 면접해 조사 상자의 사회문화적 배경, 환경, 행위양식, 태도 등을 상세히 기술한다. 이 방법을 성공적으로 사용하는 데 중요한 요소는 연구자의 숙련 정도이다. 정확한 조사가 되기 위해서는 조사 대상자의 솔직한 진술이 필요하며, 이를 위해 조사자는 능숙한 대인 접촉을 통해서 신뢰감과 친근감을 조성해야 한다.

지역사회를 대상으로 한 연구에서는 지역주민의 공동체생활을 전체적으로 파악하기 위해서 그 사회에 관한 충분한 자료를 체계적으로 수집해야 한다. 수집될 자료에는 지역사회의 지리적 위치, 주요 교통망 등의 물리적·공간적 자료, 정태적·동태적인 인구학적 자료, 여러 집단과 정치·경제·종교제도 등에 관한 자료, 산업구조, 관례, 행사, 생활양식 등에 관한 자료, 고문서와 고적 등의 향토사적 자료, 인근 지역사회와의 관계에 관한 자료, 현존하는 사회문제에 관한 자료가 포함된다.

3) 특성

사례연구의 장점은 다음과 같다.

첫째, 생생하고 풍부하며 구체적인 자료를 얻을 수 있다.

둘째, 깊이 있는 정보를 얻을 수 있다.

셋째, 새로운 사실의 발견이나 연구문제의 파악에 유용하다.

넷째, 어떤 현상의 특정 부분에 대한 세밀한 연구에 적합하다.

다섯째, 시간의 흐름에 따른 동태적 변화에 대한 연구가 가능하다.

반면 단점으로는 다음과 같은 것이 있다.

첫째, 연구 결과를 일반화하기 어렵다.

둘째, 자료의 신뢰도를 검증할 수 없다.

셋째, 특정 사례만이 가지는 특별한 측면을 지나치게 강조할 가능성이 있다.

넷째, 조사 시간과 비용이 많이 든다.

다섯째, 생활사적 사례연구의 경우 응답자가 조사자가 기대하는 내용을 진술한다든가 조사자와 응답자 간의 친근감이 높아져 진술 내용이 주관적이 된다든가 과다 진술이나 과소 진술, 사실의 배제나 허위 사실의 첨가 문제 등이 나타날 수 있다.

사례연구의 특징은 무엇보다도 조사 대상이 되는 개별 사례를 하나의 전체로 간주해서 총체적·종합적으로 접근하는 것이라고 할 수 있다. 총체적 접근 방법을 통해서 개별적인 연구 대상이 갖는 구체적이고 특징적인 내용에 관심을 집중시킨다는 점에서 통계적 방법을 통해서 어떤 공통적인 특성을 파악하려는 것과는 차이가 있다. 또 사례연구의 자료는 광범위한 것이 특징이다. 이는 총체적 접근과 연관된 특징으로서 연구 대상의 모든 측면에 대한 모든 자료가 수집되고 사용된다.

4) 유의 사항

사례연구를 위해 사용되는 자료들은 우선적으로 그 신빙성에 관해 신중히 검토되어야 한다. 개인에 관한 자료들은 기록자의 기록 동기, 기록자의 편견이나 선입견 개입 여부 등의 측면에서 평가되어야 한다. 개인 자료로 사용되는 것으로서 일기와 편지가 있다. 일기는 가장 유용하게 사용할 수 있는 자료의 하나이다. 일기에는 개인적으로 중요한 경험과 이에 대한 반응, 깊이 있는 사고, 심리적 상태 등이 기록되어 있으므로 좋은 자료가 된다. 일기 속에서 문제가 될 수 있는 내용을 추출하고 연구 대상이 되는 인물이나 문제에 대해 적절한 의견을 설정하는 것은 매우 중요하다. 편지도 기록자의 태도와 감정, 취향, 새로운 소식 등을 수록하고 있어 기록자를 연구하는 데 도움이 된다. 가까운 지인에게 보낸 편지에는 솔직한 감정이 나타나 있으므로 내면적인 심리 상태를 파악하는 데 유용하다. 일기나 편지의 분석을 통해 기록자의 가치관과 인생관, 성품, 인격, 사회적 관계, 내적 욕구, 생활 방식, 행위 동기 등을 간파할 수 있다.

잡다한 생활사적 자료를 어떻게 분류하고 개념화, 조직화할 것인가는 매우 중요한 문제이다. 수집된 자료들은 문서로 정리되는 것이 바람직하다. 문서 정리(documentation)란 자료를 다른 연구자도 이용할 수 있게 일정한 형태로 정리하는 것을 말한다. 문서 정리를 구성하는 것은 표지와 서문의 작성, 문제의 진술, 조사 기술의 명시, 얻은 자료의 제시, 자료의 평가 등의 단계가 있다. 표지와 서문에는 연구 제목, 문서분류번호, 조사자명, 자료 제공자명, 조사 일자 등이 기재된다. 문제의 진술에는 조사 목적과 배경, 조사 범위, 연구문제나 가설 등이 포함된다. 조사 기술을 명시할 때는 적용된 조사방법, 표준화 여부, 측정 단위 등을 기록해야 한다. 자료를 제시할 때에는 조사 결과, 이용된 조사표, 결론 등이 명시되어야 한다. 자료의 평가에서는 자료 제공자의 성실도, 자료의 신뢰성과 정확도, 유용성 등이 언급되어야 한다.

생각해 볼 문제 1

■ 설문조사를 실시할 때 이마트 상품권 등을 로또 방식으로 시행하면 응답률 제고에 도움을 줄 수 있다.

구민용	▷ 이 설문조사는 **만 19세 이상인 OO 구민만을 대상으로** 합니다. ▷ 이 설문조사는 통계법 제33조에 따라 작성자의 비밀이 보호되며, 연구 목적 이외에는 사용하지 않으니, 중구발전을 위해 진솔하게 답변해 주시기 바랍니다.

[OO장기발전종합계획수립 설문조사]

* 다음의 응답사항은 기본적인 인적사항입니다. 해당사항을 V표시 해주십시오.

SQ1. 귀하의 성별은?	① 남자 ② 여자
SQ2. 귀하의 연령은?	만 세
SQ3. 귀하가 사시는 곳은?	동
SQ4. 귀하의 중구 거주기간은?	년 개월

* 각 부문별로 해당란에 ○표 또는 √표로 표시해 주시기 바랍니다.

I. OO의 현재와 미래

1. 지난 10년간 OO에서 가장 발전한 2가지 분야는 무엇이라고 보십니까? (2가지만 선택)

① 도시개발 및 주거환경 개선   ② 교육여건 및 환경 개선   ③ 도로와 교통여건 개선
④ 산업 및 지역경제 발전   ⑤ 문화관광의 특성화 발전   ⑥ 보건 및 사회복지 서비스 향상
⑦ 도시환경 정비와 이미지 개선 ⑧ 행정 및 주민참여 향상   ⑨ 기타(   )

응답자	주민번호 앞 네자리		당첨결과	당첨( ) 비당첨( )
면접원	성 명		면접장소	
	면접일시	2010년 월 일	시 분 부터 ~	시 분 까지
검증원	성 명		검증결과	

응답자 추첨번호 □□□□

♠ 귀한 응답에 감사드립니다.

생각해 볼 문제 2

▣ 자연과학과 사회과학의 가설 검증 차이

차가운 물과 따뜻한 물 중 어느 게 먼저 얼까?

1. 차가운 물이 먼저 언다. (명)
2. 따뜻한 물이 먼저 언다. (명)

자연과학은 대부분 실험이 가능하다.

냉장고에 차가운 물과 따뜻한 물을 넣고 둘 중 어느 물이 먼저 어는지 관찰한다.

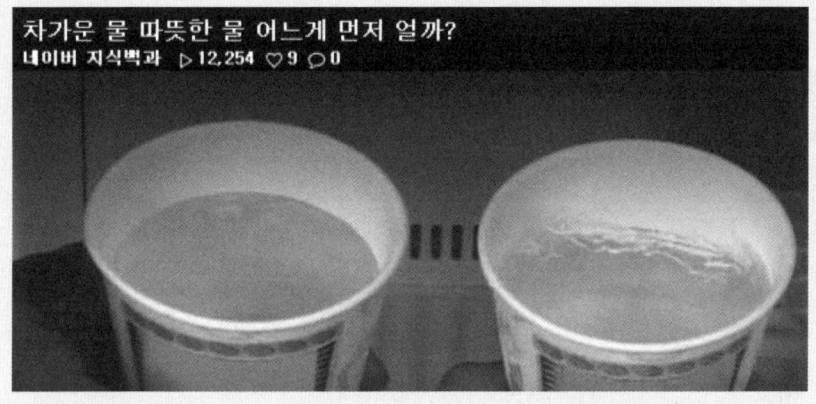

왜? 따뜻한 물은 수증기가 증발해 물의 양이 줄어 더 빨리 언다.

'아이돌 그룹처럼 하루 900칼로리만 급식한 중학교 학생과 2,000칼로리를 급식한 중학교 학생 중 누가 더 건강해질까?'라는 명제를 실험한다면 부모들이 난리날 것이다. 즉, 사회과학은 자연과학과는 다른 특성을 갖는다. 자연과학처럼 실험이 사실상 불가능한 경우가 많다.

생각해 볼 문제 3

■ 제4장에서 살펴본 국력 개념에 대한 2단계로 국력의 변수를 생각해 보자.

대분류	요소 국력	측정지표	변수(세부 측정지표)
하드파워	기초 국력	국토	
		인구	
		에너지	
		식량	
	국방력		
	경제력		
	과학기술력	지식/정보 창출력	
		지식/정보 확산·흡수력	
		지식/정보 활용력	
	교육력	투입	
		산출	
	환경관리력	EPI Index	
	정보력	투입	
		전환/활용	
		결과	
소프트파워	국정관리력		
	정치력		
	외교력	영향도	
		활성도	
	문화력		
	사회자본력	대인신뢰	
		기관신뢰	
		네트워크	
	변화대처력		

■ 생각해 볼 문제 3의 답안 예시 : 국력 개념의 변수(세부 측정지표)

대분류	요소 국력	지표	변수(세부 측정지표)
하드파워	기초 국력	국토	총면적, 경작 가능 면적
		인구	총인구 수, 인구노령화 정도, 출생시 기대수명, 건강 기대수명, 인구 1,000명당 영아사망률, 국민건강 정도
		에너지	에너지자원 확보력, 에너지 생산력(발전량, 신재생에너지 공급량), 에너지 기반시설 우수성, 미래 에너지 확보 정도, 에너지 자급도
		식량	식량 등 기초 생필품 확보력
	국방력		국방비, 현역 군인, 예비역, 전차, 대포, 잠수함, 전투함, 전투기, 핵전력
	경제력		PPPGDP, 경제성장률, Inflation, Gini계수
	과학기술력	지식/정보 창출력	연구개발 인력, 연구개발 투자(총액, GDP 비중), 과학기술 논문, 미국 특허
		지식/정보 확산·흡수력	국민의 교육 수준, 정보 유통 인프라, 지적재산권 보호제도
		지식/정보 활용력	규제제도의 질, 벤처자본의 가용성, 외국인 직접투자 총액의 GDP 비중, 첨단기술제품 수출 비중
	교육력	투입	GDP 대비 공공지출, GDP 대비 1인당 교육 관련 공공지출, GDP 대비 교육지출(공공 부문+사적 부문), 교원 1인당 학생 수(초등, 중등), 학급 크기(초등, 중등)
		산출	인구 만 명당 노벨상 수상자 수, 논문 편수(과학), 세계100대 대학진입 수, 고등교육 이수율, 고등교육 학생 유입, 고등교육 학생 유출, PISA/수학, PISA/과학, PISA/읽기, 영어 숙달, 비문 해율, 기대교육연수
	환경관리력	환경보호지수 EPI Index	건강영향(Health Impacts), 공기 질(Air Quality), 물과 위생(Water and Sanitation), 물자원(Water Resources), 농업(Agriculture), 산림(Forests), 어업(Fisheries), 생물다양성(Biodiversity), 기후와 에너지(Climate and Energy)
	정보력	투입	국가정보예산, 궤도에 있는 인공위성, 인터넷 호스트, 1,000명당 인터넷 사용자
		전환/활용	세계 1,000위권 대학 보유, 외국에 대한 직접투자
		결과	국가안정도

소프트 파워	국정 관리력	세계거버넌스 지표 WGI	시민의 참여, 정치적 안정성, 정부효과성, 규제의 질, 법치, 부패의 통제
	정치력		정치 시스템의 안정성과 효과성, 국회 입법활동의 효과성, 국회에 대한 신뢰, 정당에 대한 신뢰, 국민이 정치인을 중요한 사회지도자라고 생각하는 정도, 정치인의 교육 수준, 정치인의 국제적 경험, 정치인의 청렴성
	외교력	외교영향도	각국의 UN 분담금 비율, 자국민이 기관장으로 있는 주요 국제기구의 수, 해외 원조 금액, UN 상임이사국 여부
		외교활성도	주요 국제기구에 해당 국가가 가입하고 있는 기구의 수, 주요 국제기구의 본부가 해당 국에 위치하는 기관의 수
	문화력		국민호감도, 문화호감도, 문화산업(E&M) 경쟁력지수, 체육경쟁력지수, 관광(T&T) 경쟁력지수
	사회 자본력	대인신뢰	가족, 이웃, 아는 사람, 처음 만난 사람, 종교가 다른 사람, 다른 나라 사람
		기관신뢰	정부, 기업, NGO, 미디어(신문, TV)
		네트워크	종교나 교회단체, 스포츠 및 레크리에이션, 예술·음악·교육문화, 노동단체, 정당, 환경보호단체, 전문가 조직, 인권 혹은 자선단체, 소비자 보호단체
	변화 대처력		기업대처력, 정부대처력, 시민대처력, 미래 탐색, 도전에 대한 국민적응력, 시장 변화에 대한 기업적응력, 경제 변화에 대한 정부적응력

* 이 정도로 세부 측정지표를 만들었다면 당신은 조사 방법의 귀재입니다!!

조사방법론 RESEARCH METHOD

부록

[부록 1] 구글 설문조사

각종 설문조사 및 구성원들과 의견 취합 등에 아주 유용하게 활용이 가능한 구글 문서도구의 설문지 작성 방법이다. 배워 두면 아주 유용하다.

1. 제일 먼저 구글 계정인 gmail을 만들어야 한다. (https://accounts.google.com/SignUp?hl=ko)
2. 구글 홈페이지로 들어가서 우측 상단에 로그인을 한다. (http://www.google.co.kr)

로그인 후 우측 상단의 바둑판 무늬를 선택하면 여러 메뉴가 보이고, 그중에 구글 드라이브를 선택한다. 메뉴의 순서는 마음대로 바꿀 수 있다.

3. 구글 문서도구에 접속 : 로그인 후 우측 상단의 바둑판 무늬를 선택하면 여러 메뉴가 보이고, 그중에 구글 드라이브를 선택한다.

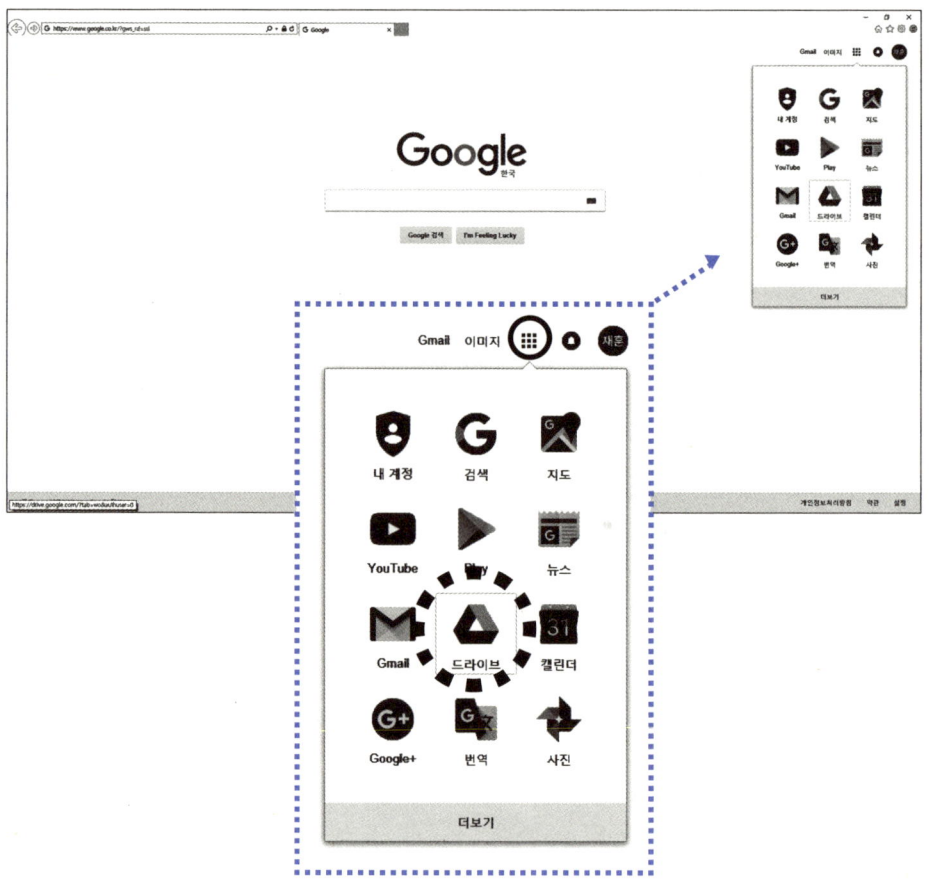

4. 구글 드라이브 페이지가 나온다.

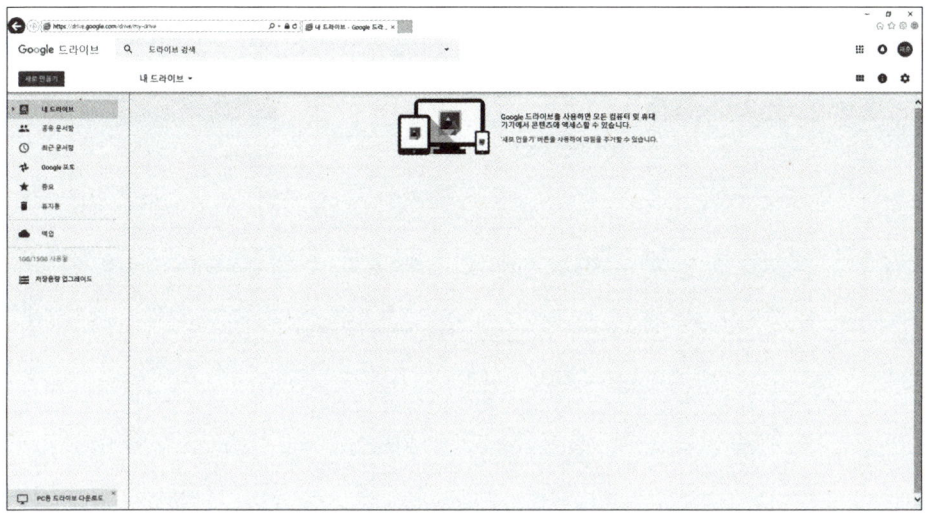

5. 좌측 새로 만들기를 클릭하고 Google 설문지를 클릭한다.

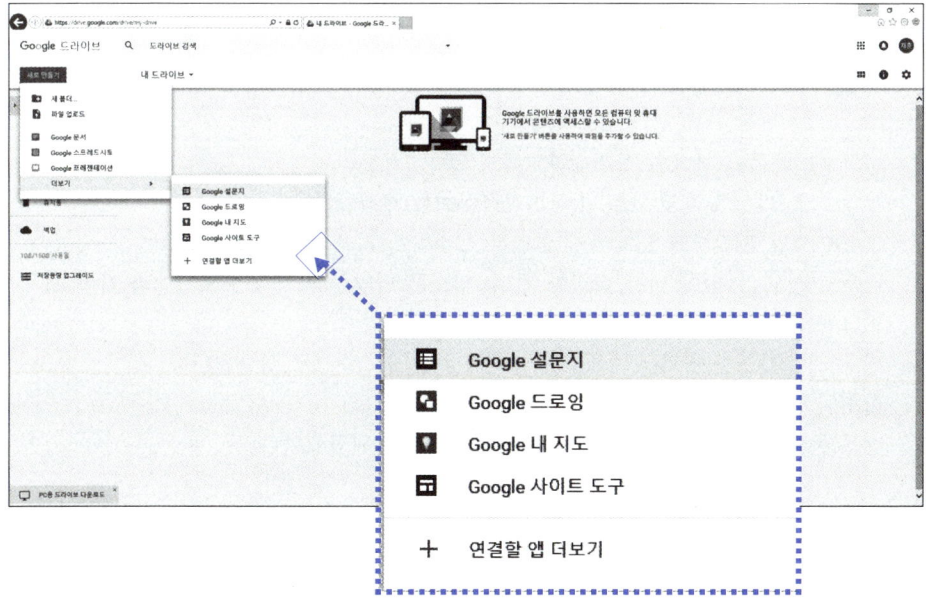

6. Google 설문지를 클릭하면 아래와 같은 화면이 나온다.

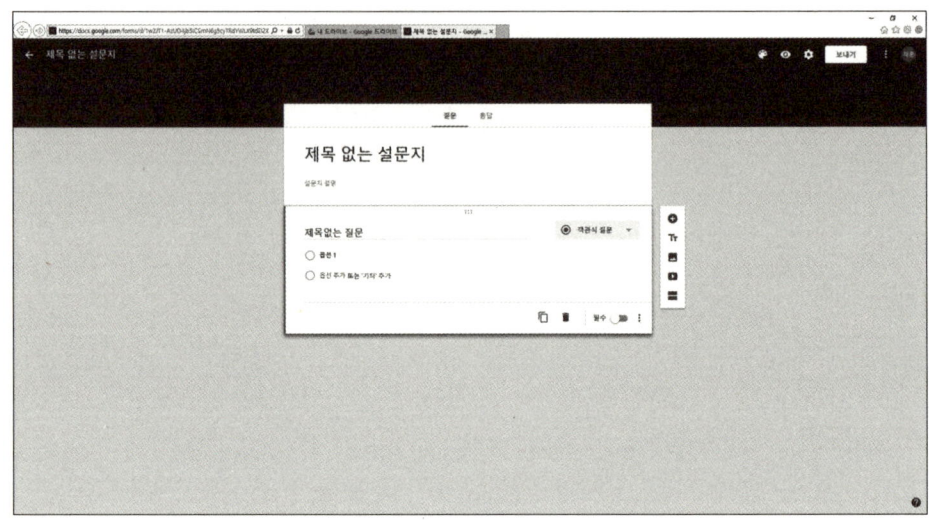

7. 다음의 주제와 같이 설문지를 작성하도록 한다.

- 2015년 한국행정학회 하계 학술대회 관광 및 여가 프로그램 선호도 설문조사

한국행정학회는 천안의 상명대학교에서 '좋은 행정(Good Public Administration)이란 무엇인가?'라는 주제로 2015년 하계학술대회를 개최합니다.
2015년 7월 16일부터 18일까지 열리는 행정학회 하계 학술대회에 가입하고 싶고, 머물고 싶고, 기억에 남는 학회가 될 수 있도록 다양한 참가자 프로그램과 가족 프로그램을 시행하고자 합니다.
선호도 수요 조사 결과는 기획 프로그램의 존폐의 기준으로 활용됩니다.
학회의 일원으로서 많은 답변 부탁드립니다.
설문 응답 후 보내기 버튼을 클릭해 주셔야 응답이 완료됩니다.

8. 설문지 제목 칸에 설문지 제목을 입력하고, 아래의 설문지 설명란에 설문에 관한 설명을 입력한다.

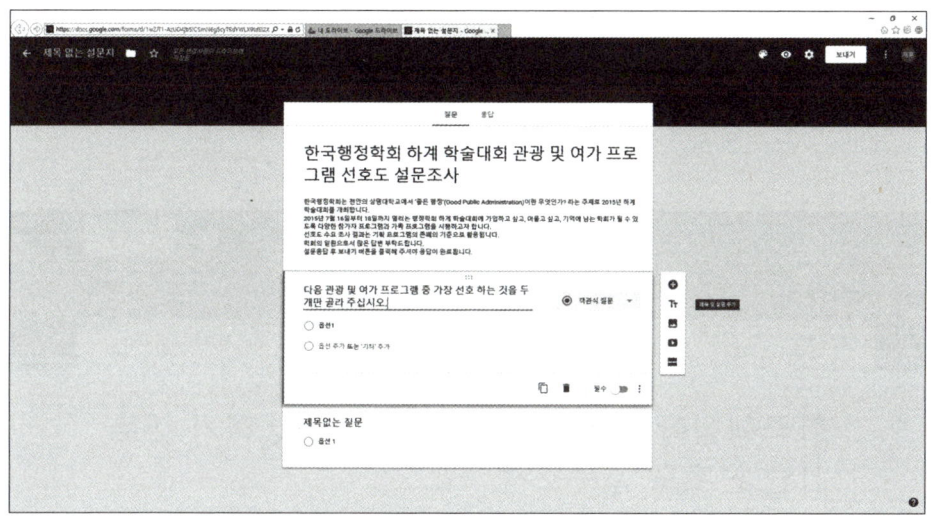

9. 응답자가 2개 이상의 응답을 할 수 있게 질문 유형을 객관식 질문으로 선택한다.

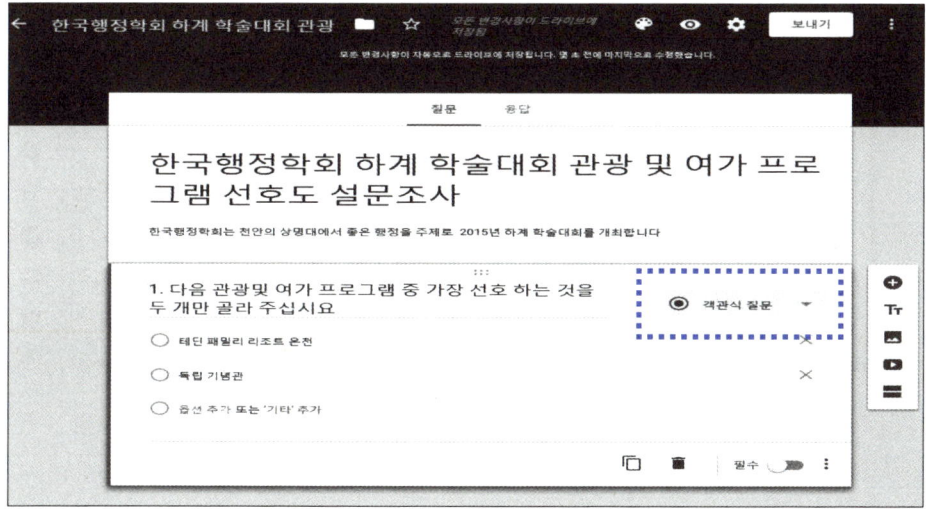

10. 위 그림처럼 설문 문항 1에 1-13 까지 기입한다. 그리고 필수 버튼을 옮기면 해당 설문이 필수 항목으로 변경되어 응답자가 응답하지 않으면 설문지를 보낼 수 없게 된다.

11. 2번 문항처럼 단답형 응답을 원할 경우 질문 유형을 단답형으로 선택해 작성한다.

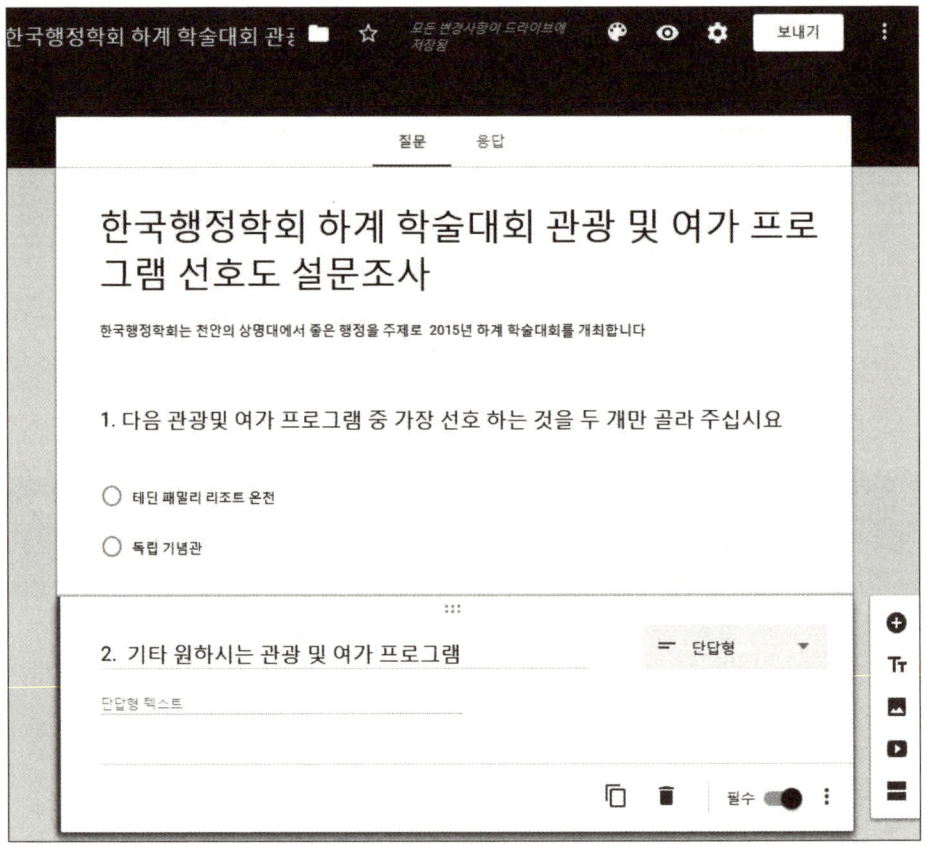

13. 해당 사항을 다 입력하고 우측 상단에 보내기 버튼을 클릭하면 아래와 같이 설문지 보내기를 통해서 이메일로 보내거나 혹은 홈페이지나 SNS 등에 설문지를 올릴 수 있다.

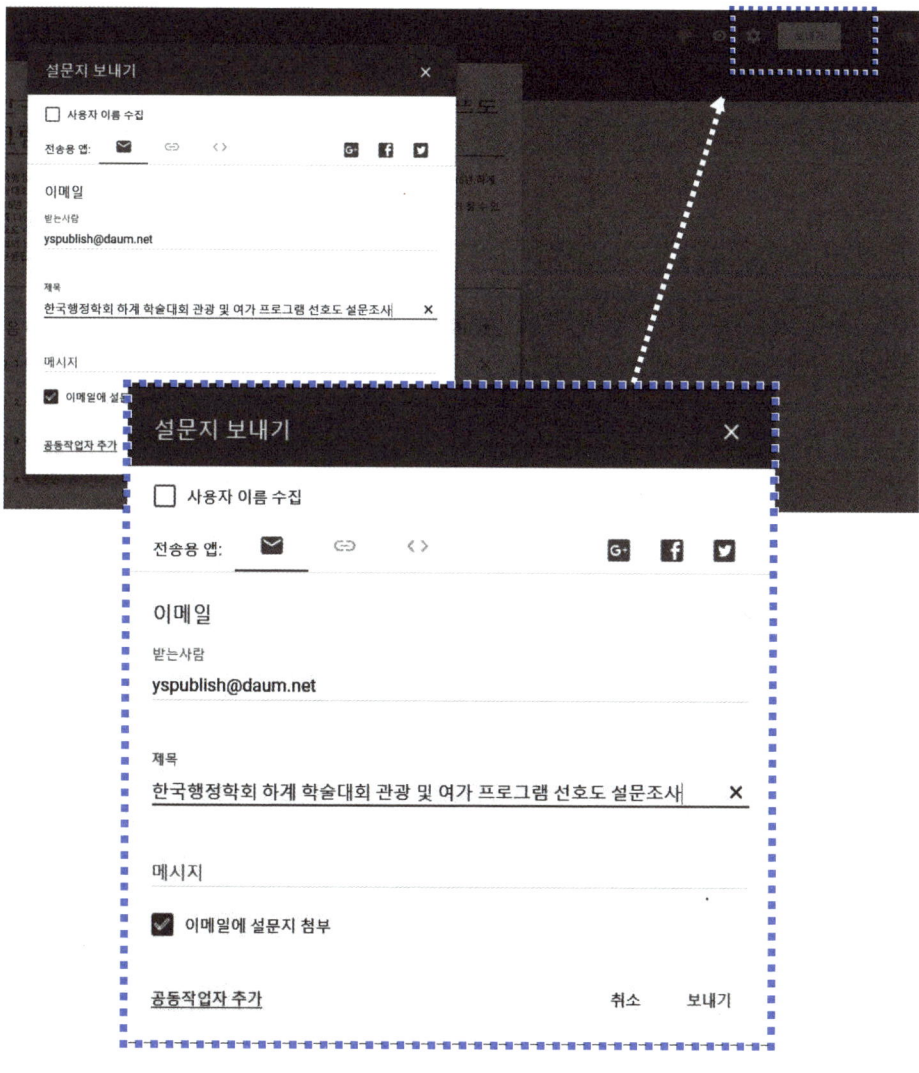

14. 응답 결과는 실시간으로 다음과 같이 표시된다.

1. 다음 관광 및 여가 프로그램 중 가장 선호하는 것을 두 개만 골라 주십시오(응답 25개).

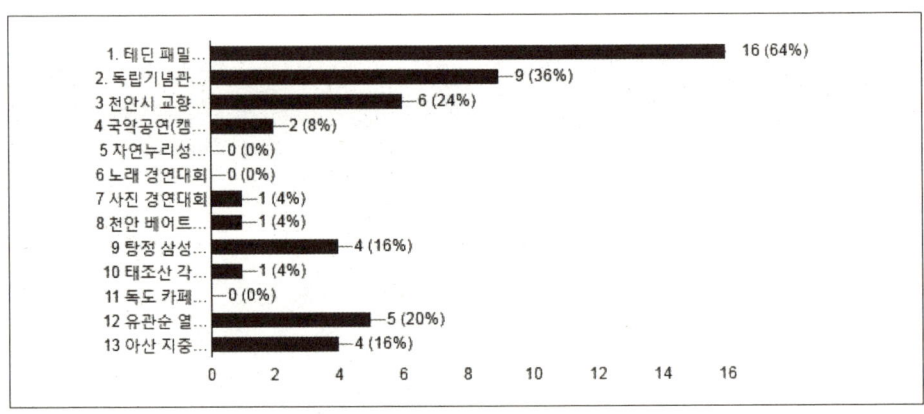

2. 기타 원하시는 관광 및 여가 프로그램(응답 8개)

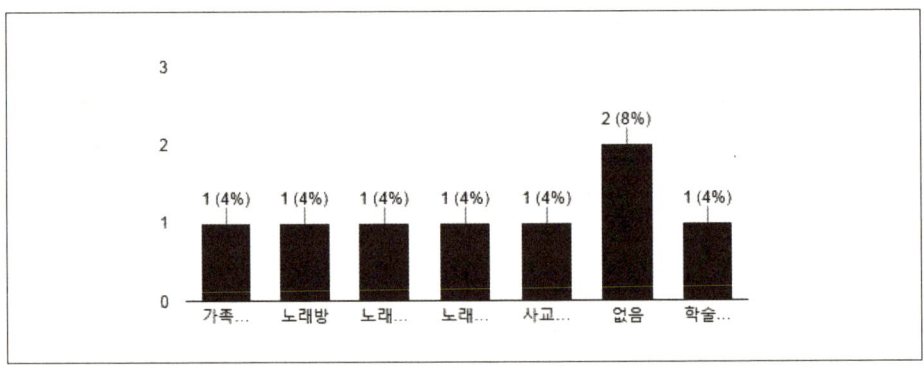

[부록 2]
응답률을 높이기 위한 설문을 문항 중에 삽입하는 방법

- 현금이나 상품권 제공으로 응답률을 높이고, 성의 있는 응답을 받기 위한 문항 삽입 설문조사 사례

설문조사에 참여하기 전에, 아래의 설명을 읽어 주십시오.

저희는 한국 여론조사 연구를 위하여 귀하의 의견을 수렴하고자 합니다. 이 연구의 목적은 한국의 정치 상황에 대한 여론의 이해입니다. 여론조사에는 자발적으로 참여하실 수 있으며, 소요 예상 시간은 약 15분입니다. 귀하의 익명성은 전적으로 보장되며, 조사 도중 언제든 그만두실 수 있습니다. 신상정보는 어떠한 상황에서도 노출되지 않을 것입니다. 연구 결과는 학술 문헌 출간을 위해서만 사용될 것입니다.

이 조사의 마지막 항목까지 답변하신 후, 현금 5만 원의 경품에 응모하실 수 있습니다. 당첨자는 경품 응모자 중 80명당 1명의 비율로 무작위로 추첨됩니다. 응모를 위하여 성함과 이메일 주소를 기재하셔야 합니다. 별개의 데이터베이스에 이 정보를 등록함으로써, 본인의 답변과 개인정보가 일치되지 않도록 할 것입니다. 만에 하나 이름과 이메일 주소가 노출될 우려가 있다고 하더라도, 이름과 이메일은 암호화되고 비밀번호로 보호될 것이며, 경품 당첨 이후 모든 개인정보가 삭제될 것입니다.

☐ 위의 사항을 이해하였으며, 설문조사에 참여하겠습니다.
☐ 설문조사에 참여하지 않겠습니다.

이메일 ooo@gmail.com
전화번호 010-2XXX-XXXX

- 총선에서는 후보자를 선택하는 투표와 함께 비례제 국회의원을 위한 정당투표도 진행합니다. 귀하는 작년 4월에 치러진 지난번 총선 정당투표에서 어느 정당에 투표하셨습니까?

☐ 새누리당   ☐ 노동당
☐ 더불어민주당   ☐ 녹색당
☐ 국민의당   ☐ 민중연합당
☐ 정의당   ☐ 개혁국민신당
☐ 기독자유당   ☐ 기타 정당
☐ 민주당   ☐ 투표 안 함

우리 사회에는 많은 문제점이 산재해 있습니다. 저희는 지역사회에서 일어나고 있는 심각한 문제에 대한 귀하의 의견을 구하고자 합니다만, 귀하가 설문조사의 지시문에 실제로 주의를 기울이고 있는지도 확인하고자 합니다. 귀하가 이를 읽었다는 표시로, 아래의 질문을 무시하고 가장 하단에 있는 '--'를 선택해 주십시오.

귀하는 정부가 해결해야 할 가장 중요한 문제점이 다음 중 무엇이라고 생각하십니까?

[▼]

〈성의 있는 응답률을 높이기 위한 설문을 설문 문항 중에 삽입하는 방법〉
〈출처: 보스턴대학교 설문조사〉

- 귀하는 향후 5년 안에 동아시아에서 군사적 충돌이 일어날 것이라고 생각하십니까?

☐ 반드시 일어날 것이다.
☐ 아마도 일어날 것이다.
☐ 일어날 수도, 일어나지 않을 수도 있다.
☐ 아마도 일어나지 않을 것이다.
☐ 절대 일어나지 않을 것이다.

- 만약 북한이 남한을 공격할 경우, 미국은 개입해야 한다고 생각하십니까?

☐ 네   ☐ 아니요

- 일반적으로, 귀하는 한국이 미국을 어느 정도 신뢰할 수 있다고 생각하십니까?

☐ 매우 신뢰할 수 있다.
☐ 꽤 신뢰할 수 있다.
☐ 별로 신뢰할 수 없다.
☐ 전혀 신뢰할 수 없다.

- 아태지역의 미군 주둔 규모는 앞으로 어떻게 되어야 한다고 생각하십니까?

☐ 늘어나야 한다.
☐ 현재 수준으로 유지되어야 한다.
☐ 줄어야 한다.

- 귀하의 성별을 선택해 주십시오.

☐ 남성   ☐ 여성

■ 귀하는 학교를 어디까지 마치셨습니까?
　(재학 중인 경우, 어디에 재학 중인지 표시해 주십시오.)

☐ 정규 교육을 받은 적이 없음
☐ 초등학교와 중학교
☐ 고등학교
☐ 전문학교
☐ 대학교와 대학원

■ 귀하의 가정의 소득 수준에 대해 얼마나 만족하십니까?

☐ 1 (매우 불만)　　☐ 6
☐ 2　　　　　　　☐ 7
☐ 3　　　　　　　☐ 8
☐ 4　　　　　　　☐ 9
☐ 5　　　　　　　☐ 10 (매우만족)

■ 5만 원의 현금 경품 추첨에 응모하시겠습니까? 응모하기를 선택하면, 새로운 창에서 연락처를 입력해 주십시오.

☐ 네　　　　☐ 아니요

만약 현금 경품에 당첨되는 경우, 당첨금의 일부를 주한미군범죄근절운동본부에 기부하실지 여부를 선택하실 수 있습니다. 1993년에 설립된 이 단체는 한국인을 대상으로 한 미군 범죄의 연구, 조사를 통한 미군 범죄의 근절을 추구하며, 미군의 법적 지위를 규정하는 주한미군지위협정(SOFA)의 개정을 통해 한국의 자주성과 한국인의 권리 보장을 도모하고 있습니다.

주한미군범죄근절운동본부에 당첨금의 일부분을 기부하시겠습니까? 얼마나 기부하시겠습니까? 0원부터 50,000원까지 원하시는 금액을 입력해 주십시오.

당첨되시는 경우, 2017년 조만간 연구자로부터 송금을 위한 계좌번호 문의하는 이메일을 받으실 것입니다.

성함

이메일 주소

[부록 3]

이 책에서 배운 모든 내용을 종합한 문제

〈문제 1〉 일반국민이 공무원에 대해 가지는 이미지를 측정하기 위해 5개 이상의 문항으로 구성된 리커트 척도를 제시해 보아라(10점).

〈해설〉

Ⅰ. 리커트 척도의 의의

리커트(Rensis Likert)가 개발한 척도로서 여러 개의 문항으로 응답자의 태도를 측정하고 해당 항목에 대한 측정치를 합산하여 평가 대상자의 태도점수를 얻어내는 척도를 말한다. 리커트 척도는 사회과학연구나 여론조사에서 가장 많이 쓰이는 척도이다.

Ⅱ. 공무원 이미지를 측정하기 위한 리커트 척도의 예

1. 우리나라 공무원은 열심히 일한다고 생각한다.
   (1) 적극 반대   (2) 반대   (3) 중립   (4) 찬성   (5) 적극 찬성

2. 우리나라 공무원은 정직한 편이라고 생각한다.
   (1) 적극 반대   (2) 반대   (3) 중립   (4) 찬성   (5) 적극 찬성

〈문제 2〉 부모의 교육 수준과 자녀에 대한 교육열 간의 관계에 대해 연구를 수행하고자 한다.

〈문제 2-1〉 구체적으로 연구문제를 정의하고 독립, 종속, 제3의 변수를 제시하라(5점).

> 〈해설〉
> Ⅰ. 독립변수: 독립변수란 원인이 변수를 말하며 이 연구에서는 교육 수준이 독립변수가 된다.
> Ⅱ. 종속변수: 종속변수란 결과가 되는 변수를 말하며 이 연구에서는 교육열이 종속변수가 된다.
> Ⅲ. 제3의 변수: 독립변수와 종속변수 간에 개입해 둘 사이의 관계를 왜곡하는 변수를 말한다. 교육 수준과 교육열 간의 관계에 영향을 미치는 제3의 변수는 가정의 소득 수준이 대표적인 제3의 변수로 상정할 수 있다.

〈문제 2-2〉 교육 수준과 교육열을 조작화하고 측정할 수 있는 척도를 구성하라(15점).

> 〈해설〉
> **Ⅰ. 부모의 교육 수준의 조작화와 측정을 위한 척도의 제시**
>   1. 이 연구에서 부모의 교육 수준의 부모의 최종 학력으로 조작화하기로 한다.
>   2. 척도의 제시: 귀하의 최종 학력은?
>   ① 무학   ② 국민학교 졸업(중퇴 포함)   ③ 중학교 졸업   ④ 고등학교 졸업
>   ⑤ 대학교(전문대학 포함) 졸업   ⑥ 대학원 이상
>
> **Ⅱ. 자녀에 대한 교육열의 조작화와 척도의 제시**
>   1. 교육열에 대한 조작화
>   교육열은 자녀의 학업에 대한 관심 정도로서 자녀가 최소한으로 받아야 한다고 생각하는 교육 수준으로 측정
>   2. 척도의 제시: 귀하의 자녀는 최소한 어느 정도까지 학업을 마쳐야 한다고 생각하십니까?
>   ① 고등학교 졸업   ② 전문대 졸업   ③ 대졸   ④ 대학원 석사   ⑤ 박사

〈문제 2-3〉 이 연구에서 표출추출 방법의 과정과 절차를 설명하라(15점).

〈해설〉
1. 모집단(population)의 확정
    연구의 대상이 되는 집단으로서 연구자가 전수조사를 통해 직접 자료를 수집하거나 표본조사에 의한 통계적 추정에 의해 자료를 얻으려는 대상집단
    (1) 기간: 2000. 4.1~4.5
    (2) 범위: 전국
    (3) 내용: 초등학생 자녀를 둔 부모

2. 표본추출 프레임(sampling frame)
    모집단의 구성 요소나 표본추출 단계별로 표본추출 단위가 수록된 목록으로서 이 연구에서는 전국의 행정구역 수록목록과 교육부의 초등학생명부를 이용해서 표본추출을 하기로 한다.

3. 표출 방법: 다단계 집락표본추출

〈문제 3〉 16대 총선이 끝난 시점에서 투표 결과를 분석하고자 하는 한 연구자가 다음과 같은 문제의식을 가지고 있다고 가정하자. "유권자들의 사회경제적 지위와 여·야 정당 성향 간의 관계"

〈문제 3-1〉 연구문제를 설정하라(5점).

〈해설〉
Ⅰ. 연구문제의 의의
    연구문제란 컬링거(F. Kerlinger)에 따를 때 두 개 이상의 변수 간에 어떤 관계가 있는가를 조사해 보기 위한 의문 문형의 문장을 말한다.

Ⅱ. 이 연구에서의 연구문제
    이 연구에서 연구문제는 컬링거의 정의에 따라 다음과 같이 설정하기로 한다.

"유권자들의 사회경제적 지위의 차이와 여·야 정당 성향 간에는 어떠한 관계가 있을 것인가?"

〈문제 3-2〉 사회경제적 지위에 대한 조작적 정의를 해 보아라(10점).

〈해설〉
Ⅰ. 조작적 정의의 의의
　조작적 정의란 어떤 개념을 측정이 가능하도록 경험적으로 관찰이 가능한 수준까지 세밀하게 규정하는 것을 말한다.

Ⅱ. 사회경제적 지위에 대한 조작적 정의
　'사회경제적 지위'란 한 사람이 사회적, 경제적으로 그 사회에서 차지하고 있는 위치를 말하는 것으로 이 연구에서는 '교육 수준, 소득 수준, 직업을 서열화해서 매긴 총합'으로 사회경제적 지위를 측정하고자 한다.

〈문제 3-3〉 연구가설(대립가설)과 귀무가설을 설정하라(10점).

〈해설〉
Ⅰ. 가설의 의의
　가설이란 두 개 이상의 개념 또는 변수 간의 관계를 검증 가능한 형태로 서술한 하나의 문장을 말하며, 이는 연구가설과 귀무가설로 나뉜다.

Ⅱ. 이 연구에서의 연구가설(대립가설)
　연구가설이란 연구문제에 대한 잠정적 해답으로서 연구자가 제시한 가설을 말한다. 이 연구에서는 '연구가설(H1): 사회경제적 지위의 차이와 여·야 정당 성향 차이 간에는 관계가 있다.'로 연구가설을 채택하기로 한다.

> Ⅲ. 이 연구에서의 귀무가설(영가설)
> 　직접 통계적 검증이 이루어지는 가설로서 연구가설과 논리적으로 반대의 입장을 취하는 가설을 말한다. 이 연구에서는 영가설(H0): 사회경제적 지위와 여·야 정당 성향 간에는 아무런 관계가 없다.를 영가설로 채택해 통계적 검증을 하도록 한다.

〈문제 3-4〉 이 연구에서 자료 수집 방법으로 질문지법을 선택해 연구한다고 할 때 질문지를 5문항 내외로 작성해 보아라(15점).

> 〈해설〉
> [응답 요령] 응답은 제시된 보기 중에서 자신의 생각과 같은 번호를 적어 주면 됩니다. 빈칸의 경우 간단하게 자신의 생각을 적으면 됩니다.
>
> 1. 귀하는 지난 국회의원 선거에서 투표를 하셨습니까?
> 　① 예
> 　② 아니오 (○○번으로 가십시오.)
>
> 2. 지난 국회의원 선거에서 어느 정당 후보에게 투표했습니까 ?
> 　① 새천년 민주당　② 한나라당　③ 자민련　④ 민국당　⑤ 민주노동당
> 　⑥ 청년진보당　⑦ 무소속　⑧ 기타＿＿＿＿＿＿＿＿＿＿
>
> 3. 귀하의 성별은
> 　① 남자　② 여자
>
> 4. 귀하의 연령은 ?
> 　① 만 20세 미만　② 만 20세 ~ 30세　③ 만 31세 ~ 40세
> 　④ 만 41세 ~ 50세　⑤ 만 51세 ~ 60세　⑥ 만 60세 이상

참고 문헌

[국내 문헌]

김경동(1990). 「현대의 사회학」, 서울: 박영사.
김경동·이온죽(1995). 「사회조사연구방법」, 서울 : 박영사.
김광웅(1989). 「사회과학연구방법론」, 서울 : 박영사.
김동일 외(1983). 「사회과학방법론 비판」, 서울 : 청람.
박성현(1996). 「현대실험계획법」, 제2판, 서울 : 대영사.
소영일(1995). 「연구조사방법」, 서울 : 박영사.
윤종주(1980). 「사회조사」, 서울 : 개문사.
이흥탁(1994). 「사회조사방법론」, 서울 : 법문사.
한국통계학회(편)(1987). 「통계용어사전」, 서울 : 자유아카데미.
홍두승(1995). 「사회조사분석」, 서울 : 다산출판사.
황성돈·최창현(2014). 「대한민국의 종합 국력은 어디까지 왔나?」, 한선정책 심포지엄.

[국외 문헌]

Ackoff, R.(1953). *The Design of Social Research*, Chicago : University of Chicago Press.
Asch, S.(1955). "Opinions and Social Pressure," *Scientific American*, Vol.19, pp. 31–35.
Babbie, E.(1973). *Survey Research Methods*, Belmont, Cal: Wadworth Publishing Co.

_____(1989). *The Practice of Social Research*, Belmont, Cal.: Wadsworth Publishing Co.

Bailey, K.(1982). *Methods of Social Research*, New York: The Free Press.

Berelson, B.(1952). *Content Analysis in Communication Research*, Glencoe, I ll.: The Free Press.

_____(1954). "Content Analysis," in G. Lindzey(ed.), *Handbook of Social Psychology*, Cambridge, Ma.: Addison-Wesley.

Berelson, B. & P. Salter(1946). "Majority and Minority Americans: An Analysis of Magazine Fiction," *Public Opinion Quarterly*, Vol. 10, pp. 168-190.

Berger, P. & T. Luckman(1976). *The Social Construction of Reality*, New York: Doubleday-Anchor Books.

Blalock, H.(1969). *Theory Construction*, Englewood Cliffs, New Jersey: Prentice-Hall.

_____(1972), *Social Statistics*, New York: McGraw-Hill.

_____(1982), *Conceptualization and Measurement in the Social Sciences*, Beverly Hills, Ca.: Sage.

Blalock, H. & A. Blalock(eds.)(1968). *Methodology in Social Research*, New York: McGraw-Hill.

Bohrnstedt, G. W.(1970). "Reliability and Validity Assessment in Attitude Measurement," pp.80~90 in G. Summers(ed.), *Attitude Measurement*, Chicago: Rand McNally.

Bohrnstedt, G. & D. Knoke(1988). *Statistics for Social Data Analysis*, Itaca, Ill.: F. E. Peacock Publishers.

Borgadus, E.(1959). *Social Distance*, Yellow Springs, Ohio: Antioch Press.

Borgatta, E.(ed.)(1969), *Sociological Methodology*, San Francisco: Jossey-Bass.

Box, G., W. Hunter, & J. Hunter(1978). *Statistics for Experiments*, New York: John Wiley & Sons.

Bradburn, N. & S. Sudman(1979). *Improving Interview Method and Questionnaire Design*, San Francisco: Jossey-Bass.

Bradt, K. (1955). "The Usefulness of a Postcard Technique in a Mail Questionnaire Study," *Public Opinion Quarterly*, Vol. 19, pp. 218-222.

Burgess, R.(ed.)(1982). *Field Research: A Sourcebook and Field Mannual*, London: George Allen and Unwin.

Burrell, K.(1979). *Methods of Social Research*, New York: The Free Press.

Burrel, G. & G. Morgan(1979). *Sociological Paradigms and Organizational Analysis*, London: Heinemann Educational Books.

Campbell, D. & J. Stanley(1963). *Experimental and Quasi-Experimental Designs for Research*, Chicago: Rand McNally.

Clausen, J. & R. Ford(1947). "Controlling Bias in mail Questionnaires," *Journal of the American Statistical Association*, Vol. 42, pp. 497-511.

Cochran, W.(1963). *Sampling Techniques*, New York: John Wiley and Sons.

Cochran, W. & G. Cox(1957). *Experimental designs*, 2nd ed., New York: John Wiley & Sons.

Cohen, B.(1980). *Developing Sociological Knowledge*, Englewood Cliffs, New Jersey: Prentice-Hall.

Dillman, D.(1978). *Mail and Telephone Surveys: The Total Design Method*, New York: Wiley.

Dohrenwend, B., J. Colombotos, & Dohrenwend(1968). "Social Distance and Interview Effects," *Public Opinion Quarterly*, Vol. 32, pp. 410–422.

Donald, M.(1960). "Implications of Nonresponse for the Interpretation of Mail Questionnaire Data," *Public Opinion Quarterly*, Vol. 24, pp. 99–114.

Draper, N. & H. Smith(1981). *Applied Regression Analysis*, 2nd ed., New York: John Wiley & Sons.

Dubin, R.(1978). *Theory Building*, New York: The Free Press.

Duncan, O.(1966). "Path Analysis: Sociological Examples," *American Journal of Sociology*, Vol. 72, pp. 1–16.

Edwards, A.(1979). *Multiple Regression and the Analysis of Variance and Covariance*, New York: W. H. Freeman and Co.

Festinger, L. & D. Katz(eds.)(1953). *Research Methods in the Behavioral Sciences*, New York: Holt, Rinehart, and Winston.

Frazier, G. & K. Bird(1958). "Increasing the Response to a Mail Questionnaire," *Journal of Marketing*, Vol. 23, pp. 186–187.

Freeman J. & E. Butler(1967). "Some Sourcs of Interviewer Variance in Surveys," *Public Opinion Quarterly*, Vol. 40, pp. 79–91.

Gibbs, J.(1972). *Sociological Theory Construction*, Hinsdale, Ill.: Dryden Press.

Glaser, B. & A. Strauss(1967). *The Discovery of Grounded Theory: Strategies for Qualitative Research*, Chicago: Aldine.

Goode, W. & P. Hatt(1952). *Methods in Social Research*, New York: McGraw-Hill.

Gordon, R.(1969). *Interviewing: Strategy, Techniques, and Tactics*, Homewood, Ill.: Dorsey.

Groves, R. & R. Kahn(1979). *Surveys by Telephone: A National Comparison With Personal Interviews*, New York: Academic Press.

Gullahorn, J. & J. Gullahorn(1963). "An Investigation of Effects of Three Factors on Response to Mail Questionnaires," *Public Opinion Quarterly*, Vol. 27, pp. 294–296.

Guttman, L.(1944). "A Basis for Scaling Qualitative Data," *American Sociological Review*, Vol. 9, pp. 139–150.

Hage, J.(1972). *Techniques and Problems of Theory Construction in Sociology*, New York: Wiley.

Heberlein, T. & R. Baumgatner(1978). "Factors Affecting Response Rates to Mailed Questionnaires,"

American Sociological Review, Vol. 43, pp. 447-462.

Heise, D.(ed.)(1975). Sociological Methodology, San Francisco: Jossey-Bass.

Hempel, C.(1952). "Fundamentals of Concept Formation in Empirical Science," Chicago: University of Chicago Press.

_____(1966). Philosophy of Natural Science, Englewood Cliffs, New Jersey: Prentice-Hall.

Holsti, O. R.(1969). Content Analysis for the Social Sciences and Humanities, Reading, Mass.: Addison Wesley.

Hyman, H.(1972). Secondary Analysis of Sample Surveys, New York: Wiley.

Joereskog, K. & D. Soerbom(1993). SIMPLIS 8: Structureal Equation Modeling with the SIMPLIS Command Language, Scientific Software International Inc.

Johnson, R. & D. Wichern(1992). Applied Multivariate Statistical Analysis, 3rd ed., New Jersey: Prentice-Hall.

Jones, W.(1979). "Generalizing Mail Survey Inducement Methods: Populati on Interactions with Anonymity and Sponsorship," Public Opinion Quarterly, Vol. 43, pp. 102-111.

Kaplan, A.(1964). The Conduct of Inquiry: Methodology for Behavioral Science, San Francisco: Chandler.

Kerlinger, F.(1964). Foundations of Behavioral Research, New York: Holt, Rinehart and Winston.

Kindder, L. & C. Judd(1986). Research Methods in Social Relations, New York: Holt, Rinehart and Winston.

Kish, L.(1965). Survey Sampling, New York: John Wiley and Sons.

Kuhn, T.(1970). The Structure of Scientific Revolutions, Chicago: University of Chicago Press.

Lazarsfeld, P. & M. Rosenberg(eds.)(1955). The Language of Social Research, Glencoe, Ill.: The Free Press.

Lehmann, E.(1983). Theory of Point Estimation, New York: John Wiley & Sons.

_____(1986). Testing Statistical Hypotheses, 2nd ed., New York: John Wiley & Sons.

Lewin, K., R. Lippitt, & R. White(1939). "Patterns of Aggressive Behavior in Experimentally Created Social Climates," Journal of Social Psychology, Vol.10, pp. 271-299.

Likert, R.(1932). "A Technique for the Measurement of Attitudes," Archives of Psychology, Vol. 21, no.140.

Likert, R., S. Reslow, & G. Murphy(1934). "A Simple and Reliable Method of Scoring the Thurstone Attitude Scales," Journal of Social Psychology, Vol.5, pp. 228-238.

Lin, N.(1976). Foundations of Social Research, New York : McGraw-Hill.

Lindgren, B.(1993). Statistical Thory, 4th ed., Collier Macmilla Canada Ltd.

Lindzey, G.(ed.)(1954). Handbook of Social Psychology, Reading, Ma.: Addison-Wesley.

McCall, G. & J. Simons(eds.) (1969). *Issues in Participant Observation*, Reading, Ma.: Addison-Wesley.

Milgram, S. (1963). "Behavioral Study of Obedience," *Journal of Abnormal and Social Psychology*, Vol.67, pp. 371-378.

Milgram, S., L. Bickman, & L.Berkowitz(1969). "Note on Drawing Power of Crowds of Different Size," *Journal of Personality and Social Psychology*, Vol.13, pp. 79-82.

Miller, D.(1970). *Handbook of Research Design and Social Measurement*, New York: David McKay.

Montgomery, D.C.(1984). *Design and Analysis of experiments*, 2nd ed., New York: John Wiley & Sons.

Mood, A., F. Graybill, & D. Boes(1974). *Introduction to the Theory of Statistics*, 3rd ed., New York: McGraw-Hill.

Moreno, J. et al. (1960). *The Sociometry Reader*, New York : The Free Press.

Mott, F.(1942). "Trends in Newspaper Content," *Annals*, pp. 60-65.

Nachmias, D. & C. Nachmias(1976). *Research Methods in the Social Sciences*, New York : St. Martin's Press.

Nagel, E.(1961). *The Structure of Science: Problems in the Logic of Scientific Explanation*, New York : Harcourt, Brace and World.

Neter, I. & W. Wasserman(1980). *Applied Linear Statistical Model*, Richard D. Irwin Inc.

Nie, N. et al.(1975). *Statistical Package for the Social Sciences*, New York: McGraw-Hill.

Orenstein, A. & W. Phillips(1978). *Understanding Social Research: An Introduction*, Boston: Allyn and Bacon.

Osgood, C., G. Suci, & P. Tannenbaum(1957). *The Measurement of Meaning*, Urbana: University of Illinois Press.

Phillips, B.(1976). *Social Research: Strategy and Tactics*, New York: Macmillan.

Reynolds, P.(1979). *A Primer in Theory Construction*, Indianaolis, Indiana: Bobbs-Merrill.

Rogers, C.(1945). "The Nondirective Method as a Technique for Social Research," *American Journal of Sociology*, Vol. 50, pp. 279-283.

Rosenberg, M.(1968). *The Logic of Survey Analysis*, New York: Basic Books.

Rossi, P., J. Wright, & A. Anderson(eds.)(1983). *Handbook of Survey Research*, New York: Academic Press.

Rudner, R.(1966). *Philosophy of Social Science*, Englewood Cliffs, New Jersey: Prentice-Hall.

SAS User's Guide, SAS Institute Inc.

Schuman, H. & S. Presser(1979). "The Open and Closed Question," *American Sociological Review*, Vol. 44, pp. 692-712.

Scott, C.(1961). "Research on Mail Surveys," *Journal of the Royal Statistical Society*, Vol. 124, pp. 143–195, Series A.

Searle, S.(1982). *Matrix Algebra Useful for Statistics*, New York: John Wiley & Sons.

Selltiz, C., M. Jahoda, M. Deutsch, & S. Cook(1959). *Research Methods in Social Relations*, New York: Holt, Rinehart & Winston.

Shaffir, W., R. Stebbins, & A. Turowetz(eds.)(1980). Fieldwork Experience: *Qualitative Approaches to Social Research*, New York: St. Martin's Press.

Smith, H.(1975). *Strategies of Social Research: The Methodological Imagination*, Englewood Cliffs, New Jersey: Prentice-Hall.

Snedecor, G. & W. Cochran(1980). *Statistical Methods*, 7th ed., Ames, Ia.: The Iowa State University Press.

Solomon, R.(1949). "Extension of Control Group Design," *Psychological Bulletin*, Vol.46, pp. 137–150.

Spradley, J.(1980). *Participant Observation*, New York: Holt, Rinehart and Winston.

SPSS User's Guide, SPSS Inc. & McGraw-Hill Book Co.

Stinchcombe, A.(1968). *Constructing Social Theories*, New York: Harcourt, Brace,Jovanovich.

Stouffer, S.(1955). *From Communism, Conformity, and Civil Liberties*, Garden City, New York: Doubleday.

Summers, G.(ed.)(1970). *Attitude Measurement*, Chicago: Rand McNally.

Thurstone, L.(1928). "Attitudes Can Be Measured," *American Journal of Sociology*, Vol. 33, pp. 529–554.

Thurstone, L. & E. Chave(1929). *The Measurement of Attitude*, Chicago: University of Chicago Press.

Wagenaar, T.(ed.)(1981). *Readings for Social Research*, Belmont, Ca.: Wadsworth.

Wallace, W.(1971). *The Logic of Science in Sociology*, Chicago: Aldine Atherton.

Warwick, D. & C. Lininger(1975). *The Sample Survey: Theory and Practice*, New York: David McKay.

Willer, D.(1967). *Scientific Sociology: Theory and Method*, Englewood Cliffs, New Jersey: Prentice-Hall.

찾아보기

【ㄱ】

가설	76, 78
가설 형성	46
간접관찰	234
강도분석	273
개념	47, 67, 71
개념화	47, 67
개방식 질문	197
객관주의	27
거트만 척도	138
결과변수	71
계통표본추출	167
곡선관계	76
공간표본추출	174
관대화 오류	152
관찰법	227, 234
구글 설문조사	291
구성체	69
구성 타당도	114
구조적 관찰	230
구조척도	131
군집표본추출	168
권위에 의한 방법	18
귀납법	88
근거이론	89
기록 단위	269
기준타당도	113

【ㄴ】

내용분석	263
내용타당도	111
내적 타당도	117, 246
네트워크표본추출	173
누적척도	138, 142

눈덩이표본추출	181	방법론	25, 29
능동변수	73	범주변수	74
		변수	70
		보가더스 척도	131, 142

【ㄷ】

		복수통제집단 실험설계	249
다범주변수	74	부호화 오류	161
단순무작위표본추출	166	분할분석	274
단순임의표본추출	166	비구조적 관찰	232
단일통제집단 사후측정 실험설계	247	비율척도	129
단일통제집단 전후측정 실험설계	248	비참여관찰	229
대조 오류	152	비표준화면접	215, 224
독립변수	71	비확률표본추출	178
등간척도	128	빈도 배합	256

【ㄹ】

【ㅅ】

라틴 정방 설계	251	사례연구	275, 278
리커트 척도	132	사전검사	118, 209
		사회과학	22, 25, 27, 30, 42, 146

【ㅁ】

		사회연결망 분석	150
		사회적 거리척도	131, 142
매개변수	72	사회 현상	17, 23, 24, 31
면접법	214, 218	생태학적 오류	49
명목척도	125	서열척도	126
명제	77, 80	서열형	199
모집단	160	선다형	199
무작위적 오류	107	선행변수	73
문맥 단위	271	선형관계	76
문서연구	257, 261	설명변수	71
문서연구법	257	성숙	118
문서 정리	280	소시오메트리	148
문헌조사	52	속성변수	73
		속성분석	265
		신뢰도	108, 121

【ㅂ】

		실제적 이론	92
반응적 실험절차	119	실체론	28

실험법	241, 252
실험설계	246
실험실실험	242
실험집단	240
실험집단사후설계	246
실험집단전후설계	247

【ㅇ】

양분형	199
양적 방법론	25
어의구별척도	143
억제변수	72
엄격화 오류	152
역사적 사건	117
연구 단계별 오류	108
연구문제의 설정	45
연쇄오류	151
연속변수	74
연역법	88
영관계	76
예측변수	73
외적 변수	72
외적 타당도	111, 119, 240
왜곡변수	73
원인변수	71
원인분석	265
원자분석	274
원자접근법	274
요인배치법	251
요인분석법	133
유사등간척도	131, 135
유의표본추출	181
이론	84, 85
이메일 설문법	195, 210
이분범주변수	74

이산변수	74
이중표본추출	172
인간 본성	29
인습에 의한 방법	18
인식론	28

【ㅈ】

자료 수집	52
자료 수집 방법	161, 195
자료의 유형과 분석 방법	147
자연과학	22, 30, 146
작업가설	78
잠재변수	73
잠재적 구조척도	131
재생계수	140
적합표본추출	176
전수조사	48, 159
전화면접법	226
정상과학	94
조사연구	41
조사연구의 과정	44
조사연구의 목적	42
조사연구의 설계	49
조작변수	73
조작화	47, 68
조합비교법	131, 141, 273
종단적 연구	50
종속변수	71
주관주의	27
주제 카테고리	268
준표준화면접	216
중다실험집단 실험설계	251
중앙화 경향	152
직관과 같은 선험적 이성에 의한 방법	19
질문 내용	201

질문의 배열	202	**【ㅍ】**	
질문의 수	201		
질문의 신뢰도	203	파킨슨의 법칙	31
질문의 언어화	204	패널연구	51
질문지	195, 201	패러다임	93
질문지법	195	편의표본추출	178
질문지의 체제	206	평가상의 오류	151
질적 방법론	25	평가척도	131
집중면접	217	평균값 분석	146
		평위척도	131
【ㅊ】		평정척도	131, 135
		평정형	200
차원적 표본추출	180	폐쇄식 질문	198
참여관찰	229	포획·재포획표본추출	173
척도	122	표본 요소	166
척도 유형별 통계분석 방법	130	표본조사	41, 48, 159
체계적 오류	107	표본조사의 장점	161
총화평정척도	131, 132	표본추출	160, 166, 266
추세연구	51	표본추출 단위	160
측정	105	표본추출 오류	171
측정오류	106	표본추출틀	164
층화군집표본추출	167	표본 크기	161 182
층화임의표본추출	172	표준화면접	215
		표집	160
【ㅋ】		표집타당도	111
		피설명변수	71
카테고리	263, 266, 272	피예측변수	71
		피조사자 상실	119
【ㅌ】			
		【ㅎ】	
타당도	110, 116, 121		
통계적 회귀	118	할당표본추출	162, 179
통제변수	71	허위 관계	72
통제집단	242	허위변수	97
특성변수	73	현재변수	73
		현지기록	239

현지실험	244
호손 효과	118
확률표본추출법	166
확률화 응답모형	177
환원주의	49

회고적 합리화	92
회귀분석	98
횡단적 연구	50
효과분석	265
후광 효과	151

저자 소개

최창현(Choi, ChangHyeon)

뉴욕주립대학교 행정 및 정책학 박사
현 금강대학교 공공정책학부 초빙교수
전 한반도선진화재단 조사센터 소장
- 한국조직학회 회장
- 관동대 행정학과 교수
- 뉴욕주립대 록펠러 행정대학원 객원교수
- RPI 테크노 경영대학원 초빙교수
- 사우스 캐롤라이나 대학 경찰대학 교환교수
- 파고다 외국어학원 TOEIC 강사 역임

SPSS, UCINET 활용 조사방법론(2011), *Introducing Public Administration: Made Simple for TOEIC*(2016), 국력이란 무엇인가(2015), 좋은 정부란 무엇인가?(2012), 복잡계로 바라본 조직관리(2005) 등 40여 권의 저서와 역서가 있고, 논문 40여 편이 있다.